始皇帝全史

始皇帝全史［もくじ］

序章

始皇帝の基礎知識

イラスト：始皇帝（諏訪原寛幸）

イラスト：呂不韋（腑貎篤史）

始皇帝という人物像

始皇帝とは、どのような人物だったのか。彼の生い立ちや秦《しん》王になってからの活躍を紹介していく。

始皇帝《しこうてい》

姓 嬴《えい》 氏 趙《ちょう》 諱 正《せい》

前259年生〜前210年没
（在位期間：前247年〜前210年）

※姓：名字　氏：家系を示す名称　諱：名前

逆境をバネにして天下統一を成し遂げた男

始皇帝は、戦国時代に趙《ちょう》、魏《ぎ》、韓《かん》、楚《そ》、燕《えん》、斉《せい》を滅ぼし、中国史上最初の皇帝となった人物。趙の都・邯鄲《かんたん》で生まれた趙正《ちょうせい》は、父の子楚《しそ》が彼を太子に選んだことが契機となり、秦へと帰国。13歳で秦王に即位するが、若すぎる故に、国を動かせない秦王・趙正は親政（王による政治）が行える22歳までお飾りの王として時を過ごした。22歳を迎える前後に秦内で反乱が発生。これによって親政の障害となりえる、母の愛人・嫪毐《ろうあい》と、若き王に代わって国を動かしていた相邦の呂不韋《りょふい》の排除に成功。秦王・趙正による本格的な他国への侵略が始まり、前221年までに秦以外の戦国七雄をすべて滅亡させ、中国史上初の天下統一を成した。

始皇帝という人物の魅力

13歳という若さで即位

祖父・孝文王《こうぶんおう》が即位してわずか3日で死去し、父・荘襄王も3年でこの世を去った。13歳で即位した秦王・趙正（嬴政）は親政が行える22歳を迎えるまで、政治を相邦の呂不韋に託した。

呂不韋（りょふい）

韓、衛、趙を拠点に財をなした商人。人質だった子楚を王位に就けた。

徹底した内憂の排除

親政を開始した秦王・趙正は、反乱を起こした嫪毐《ろうあい》らを処刑し、趙太后（帝太后）を幽閉。嫪《ろう》毐《あい》を趙太后に宛がった呂不韋を罷免と蟄居に処し、親政の障害となる者を一掃。中華統一に集中できる環境を整えた。

趙太后（ちょうたいごう）

趙正の母。夫・荘襄王《そうじょうおう》の死後、呂不韋や嫪毐《ろうあい》と密通していた。

初の中華統一と巨大事業の数々

秦王・趙正が親政を始めると秦の勢いは、さらに増していき、彼は本格的に他国への侵攻を開始する。韓、趙、魏、楚、燕、斉を滅亡させ、中国で初めて天下を統一。秦王・趙正は、王に代わる新たな称号「皇帝」を採用し、自身を始皇帝と名乗った。始皇帝の時代には、郡県制《ぐんけんせい》による中央集権化の強化や、度量衡《どりょうこう》（長さ、体積、重量）の統一、交通網の整備など、後世に残る数々の事業を行った。

■秦国による天下統一の流れ

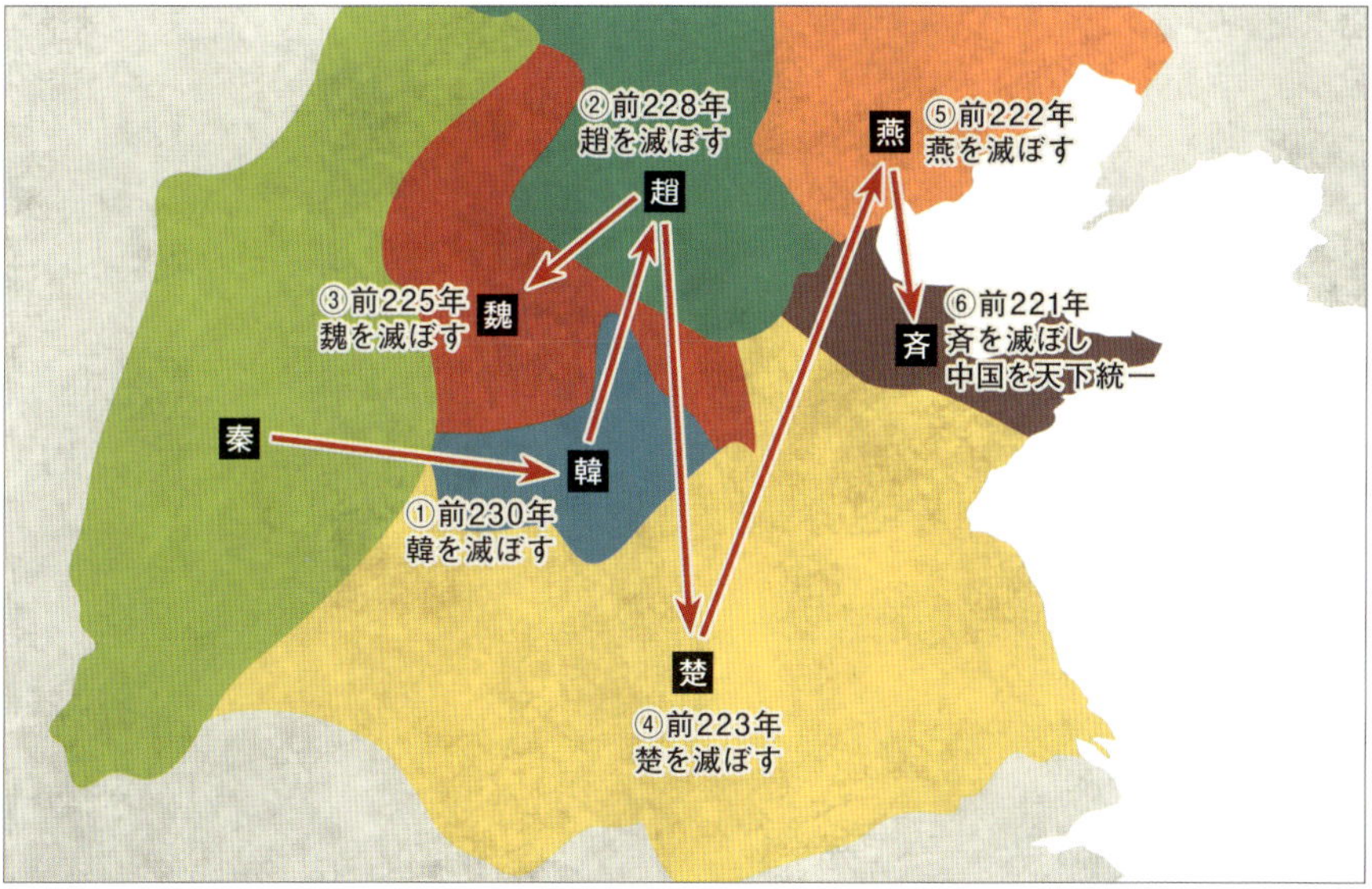
秦
韓
①前230年
韓を滅ぼす
趙
②前228年
趙を滅ぼす
魏
③前225年
魏を滅ぼす
楚
④前223年
楚を滅ぼす
燕
⑤前222年
燕を滅ぼす
斉
⑥前221年
斉を滅ぼし
中国を天下統一

春秋戦国時代 〜始皇帝前史〜

始皇帝が生きた戦国時代には、秦を含めた7つの国が存在していた。各国の特徴を見ていこう。

■戦国時代（前453年〜前221年ごろ）の勢力図

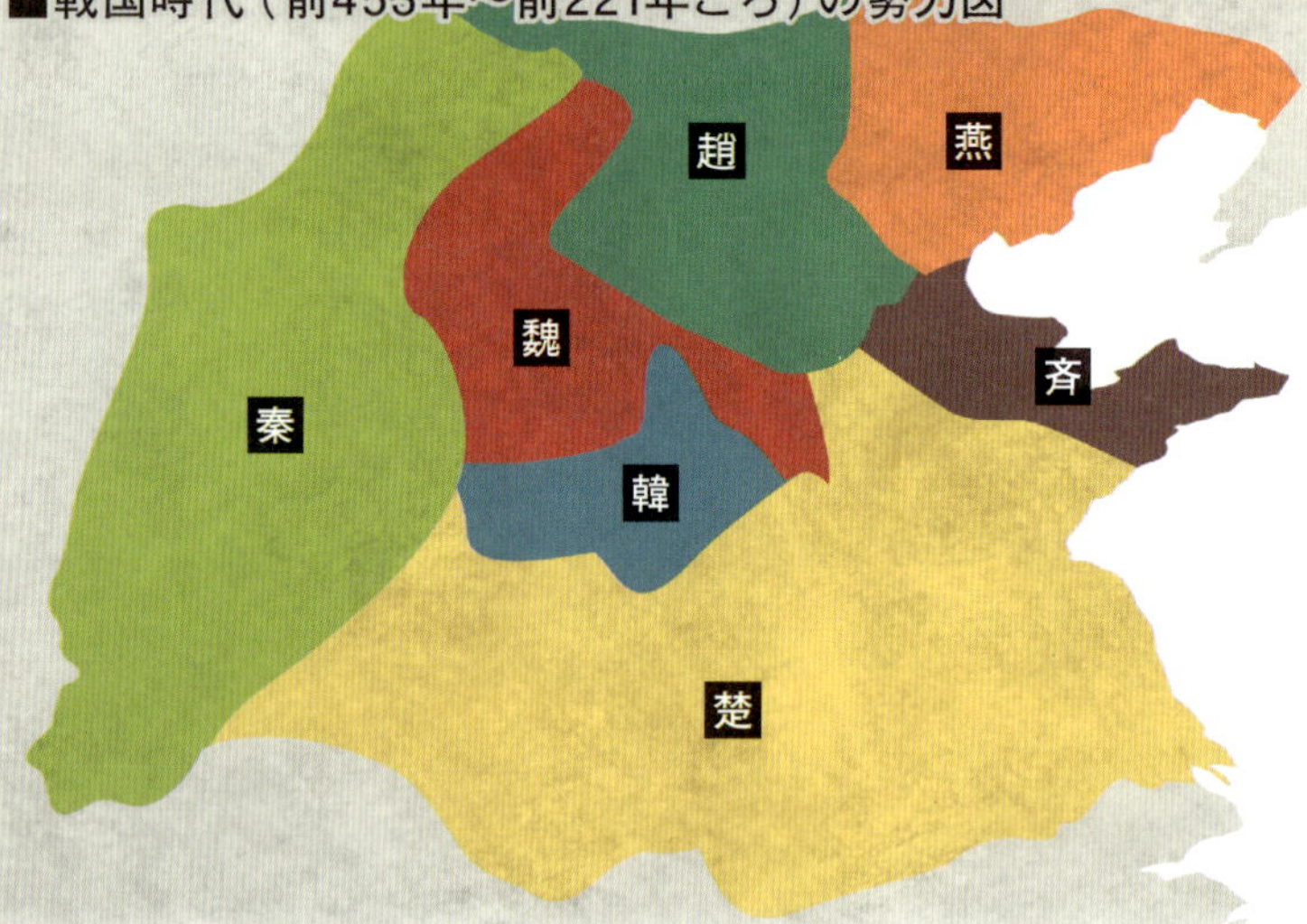

※本書では前770年〜前468年までを春秋時代、前453年〜前221年を戦国時代と表記しています

7つの国が天下統一を狙って争う！

春秋時代（前７７０年〜）のころは、魯《ろ》、斉、晋《しん》、秦、楚、宋《そう》、衛《えい》、鄭《てい》、陳《ちん》、蔡《さい》、曹《そう》、燕、呉《ご》という大小さまざまな国が乱立する状態だった。

時が流れて各国の侵攻が進み、属国化や滅亡を経て、国の数が徐々に減少していく。そして、晋が趙、魏、韓に3分割したことがきっかけとなり、動乱の戦国時代（前４５３年〜）が幕を開けることとなった。その3国が諸侯として認められた前４０３年に上記の斉、秦、楚、韓、燕、趙、魏の7国の構図が生まれ、これらの国は「戦国七雄」と呼ばれるようになる。

戦国時代では、各所で領土を奪い合う戦いが起きていたため、頻繁に勢力範囲が変動していた。上記の地図では勢力範囲が固定されているが、あくまでも一例である。

戦国時代の幕開けから２１５年後の前２３８年に秦王・趙正が親政を始めると、秦の領土拡大はさらに加速し、周辺諸国への侵攻が激化。前２３０年、韓の滅亡を皮切りに、秦は残りの5国秦を次々と滅亡に追い込み、前２２１年には、上記の勢力図が秦一色となり、秦始皇帝王朝時代がやってきたのである。

各国の特徴とその国で活躍した人物

秦

前777年に誕生し、前206年に滅亡。襄公《じょうこう》が周《しゅう》の平王《へいおう》から功績として周の旧知・岐に封ぜられた後、秦として諸侯に加わる。前221年に中国統一を果たすが、始皇帝の死後に起きた陳《ちん》勝《しょう》・呉広《ごこう》の乱によって騒乱状態に。前206年に項羽《こうう》が咸陽《かんよう》で秦王・子嬰《しえい》を殺し、秦の宮殿を焼き払い、秦は滅亡した。

李斯（りし）
呂不韋の舎人となった後、秦王・趙正に客卿となる。
王翦（おうせん）
若い時から秦王・趙正に仕える秦出身の軍人。

韓

前403年に誕生し、前230年に滅亡。前231年に趙で起きた大地震と、前230年の大飢饉の隙に秦の侵攻を許す。韓王安《かんおうあん》が捕縛され、戦国七雄の中で最初に滅亡する。

聶政（じょうせい）
厳遂《げんすい》の依頼で侠《きょう》累《るい》の暗殺を行った人物。

魏

前403年に誕生し、前225年に滅亡。范《はん》睢《しょ》による遠交近攻策によって秦からの攻撃が激化。徐々に弱体化していき、前225年、秦の王賁《おうほん》に攻め込まれたことで滅亡する。

信陵君（しんりょうくん）
戦国四君のひとりで、魏の安釐《あんき》王《おう》の異母弟。

趙

前403年に誕生し、前228年に滅亡。前260年の長平の戦いで敗北したことで軍事力が大幅に弱まる。前228年に王翦《おうせん》と羌瘣《きょうかい》が率いる秦軍によって邯鄲《かんたん》が陥落し、滅ぼされる。

李牧（りぼく）
天下統一を進める秦を2度も退けた趙の名将。

楚

誕生年は不明、前223年に滅亡。項燕《こうえん》が秦の王翦に敗れ、最後の王・負芻《ふすう》が捕虜になってしまう。秦の昌《しょう》平君《へいくん》が楚王に擁立するが、紀元前223年、秦軍によって滅びた。

春申君（しゅんしんくん）
戦国四君のひとり。四君で唯一、王族以外の出自。

燕

前1100年に誕生し、前222年に滅亡。前226年に起こった秦王暗殺未遂事件がきっかけで秦に燕の首都・薊《けい》を陥落させられる。燕王喜《えんおうき》が前222年に王賁の捕虜となり滅亡する。

楽毅（がくき）
5国連合軍を率いて斉を滅亡寸前に追いやる。

斉

前386年に誕生し、前221年に滅亡。前284年、燕の楽毅《がくき》率いる5国連合軍によって滅亡に追い込まれるが、田単の策略で国力を回復。前221年、秦に王・建《けん》が捕縛されて滅亡。

田単（でんたん）
火牛の計と離間策で斉の領地を取り戻した人物。

春秋戦国時代〜歴史年表〜

始皇帝の誕生前後に発生した中国の出来事を、春秋時代と戦国時代に分けて紹介していく。

A 春秋時代が幕を開ける

12代の幽王《ゆうおう》の放蕩ぶりが原因で反乱が発生。後に即位した平王は前770年に周の都を東の洛邑《らくゆう》に移し、周が東西に分裂した。

B 桓公《かんこう》が初めて覇者に

斉の第16代君主・桓公が最初の覇者に。覇者とは、王に代わって諸侯が集う会盟を取り仕切り、諸侯同士の問題解決や異民族の討伐などを行う者のことを指す。

桓公（かんこう）

宰相・管仲《かんちゅう》の力を借りて斉を強国にした人物。

C 秦を強国にした王・穆公《ぼくこう》

穆公は、百里奚《ひゃくりけい》を宰相に登用し、千里という広大な土地を拓いた。前646年には秦が凶作に襲われ、晋がその隙に領土へと進軍。しかし、秦は晋の恵公《けいこう》を捕虜にして勝利を収める。前641年には疲弊していた梁を滅ぼし秦の領土を広げた。

穆公（ぼくこう）

前621年に死去。この時に家臣177名が殉死。

年	春秋時代年表
前770年	A 周の平王が洛邑に東遷
前759年	周の平王が携王を滅ぼし、周王室を統一
前685年	斉の桓公が即位。管仲を宰相に
前679年	B 斉の桓公が諸侯と会盟し覇者となる
前656年	驪姫の陰謀により、太子申生が自殺
前651年	晋に夷吾が帰還し、即位して恵公に
前646年	秦と晋による韓原の戦いが発生。晋の恵公が捕らえられる
前645年	C 晋の恵公が秦に攻め入るが、秦の穆公に敗れる
前638年	宋と楚による泓水の戦いが発生。宋の襄公が楚に大敗する
前636年	重耳が晋に帰還し、即位して文公に
前632年	晋と楚による城濮の戦いが発生。楚が晋の文公に敗れる
前627年	秦と晋による殽山の戦いが発生。鄭に秦の穆公が攻め入る
前623年	秦の穆公が異民族を攻め、西戎を討つ

年	戦国時代年表
前453年	D 韓、魏、趙と智氏による晋陽の戦いが発生。智氏が滅び、晋が三分する
前403年	周が韓、魏、趙を諸侯と認める
前386年	周が斉の田和を諸侯と認める
前386年	趙が邯鄲に遷都
前384年	秦の献公が殉死を禁止
前375年	韓が鄭を滅ぼし、都を鄭に移す
前369年	趙と韓が晋を滅ぼす
前367年	内紛によって周が東周、西周に分裂
前357年	E 秦で商鞅の変法が始まる
前356年	斉の威王が即位。稷下の学が発生
前353年	魏と斉による桂陵の戦いが発生。魏が田忌と孫臏に敗れる
前349年	秦が咸陽に遷都
前341年	魏と斉による馬陵の戦いが発生。魏が田忌と孫臏に敗れる

F 趙が軍事大国に

武霊王《ぶれいおう》は、兵が1頭の馬に乗り、弓を射るという遊牧民族の戦いを参考に、胡服騎《こふくき》射《しゃ》を導入。趙は一躍軍事大国に成長した。

武霊王（ぶれいおう）
胡服騎射によって趙を強国にするが、前295年に没する。

G 秦が天下統一、始皇帝が誕生

秦王に即位した趙正は、前221年に天下統一という偉業を達成。その後、秦王に代わる新たな称号「皇帝」を採用し、自らを始皇帝と称した。前210年、第5回目の巡行中に始皇帝が死去する。

D 晋が3つの国に分裂

前453年、智《ち》氏が滅ぼされ、晋が趙、魏、韓に3分される。後の前403年に周王《しゅうおう》によってこの3国は諸侯として認められた。

晋

韓　魏　趙

E 秦の強国化が進む

秦の商鞅《しょうおう》が前357年に君主の独裁権を強めるための国政改革“商鞅の変法”を実施。重農政策の徹底や君主の命令を直接伝達できる什伍の制といった法を整備したことで、秦は台頭を始める。

年	出来事
前621年	秦の穆公が死去し、177人の殉死者が出る
前613年	楚の荘王が即位
前606年	楚の荘王が洛邑にて鼎の軽重を問う
前598年	楚の荘王が陳を攻め、夏徴舒を討つ
前597年	楚と晋による邲の戦いが発生。晋が楚の荘王に敗れる
前575年	楚と晋による鄢陵の戦いが発生。楚が晋に敗れる
前551年	魯の孔子が生まれる
前536年	鄭の子産が成文法を鼎に記す
前515年	呉の公子光が呉王僚を暗殺。即位して呉王闔廬に
前512年	闔廬によって孫武が将軍となる
前506年	呉と楚による柏挙の戦いが発生。楚が呉王闔廬に敗れる
前496年	呉と越による檇李の戦いが発生。呉王闔廬が越王勾践に敗れ、死去。夫差が即位
前494年	越王勾践が夫差に敗れる
前479年	魯の孔子が死去
前473年	越王勾践が呉を滅ぼす
前468年	魯の哀公が三桓氏に国を追放される

年	出来事
前334年	蘇秦が燕で合従策を説く
前318年	楚、燕、趙、魏、韓の5カ国が合従して秦を攻めるが失敗する
前307年	F 趙の武霊王が胡服騎射を採用
前284年	楽毅が燕、秦、韓、魏、趙の5カ国連合軍を率いて斉の都を落とす
前279年	斉と燕による即墨の戦いが発生。田単が燕に奪われた城を取り戻す
前278年	秦の白起が楚都の郢を攻め落とす
前273年	秦と趙・魏による華陽の戦いが発生。白起が魏の都を囲む
前260年	秦と趙による長平の戦いが発生。白起が40万もの兵を生き埋めに
前259年	秦の趙正（後の始皇帝）が生まれる
前230年	秦が韓を滅ぼす
前228年	秦が趙を滅ぼす
前227年	荊軻による秦王政暗殺未遂事件が発生
前225年	秦が魏を滅ぼす
前223年	秦が楚を滅ぼす
前222年	秦が燕を滅ぼす
前221年	G 秦が斉を滅ぼして天下統一を果たす。秦王・趙正が、始皇帝を称する

始皇帝の偉業

始皇帝が後世に残した制度や事業の数々を写真や、関係する人々とともに見ていこう。

■郡県制《ぐんけんせい》（咸陽《かんよう》）

独立や反乱といった諸侯の動きを防ぐために全国を36の郡にわけ、郡ごとに長官、軍事担当の補佐、監視官という役人を置いた。

■「廿六年詔権量銘《にじゅうろくねんしょうけんりょうめい》」全文

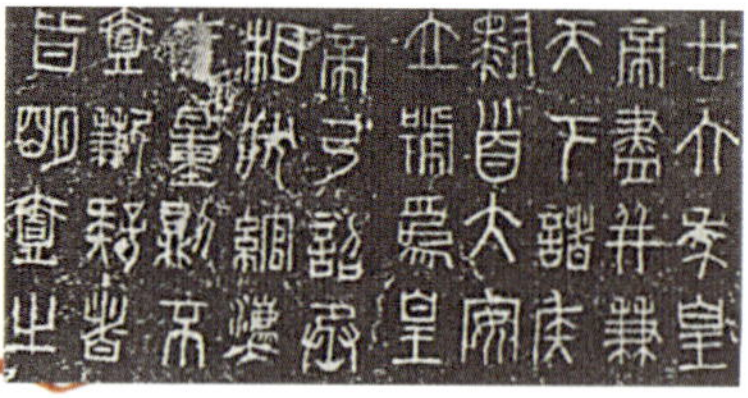

国ごとにバラバラだった文字や度量衡を統一。その証明文を度量衡の標準器や、証明用の銅版に刻んだ。

■秦代の青銅製の矢（金人《きんじん》製作）

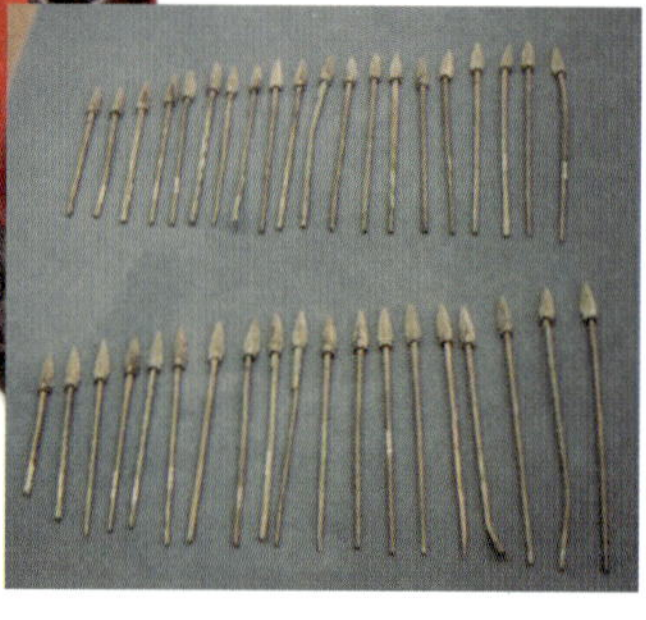

富豪らの武力を削ぐために押収した武器で約31トンの金人を12体製作した。

始皇帝（しこうてい）

天下統一後、始皇帝はたびたび国内を巡行していた。しかし5回目の南方から東方にかけて広い地域を回る巡行の途中、病に倒れる。

■霊渠《れいきょ》

南部の山岳地帯にある百越《ひゃくえつ》の征服戦争の時に築かれたのが、この霊渠。揚子江《ようすこう》の支流の湘江《しょうこう》と、広東地方の西江《せいこう》へと流れる漓江《りこう》を結ぶ運河で、36の水門で水位を調節していた。

陳勝（ちんしょう）

理不尽な秦の法に激怒し、農民による反乱を決行。陳勝は陳の地で楚を建国し、自身を王と名乗った。

呉広（ごこう）

陳勝とともに反乱を起こした人物。北方で国境警備のために徴集を受けた際、陳勝と出会う。

■直道《ちょくどう》や馳道《ちどう》が伸びていた咸陽《かんよう》の地

馳道は皇帝専用だが、緊急時は軍事車両が通行可能。直道は北にある長城に続く軍用道路で対匈奴《きょうど》のために建設された。

■万里の長城・明の長城（遠景）

北方の異民族である匈奴などの侵攻を防ぐために、各国が自国の領地を防衛するために築いた長壁を繋ぎ合わせて補強したもの。長さは6千キロメートルにも及ぶ。

■万里の長城・明の長城（歩道）

1987年にユネスコの世界遺産に登録。壁面はレンガによって覆われている。外側の壁には一定の間隔で切り込みがあり、内側よりも高く、外敵に対する防護壁として機能する。

■阿房宮図《あぼうきゅう》
袁耀《えんよう》（清）
渭水《いすい》の南に建設予定だった大宮殿。始皇帝の死後も工事は続いたが、秦の滅亡によって完成することはなかった。

項羽（こうう）
東方の農民出身だった劉邦《りゅうほう》とともに、陳勝・呉広の乱に続く、新たな反乱を指揮した人物。後に楚軍を率いて劉邦と対峙するが、敗れた。

Photo by ©Tomo.Yun(http://www.yunphoto.net)

始皇帝の遺跡

始皇帝の遺体が埋葬された酈山陵《りざんりょう》（始皇帝の陵墓）の近くにある、兵《へい》馬俑坑《ばようこう》と呼ばれる遺跡を紹介する。

■兵馬俑《へいばよう》1号坑

1号坑は歩兵、戦車部隊、2号坑は歩兵、戦車、騎兵の混合部隊、3号坑は指揮部という構成になっている。4号坑の中には何も入っていなかった。

■兵馬俑2号坑

人形（俑）が約８０００体も埋められているとされている。

■兵馬俑3号坑

兵馬俑坑は、1号坑から3号坑までが一般公開されている。

趙高（ちょうこう）
始皇帝から預かった遺言を握りつぶし、自らが教育した胡亥をつぎの皇帝にしようと画策した。

■立射俑《りっしゃよう》

弓または弩を所持していたとされる俑。兵馬俑坑2号坑の東部で出土した。

■跪射俑《きしゃよう》

2号坑の東部で出土した弩を持っていた俑。頭頂の左側で髷を結っている。

■銅車馬《どうしゃば》

数千にもおよぶ青銅のパーツで復元された4頭の馬と二輪馬車。サイズは、通常の車馬の2分の1となっている。

Photo by ©Tomo.Yun(http://www.yunphoto.net)

第1章 始皇帝の誕生

イラスト：荘襄王（aohato）

イラスト：趙太后（せいあ）

秦《しん》の歴史

・非子《ひし》という人物が秦の礎を築いたとされる
・百里奚《ひゃくりけい》の策で秦は千里を拓く
・商鞅《しょうおう》の変法によって秦が強国化

さまざまな人々の活躍が 始皇帝《しこうてい》の中華統一へと繋がっていく

秦は、始皇帝の代で周辺の6カ国を滅ぼし、中華統一という歴史に名を残す偉業を果たした。しかし、それを成せたのは歴代の王とその部下たちの活躍によって、秦の中華統一に対する下地が整っていたからである。秦の長い歴史の中でどのような人物たちが、その下地を固めていったのかを見ていこう。

まずは秦という国の礎を築いた人物・非子。彼は前900年ごろに周《しゅう》の孝王《こうおう》に仕え、馬を繁殖させた功績で秦の領地と嬴《えい》の姓を授かった。ここから秦王の家系が始まり、後の始皇帝、趙正《ちょうせい》が誕生する。

穆公の時代には、百里奚という人物が秦の領地を大きく広げることに成功する。彼は、穆公《ぼくこう》に嫁いだ晋《しん》の献公《けんこう》の娘・穆姫《ぼくき》の召使いだったが、穆公の家臣が百里奚の才能に気づき、「百里奚を宰相にすれば秦は千里を拓くだろう」と推挙した。宰相となった百里奚は、周辺諸国を慰撫して服属させるという策を実施。具体的な策の内容は不明だが、これによって周辺10カ国が秦に帰属することを決め、家臣の読み通り、秦は千里という広大な土地を拓いた。

そして、秦の国力が増強する契機となったのが、国政改革「商鞅の変法」だ。秦の孝交《こうおう》に登用された商鞅は、世襲による特権の廃止、軍功に応じた爵位の授与、一家に兄弟がいる家を分家させて自作農の拡充を行った。さらに、民衆の十家または五家の組に対して徴税や従軍の連帯責任を追わせる「什伍《じゅうご》の制」を制定。これにより中央集権的な国家へと変化していき、始皇帝の中華統一へと繋がっていくこととなる。

秦を開拓し、地盤を固めた人々

■秦王家の系譜

非子（前900年ごろ）	周の孝王から秦の領地と嬴の姓を授かる
秦仲《しんちゅう》（前823年ごろ）	前823年、周のために戎を討ち、戦死する
荘公（前823年ごろ）	秦仲の功績によって諸侯の列に加えられる
穆公（第9代：前660年～前621年）	百里奚を登用し、秦の領土を広げた
孝公《こうこう》（第25代：前362年～前338年）	商鞅を登用し、秦の法を整備させた
昭襄王《しょうじょうおう》（第28代：前307年～前251年）	優秀な部下を使い秦を強国へと発展させた
孝文王《こうぶんおう》（第29代：前251年～前250年）	趙正の父・子楚を太子に選んだ
荘襄王《そうじょうおう》（第30代：前250年～前247年）	三川郡の設置など、秦の領土を拡大
始皇帝（第31代：前247年～前210年）	6国を滅ぼし、天下統一を成し遂げる

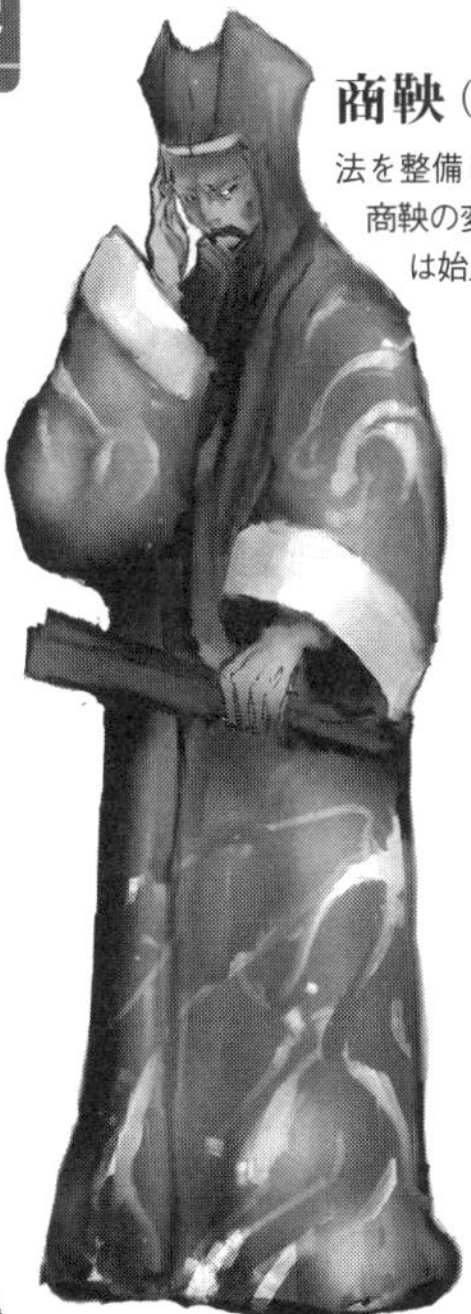

商鞅（しょうおう）

法を整備し、富国強兵策を推し進めた。商鞅の変法によって作られた秦の基盤は始皇帝の代で大きな力を発揮した。

■商鞅の変法のについて

- 民衆の10家または5家を1組とし、この10家または5家の組に対して徴税や従軍の連帯責任を追わせるという「什伍の制」を制定
- 1家にふたり以上の男がいる場合は強制的に分家させ、自作農を拡充
- 血統に関わらず、実績で爵位を与える実力主義の「爵位制度」を制定した

百里奚（ひゃくりけい）

秦の宰相として千里の土地を拓いた人物。宰相に登用された百里奚はすでに70歳を超える老人だったとのこと。

■百里奚が千里を拓くまでの流れ

献公の娘が穆公に嫁ぎ、その召使いとして秦へ

↓

穆公の家臣が才能を見抜くも百里奚は逃亡

↓

楚《そ》の奴隷となるが、穆公の家臣が買い戻し、秦の宰相となる

↓

百里奚が秦の周辺諸国を慰撫して服属させる

↓

周辺10ヵ国が秦に服属（1国＝百里）、計千里の土地を拓いた

秦と趙《ちょう》の関係性

・長平の戦いは戦国時代最大の合戦
・白起《はくき》によって40万もの兵が生き埋めに
・秦が勝利したことで趙は大きく衰退

秦の国力は増大していき長平の戦いが勃発

商鞅の変法によって強国となった秦は、勢力を増していき、周辺諸国を圧倒する存在となった。前306年に昭襄王《しょうじょうおう》が秦の王に即位するとその勢いはさらに加速。前265年には、野王を陥落させ、韓《かん》の領土である上党郡の孤立に成功した。上党郡の馮《ふう》亭《てい》は秦の侵攻を防ぐべく、趙に上党郡を献上することを決め、趙の孝成王《こうせいおう》はそれを受けて上党郡を接収するが、これを知った昭襄王は激怒。前262年に王齕《おうこつ》率いる秦軍が上党郡を占領し、その翌年に秦は趙の長平城へと攻め入り、長平の戦いが勃発した。

長平の戦いでは、趙軍を指揮する廉頗《れんぱ》が籠城策をとり、秦軍の疲弊を狙った。この策に対して秦の宰相・范雎《はんしょ》は、「もしも指揮権が趙括《ちょうかつ》に移ったら秦としては怖い。廉頗のままなら勝つのは簡単」という流言を流し、それと同時に総大将を白起に変更した。籠城策にやきもきしていた趙の孝成王は流言を鵜呑みにしてしまい、実戦経験のない趙括に指揮権を移譲する。趙括は籠城策をすぐさま止め、周囲の将の反対を押し切って全軍による総攻撃を指示した。それに対して白起は退却を命令。これを好機と捉えた趙軍は一気に突撃するが、隠れていた昭襄王率いる別働隊が背後から趙軍を強襲。逃げ延びた趙兵たちは長平城へと逃走。秦は城を包囲し徹底した兵糧攻めを行った。そして、趙括が戦死したのを契機に趙軍が降伏。長平の戦いは秦軍の勝利に終わった。なお、この戦いの後、白起は40万の捕虜を生き埋めにしたと言われている。

范雎の策で長平の戦いが大きく動いた

■長平の戦いへの経緯

昭王42年（前265年）、白起率いる軍は韓へ進行し、野王を陥落させる

↓

韓が秦の侵攻を防ぐべく、韓の北方の領土・上党郡を趙へ献上

↓

献策に趙の孝成王は悩むが、平原君《へいげんくん》の言葉によって上党郡を接収

↓

上党郡が趙の地となったことを知った秦の昭襄王が激怒

↓

昭王45年（前262年）、王齕率いる秦軍が上党郡を占領

↓

昭王46年（前261年）、趙へと攻め込み、
長平城で廉頗率いる趙軍と対峙。長平の戦いが勃発！

白起（はくき）

秦国出身の将軍。昭襄王のもとで韓、魏《ぎ》、趙への攻撃を指揮。長平の戦いでは趙括率いる趙軍を見事打ち倒した。

秦と趙の関係性

■長平の戦いの流れ

廉頗が秦軍の疲弊を狙って長平城に篭城

秦軍の勢いを抑えるために廉頗は篭城策をとる。2年間続いた篭城によって秦軍の勢いは弱体化した。

↓

秦の宰相・范雎が流言を流す

范雎は、趙軍の指揮権を変えるために「趙括が指揮したほうが厄介」という噂を流した。

↓

流言を真に受けた孝成王は

廉頗の篭城策に業を煮やしていた孝成王は、この流言を受けて、軍の指揮権を趙括に移す。

↓

趙が全軍による突撃を敢行

未熟な趙括は短期決戦に打って出る。白起はこれに対して秦軍に退却を命令した。

↓

背後から別働隊が趙軍を強襲

突撃する趙軍の背後を昭襄王率いる別働隊が強襲。強襲から逃げ延びた趙兵は長平城へと逃げた。

↓

長平城を兵糧攻めして趙軍が降伏

秦軍は長平城を囲んで兵糧攻めを敢行。趙括が戦死したことで趙軍が降伏し、秦軍が勝利を収めた。

范雎（はんしょ）

昭襄王に仕えていた宰相。廉頗の篭城策を流言によって打ち破った。長平の戦いで秦を勝利に導いた立役者。

廉頗（れんぱ）

篭城策をとり、秦軍の弱体化に成功。しかし范雎の計略によって指揮権が未熟な趙括へと移ってしまい大敗した。

趙括（ちょうかつ）

趙の名将趙奢《ちょうしゃ》の子。兵法の知識は豊富だったが、実戦経験が一切なかった。長平の戦いで戦死してしまう。

秦王「正《せい》」の誕生

・前259年に趙の都で正が誕生
・父は子楚《しそ》、母は趙姫《ちょうき》
・正は後に中華統一を果たし始皇帝となる

趙の都でひとりの赤子が産声を上げ中華統一という伝説が幕を開けた

中華統一という偉業を成し遂げた人物・始皇帝。その名は後世に語り継がれ、いまでも多くの伝説が残っている。しかしそんな彼も幼少期のころは不遇な生活を送っており、いつ死んでもおかしくない状況だった。そもそも父の子楚は、秦と趙の和睦の質《ち》子《し》（人質）として、趙の首都・邯鄲《かんたん》に送られており、その最中に後の始皇帝となる趙子が生まれた。

前259年、敵地・邯鄲で生を受けた子は、正と名づけられた。秦の王族の姓は嬴《えい》であるが、趙氏とも呼ばれていた。先祖の造父《ぞうほ》が周の繆王から趙城を与えられてから、趙氏と称した。父の子楚は、秦の王族・安国君《あんこくくん》（孝文王《こうぶんおう》）の子であり、母の趙姫は趙の豪族の娘または邯鄲の歌姫といわれており、姓や名が一切わかっていない。

趙正が生まれる前年には長平の戦いで秦が趙に勝利。多くの捕虜が死亡したことで趙は大幅に弱体。秦は趙への侵攻を進め、趙正が幼少のころには、王齕将軍率いる秦軍が邯鄲を包囲していた。趙の平原《へいげん》君《くん》は魏の信陵君《しんりょうくん》の援軍を待ちつつ、3000の兵で秦軍を迎え撃った。しかし秦に脅されていた魏は趙に対して援軍を送ることができなかった。そこで信陵君は、食客の力を借りて将軍の持つ虎符《こふ》の一方を魏王《ぎおう》から奪取し、魏の8万の兵を邯鄲に送り込むことに成功する。さらに楚の春申君《しゅんしんくん》からの救援軍も到着。三君の連合軍によって秦軍を退けることに成功し、邯鄲の陥落は免れた。こういった背景がありながら趙正は生き延び、後に秦に帰国することとなる。

後の始皇帝・趙正の誕生と家族構成

■趙正が生まれた戦国時代の勢力図

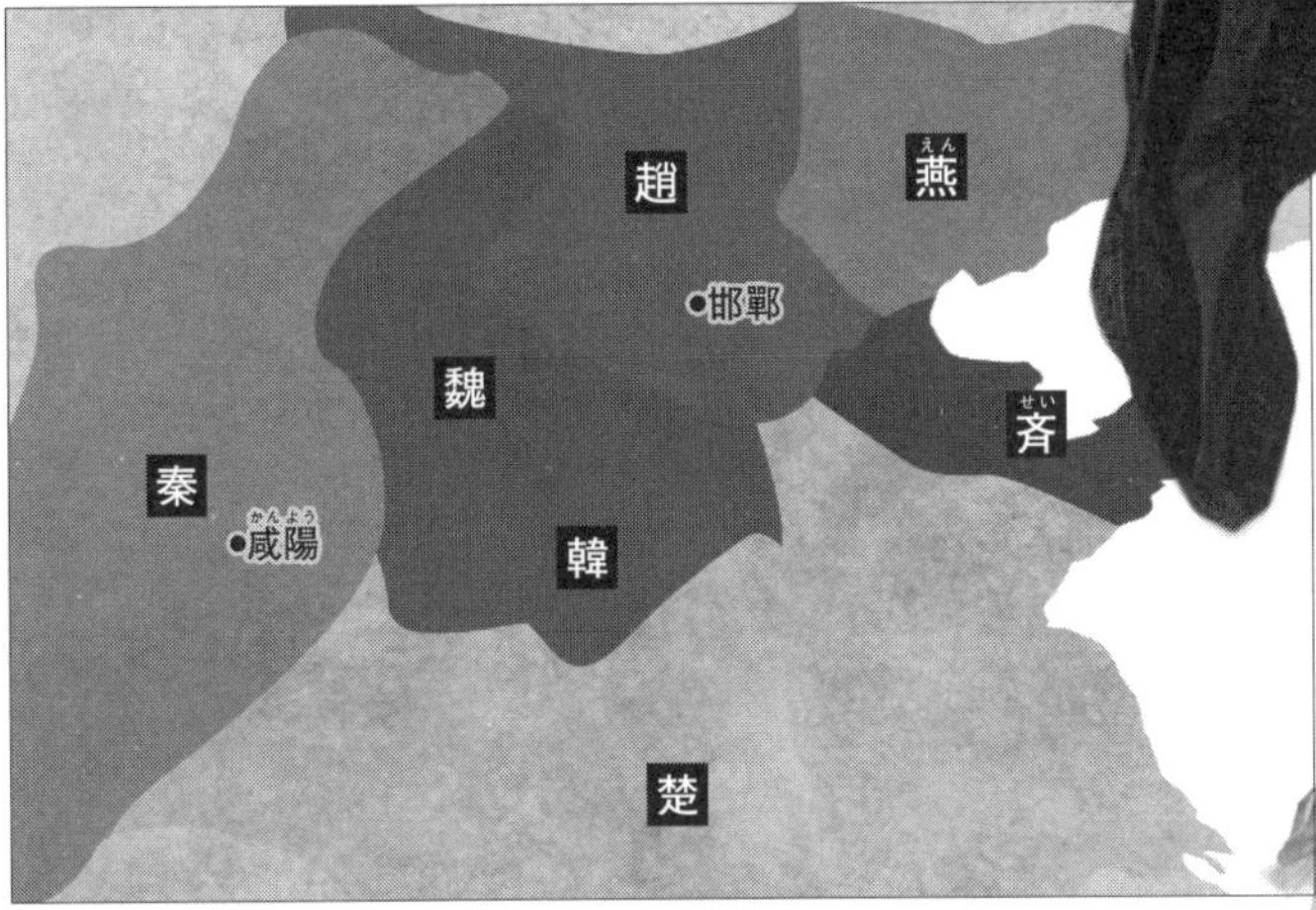

戦国時代では、燕、斉、楚、趙、魏、韓、秦の7国が争っていた。
趙正が生まれた邯鄲は、秦の咸陽から離れた位置にある。

趙正（ちょうせい）
初めて中華統一を成し遂げ、始皇帝と呼ばれることとなる人物。姓が嬴、氏が趙、諱が正という。

■趙正の誕生から逝去までのおおまかな流れ

昭襄王48年（前259年）	趙の都・邯鄲で生まれる（趙正1歳）
壮襄王3年（前247年）	荘襄王死去、趙正が秦王に即位（趙正13歳）
始皇帝9年（前238年）	始皇帝の親政が始まる（趙正22歳）
始皇帝37年（前210年）	平原津《へいげんしん》で病となり、没する（趙正50歳）

子楚（しそ）
趙正の父。趙の邯鄲に質子として送られる。華陽夫人の養子となり、後に荘襄王に即位する。

趙姫（ちょうき）
趙正の母で、趙の豪族の娘。名が残っておらず、趙姫と呼ばれている。後の母太后《ぼたいごう》である。

始皇帝豆知識

「正」と「政」、謎多き諱

『史記』には「嬴政」あるいは「趙政」と記されているが、『史記』の時代に趙政を「趙正」と書いたテキストが新たに発見された。『史記集解』には、徐広《じょこう》の『史記音義』を引用し、彼が見たテキストに趙正と記すものがあったという。二世皇帝の時に始皇帝の諱である正を避け、正月を同じ意味の端月に変えたこともあり、「趙正」説が強まっている。本書では趙正でとおした。

父の子《し》楚《そ》という存在

- 20人以上の異母兄弟がいて子楚の序列は低かった
- 和睦の人質として趙の邯鄲《かんたん》に送られる
- 後に荘襄王となる

ひとりの商人と出会ったことで歴史に名を刻むことになった男

子楚の父である安国君は、当時の秦王・昭襄王の子であったが、このころはまだ後継者ではなかった。安国君の20人以上いる子どものひとりに過ぎず、王族とはいえ、その身分は低かったとされている。春秋戦国時代のころは、ほとんどの国で質子の交換が行われていた。質子は、後継の太子やそのほかの公子から選ばれ、子楚もそのひとりとして趙に送られている。ちなみに当時の質子の生活は、出身国が面倒を見ることになっていた。本来なら、生活に必要な物資は秦から送られてくるはずであったが、秦は勢力を広げるために周辺諸国に侵攻している真っ只中。当然、質子のことを気にする暇もなく、生活に必要な物資の運搬は滞っていた。子楚は、王族でありながら趙の民衆にも劣る極めて貧しい生活を送っていたとされている。

そんなどん底の人生を送っていた子楚だが、呂《りょ》不《ふ》韋《い》という人物と出会ったことで人生が一変。呂不韋の手回しによって、孝文王の正妻である華陽夫人《かようふじん》の養子となり、安国君が孝文王に即位して子楚が太子となった。そして、孝文王が即位した3日後に死去し、子楚は荘襄王《そうじょうおう》に即位して秦王へと登りつめた。王族でありながら捨て駒扱いでいつ死んでもおかしくなかった子楚が王になれたのは、他ならぬ呂不韋の存在があったからである。なお、荘襄王の在位期間は、3年と短かったが東周《とうしゅう》の滅亡や上党《じょうとう》の地を制圧といった活躍を見せている。そして、即位から3年が経った前２４７年に荘襄王はその生涯を終えた。

始皇帝の父である子楚が送った人生とは

■子楚周辺の略式家系図

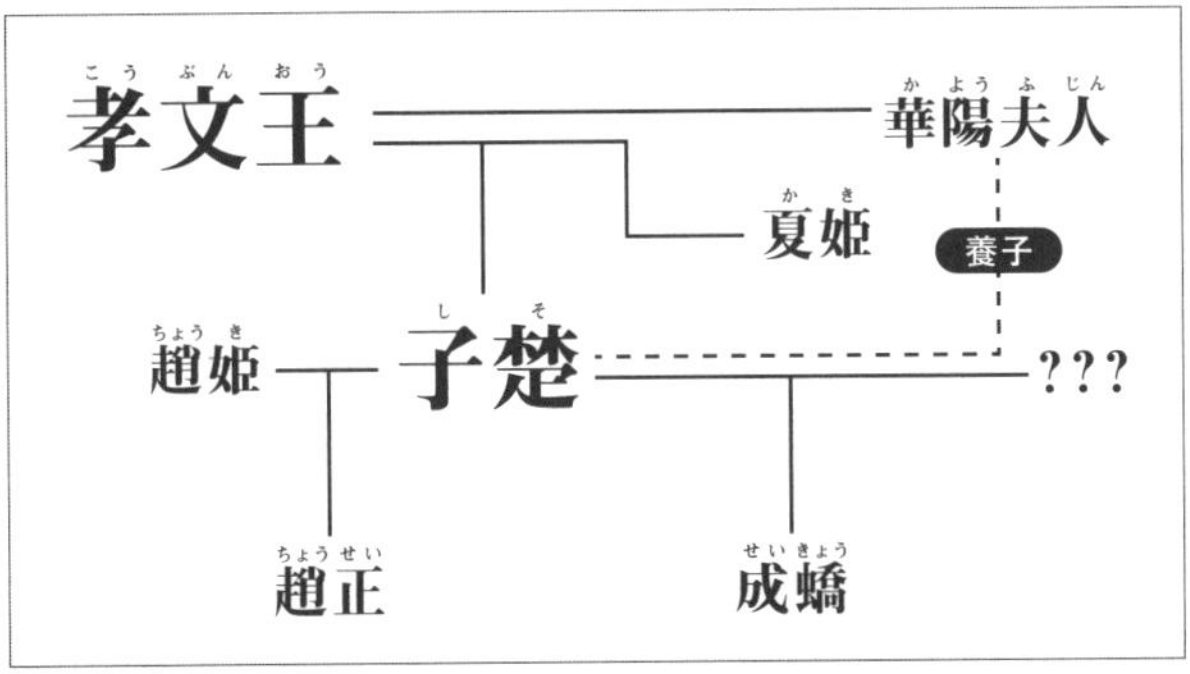

じつは子楚にはほかの女性との子・成蟜がおり、彼は趙正の異母兄弟にあたると思われる。後に成蟜は趙正に対して乱を引き起こす。

子楚（しそ）

質子として趙に送られた安国君の子。父の安国君には、子楚のほかに20人以上の子がいた。

■趙にやってきてからの子楚の人生

昭王42年（前265年）	質子だった子楚が呂不韋に目をつけられ、面倒を見てもらう
昭王46年（前261年）	呂不韋から得た金で趙の人々をもてなす（呂不韋は秦に入り、子楚を安国君の後継者とする約束を取り付ける）
昭王47年（前260年）前260年～昭王48年（前259年）	呂不韋の愛人・趙姫に惚れて妻とする。その後、趙姫が正を産み、子楚が父となる
昭王49年（前258年）	秦が邯鄲を攻撃
昭王50年（前257年）	呂不韋の工作によって戦乱の最中、邯鄲を脱出
孝文王元年（前250年）	子楚が荘襄王に即位
荘襄王3年（前247年）	荘襄王死去

始皇帝豆知識

安国君が太子に選ばれた経緯

じつは昭襄王はかつて質子として燕で暮らしており、昭襄王の悼《とう》太子も質子として魏に滞在していた。しかし、悼太子は魏で死亡してしまい、その遺体は、秦の王族の墓に埋葬された。その2年後、悼太子の代わりに子楚の父である安国君が太子に選ばれ、後に孝文王として即位する。悼太子の死がなければ子楚が荘襄王に即位することもなかったかもしれない。

呂《り》不《ふ》韋《い》という人物

・呂不韋は韓または衛《えい》の大商人
・戦時下の韓、衛、趙を拠点に財をなした
・子楚を利用して後の地位を確保しようと画策

呂不韋の野望が始皇帝を誕生させるきっかけとなった

呂不韋は、戦下に韓、趙、衛を拠点にして財を成した大商人である。少年時代、商人たちが肩や背を丸くして卑屈な生き方をしなければならないことに気づいた呂不韋は、その理由を「天を仰がないから」と看破。背を伸ばして生きていくために天下を自分の手中に収めたいという野望を持った。

当時の呂不韋ら商人は、中国内を行き来して軍需物資を調達し、それを必要とする国へ運んで売り捌くといった方法で財を成していた。しかしこの方法は決して効率が良いとはいえず、運搬中に盗賊などに襲われてしまうというデメリットも孕んでいた。

そんな中、前265年に趙の邯鄲《かんたん》で質子だった安国君の公子・子楚を目にした呂不韋は、「奇貨《きか》居《お》くべし（この商品は後々高値になる。買っておくべきだ）」と言って、彼の面倒を見るようになる。呂不韋には子楚を王位に就け、富と権力を手に入れようという目論見があったのだろう。

呂不韋の作戦はこうだ。子楚に資金を渡し、趙の人々をもてなし子楚の評判を上げる。そして、安国君の正妻・華陽夫人に近づき、評判のいい公子・子楚を養子にするように仕向ける。一見すると「そんなにうまくいく訳がない」と思うだろうが、呂不韋にはそれを成し遂げられるだけの資金があった。呂不韋は、1000金の財をふたつにわけ、ひとつは子楚が趙の人々をもてなすための資金に、そしてもうひとつを華陽夫人に近づくための資金に充て、一世一代の大博打に打って出たのだ。

呂不韋という人物

底知れぬ野望を抱く天下の大商人

■少年時代の呂不韋が感じていた商人のイメージ

・卑屈　・頭も腰も低い　・肩や背を丸くしている

その理由は……「**天を仰がないから**」

少年時代に商人として、背を伸ばして生きていくと決意した呂不韋。そのために天下を自分の手中に収めたいという野望を持つようになるのだった。

■呂不韋ら商人のおもな仕事

・中国を行き来して軍需物資を買い込む
・戦争中や戦争前で軍需物資を必要とする国で売りさばく

戦争中！　戦争中！　戦争中！

・しかしデメリットも……

広大な中国を渡り歩き、軍需物資を売り買いするのは決して効率がいいわけではなかった。また運搬中に盗賊に襲われる可能性もあった。

呂不韋（りょふい）
韓、趙、衛を拠点にして財を成した大商人。子楚の将来性に目をつけ、彼を秦王の座に就けようと画策する。

一世一代の大博打に打って出る

覚えておきたい故事成語

奇貨居くべし

邯鄲で秦の公子・子楚と出会った呂不韋が口にした言葉。「これは珍しい品物だ。買っておくべきだ」という意味で、呂不韋は将来的に子楚を秦王の座に就け、巨万の富と権力を手に入れるという作戦を考えていた。

■呂不韋の動き

子楚を懐柔
質子として貧しい生活を送っていた子楚の面倒を見た。さらに当時、呂不韋の愛人だった趙姫を子楚に与えている。

子楚への資金投資
子楚に接待費として資金を渡し、趙の人々をもてなした。子楚が気前がよく素晴らしい人間であるという噂を流させるのが狙いだった。

華陽夫人への接触
安国君との子がいなかった華陽夫人に近づき、「素晴らしい噂の絶えない子楚を養子にしたほうがいい」と、子楚を推挙した。

子楚を太子にして、後の自分の地位を確保するという狙いがあった

「奇《き》貨《か》居《お》くべし」の策

・奇貨居くべしとは「珍しい品なので買うべき」という意味
・工作資金で子楚を太子に
・後に呂不韋は相邦となる

圧倒的な資金と策略で子楚を太子に押し上げる

子楚は身なりを整え、与えられた500金を使い趙の人々をに料理を振舞い、名を売る活動に励んだ。

一方、呂不韋は残りの500金で華陽夫人に献上するための珍貴な物を購入して秦へと向かった。なぜ物品に変えたかというと、500金をそのまま持ち込んだ場合、ほとんどの金が関税で失われてしまうからである。呂不韋が接触しようとしている華陽夫人は、子楚の父・安国君の正妻だが、子が授からず、いずれは自分の地位も危うくなると考えていた。呂不韋はそこに付け入るべく画策。華陽夫人の姉を通じて謁見した呂不韋は、「子楚は賢知の人で天下諸侯の賓客と交際している。そして、つねに夫人を天とも思っている。日夜、太子と夫人のことを思って泣いている」と話した。さらに、夫人の姉を通して、「容色を持って人に仕える者は、容色が衰えると愛情もゆるむ」と、安国君の夫人への愛が消えるかもしれないという動揺を与えた。夫人の不安感を最大まで煽った呂不韋は、「太子のお子さまの中で賢明で孝行心の強い方と結んで嫡子として養子にしないのです？　養子にすれば夫の在世中には尊重され、夫が亡くなっても養子にした子が王となり、最後まで勢いは衰えません」と、子楚を養子にすれば夫人の地位は磐石な物になると告げた。それに納得した夫人は、安国君に子楚は賢明で趙で名を馳せていると話し、安国君はこれに同意。呂不韋の狙い通り、子楚を養子にしたのだった。その後の前250年に子楚が荘襄王として即位する。

呂不韋だからこそ出来た莫大な投資

■呂不韋が用意したふたつの工作資金

呂不韋（りょふい）

子楚を太子にして、後の自分の地位を得るために、これまで築き上げてきた財を二分する。

呂不韋が用意した工作資金は合計1000金

それを半分に分け、片方を子楚に、もう片方を華陽夫人への工作資金に宛てた

子楚（しそ）

趙で質子として暮らしていたが、呂不韋に策略によって、華陽夫人の養子に。子楚は、後に秦王に即位して荘襄王となる。

子楚への工作資金

子楚の身なりを整えさせて、趙の人々に料理を振る舞い、子楚という名を売るように指示した。

華陽夫人への工作資金

関税を避けるため、500金で珍貴な物を購入。謁見時に華陽夫人に献上した。

華陽夫人（かようふじん）

安国君の正妻だが、子に恵まれていなかったため、自身の将来を不安に感じていた。

始皇帝の祖父母を口説いた呂不韋の話術

① **「子楚は賢知の人で天下諸候の賓客と交際している。つねに夫人を天とも思っている」**

子楚は、賢くて知恵があり、素晴らしい客人と日々交流していて、しかも夫人らのことを大事に思っていると、子楚が後継者に相応しい人物であるとアピール。夫人が子楚のことを調べると趙での評判は非常に高かった。

② **「容色を持って人に仕える者は、容色が衰えると愛情もゆるむ」**

いまは安国君からの寵愛を受けていますが、歳をとって老けたらその愛情も消えちゃうのでは？　と、華陽夫人に強い不安感を植えつけた。子がいなかった夫人はこの言葉に大きく動揺した。

③ **「太子のお子さまの中で賢明で孝行心の強い方と結んで嫡子として養子にしないのです？　養子にすれば夫の在世中には尊重され、夫が亡くなっても養子にした子が王となり、最後まで勢いは衰えません」**

将来の地位に対して大きな不安と動揺を感じていた夫人に呂不韋は、夫人らを大事に思っている子楚を養子にすれば安泰ですよと囁いた。これがきっかけで夫人は子楚を養子にすることにしたのだ。

始皇帝豆知識

前漢の劉向《りゅうきょう》が編纂した書物『戦国策』での呂不韋と子楚

『戦国策』では子楚の将来性を見越した呂不韋が、子楚の扱いについて、自分の父に相談した。父は、農業の利益は10倍、珠玉を取引すれば利益は100倍、だが君主を立てれば無数の利益が得られると話し、呂不韋に子楚を王にするメリットについて教えている。また華陽夫人に謁見する際、呂不韋は子楚に夫人の故郷である楚の服を着せて謁見させたというエピソードも描かれている。

呂《りょ》不《ふ》韋《い》と趙《ちょう》姫《き》

・趙姫は趙の豪族の女性で呂不韋の元愛人
・邯鄲《かんたん》包囲時に豪族の一族に匿われる
・趙姫は後に母太后と呼ばれる

謎多き始皇帝の母・趙姫とはどのような人物だったのか

始皇帝の母でありながら趙姫は、姓も名も残っていない不思議な存在だ。趙正の秦王即位までは趙姫、即位後は秦王の母という意味で母太后、死後は始皇帝の母という意味で帝太后《ていたいこう》と呼ばれている。もともと彼女は、容姿が美しく、舞踊に長けた女性で、その踊りに惚れ込んだ呂不韋の寵愛を受けることとなる。その後、呂不韋の館で出会った子楚が趙姫に惚れ、呂不韋は子楚に趙姫を与えた。

趙正を出産した後、秦による邯鄲包囲戦が起こり、趙は質子の子楚とその妻子を殺そうとする。だが呂不韋は、子楚の監視役の官吏に金600斤を渡し、子楚を趙から脱出させた。秦へと帰国した子楚は、華陽夫人の養子となった。残された妻子は、趙姫が趙の豪族出身だったことが幸いし、その一族の力で匿われ、子楚が太子となるまで身の安全が保証された。

また劉向が編纂した『戦国策』には、呂不韋が趙のある人物に対して「子楚はすでに子のいない華陽夫人の養子になることが約束されている。帰国させれば将来は太子になる人なので、とどめておかずに趙のために利用したほうがいい」と、子楚の帰国を説得したと記されている。どちらにしても子楚は、呂不韋の力によって命を救われ、王への道を歩むことになった。ちなみに、子楚を嫡子にした安国君は、ほかの子が秦王を継げないようにするために、華陽夫人との間に玉符を作り、そこに約束の言葉を刻み込んだ。これにより、安国君の後継者は子楚だけとなり、約束どおり、彼は太子に選ばれたのである。

呂不韋と出会ったことで王族となった女性・趙姫

趙姫（ちょうき）

趙正の母。呂不韋の寵愛を受けるが、子楚に娶られる。子楚の趙脱出後は、趙正とともに趙の豪族に匿われる。

■趙姫という人物について

- 趙の豪族出身の女性で姓と名に関する情報が残っていない
- 容姿が美しく、舞踊に長けていた
- 趙姫の舞踊に惚れ込んだ呂不韋の愛人となる
- 呂不韋の館で出会った子楚に惚れられ、後に夫婦となる
- 子楚との子・趙正を生み、母となる
- 趙正が始皇帝に即位してからは母太后、始皇帝の死後は帝太后と呼ばれた

■呂不韋、子楚、趙姫の関係

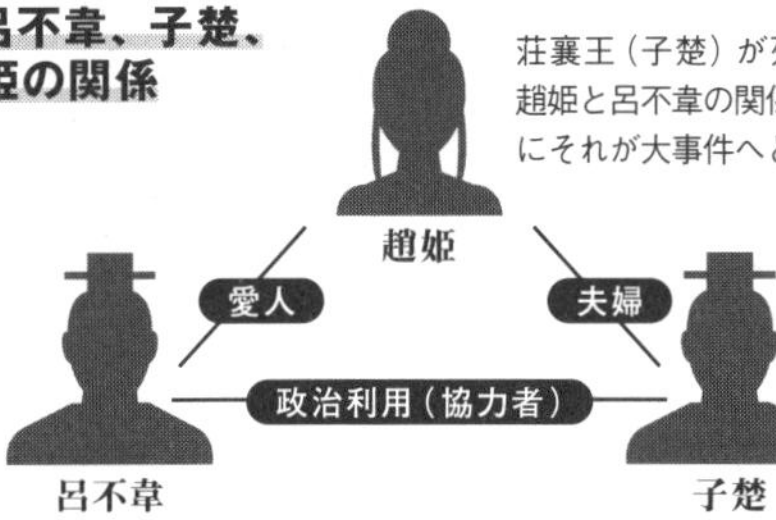

荘襄王（子楚）が死去した後、趙姫と呂不韋の関係が再燃。後にそれが大事件へと繋がる。

子楚の趙脱出と母子の保護

呂不韋（りょふい）

趙姫の容姿と舞踊に惚れ込み、愛人にするが、子楚が趙姫を気に入ってしまったため、彼女を手放している。

子楚が秦を脱出

呂不韋は、子楚を趙から脱出させるために、監視役の官吏に賄賂として金600斤を渡した。

趙正と趙姫を匿う

子楚が脱出し、取り残された妻子は、趙姫の出身である趙の豪族の一族によって匿われる。

始皇帝豆知識

当時の女性事情についてのお話

『史記』を書いた司馬遷いわく、「趙や鄭《てい》の女性は、化粧に凝っていて、琴を弾く素養を備え、長い袂を引きずりながら細くとがった靴を履き、色目つかいに情を伝え、資産家と見れば老若問わず、どこにでも出かけた」とのこと。始皇帝の後宮はこういった女性で賑わっていて、とくに美しくしとやかな趙の女性はもてはやされたといわれている。

「正」の曽祖父、昭襄王《しょうじょうおう》

・燕の元人質で、諱は「稷《しょく》」
・天下統一の地盤を固めた人物
・多くの臣下に恵まれた

臣下の力を借りて、天下統一の地盤を固めた立役者

歴代の王と家臣が築き上げてきた秦の基盤をより強固なものにしたのが、趙正の曽祖父・昭襄王である。彼が即位したのは前３０６年。先代の秦王・武《ぶ》王《おう》が鼎《てい》と呼ばれる中国古代の器物で挙げ比べを行い、その時に脛骨を折って死亡してしまう。武王は後継者を決めていなかったが、恵文王《けいぶんおう》の太后の弟であった魏冄が、周囲の反対を押し切り、燕の質子だった稷（昭襄王）を秦王へと即位させる。魏冄《ぎぜん》の狙いはまだ若い昭襄王に代わって実権を握ることにあった。こういったケースの場合、王による親政が始まると権力を得た者は排除されるのだが、魏冄は文武の才があったため、宰相への登用と罷免をくり返し、その都度、秦の領土を拡大していった。

魏冄は、さらに白起将軍を登用。白起は韓、魏、楚、趙と各地を転戦し、華陽の戦いや魏の戦力を大幅に削ることに成功した。魏冄と白起という優秀な家臣の力で秦はさらに強大な存在へと成長していった。その後、昭襄王は范雎を登用する。権力を持つ魏冄が邪魔だった范雎は彼を罷免し、自分が宰相になると、白起の力を恐れて自害へと追いやってしまう。白起という大きな戦力を失った秦の勢いは衰えるものの、前２５５年には、秦に背いた西周《せいしゅう》の周王《しゅうおう》を倒し、周《しゅう》を完全に滅亡させた。

邪魔者は徹底的に排除するという姿勢の范雎を登用したことで、秦は昭襄王の代での中華統一を成しえなかった。しかし、ここでの歩みは後の始皇帝へと引き継がれ、中華統一が実現することとなる。

秦をさらなる強国へと発展させた昭襄王

昭襄王（しょうじょうおう）
武王の後を継いで秦王となった。魏冄や白起といった優秀な臣下のおかげで凄まじい速度で秦の領域を拡大した。

■昭襄王の歩み

武王の死と王への即位
先代の武王が脛骨を折って死亡。政治の実権を握ろうとする魏冄の画策によって、稷《しょく》は昭襄王に即位した。

魏冄の存在と白起の登用
魏冄は文武の才があったため、罷免と復活をくり返し秦の領域を拡大。さらに魏冄が登用した白起将軍は、八面六臂の活躍を見せた。

范雎の登用と親政の開始
権力を振りかざす魏冄を問題視した范雎を昭襄王によって登用。范雎は政敵である魏冄や、それに匹敵する白起を排除する。

周の滅亡
魏冄や白起を失いつつも、昭襄王は、西周の周王が秦に背いたことを契機に周を完全に滅亡させた。

■昭襄王の優秀な臣下たち

魏冄（ぎぜん）
拡大した領土の専横など、問題行動も多かったが、秦の勢力拡大に大きく貢献した。

白起（はくき）
魏冄が登用した将軍。魏、韓、楚、趙を転戦し、秦の勢力圏を徐々に拡大していった。

范雎（はんしょ）
長平の戦いを勝利に導いたが、政敵の排除にこだわり、秦の勢いを殺してしまう。

■そのほかの優秀な臣下たち

王齕（おうこつ）
長平の戦いで勝利に貢献。昭王41年(前257年)の魏への侵攻では6000の首級を挙げ、2万の兵士を黄河へ流したといわれている

王齮（おうき）
「史記」の「秦本紀」では触れられておらず、王齕と同一人物では？　といわれている

胡傷（こしょう）
魏の将である芒卯《ほうぼう》を華陽で破り、15万の首級を挙げたといわれる

司馬錯（しばさく）
恵文王22年（前316年）の蜀《しょく》の併合で活躍したとされる

将軍・摎（しょうぐん　きゅう）
昭王42年（前256年）の韓との戦いで4万の首級を挙げたといわれる

始皇帝豆知識

『キングダム』での昭襄王とその臣下

『キングダム』で描かれる昭襄王は、在位55年のほとんどを戦に費やした「戦神」と呼ばれる武の王で、王齮いわく「中華統一に夢憧れる少年のような瞳を持った奇特な王」とのこと。臣下の白起、王齕、王齮、胡傷、司馬錯、摎は、昭襄王によって戦争の自由という権利を与えられた六大将軍として描かれている。なお、作中では 王齕と王齮は別人として扱われている。

秦への帰還

・趙正が9歳のときに秦に帰国
・孝文王が即位して3日で死去
・子楚が荘襄王に即位

趙正と趙姫の帰国と相次ぐ王の死

　前257年、呂不韋の工作によって趙を脱出した子楚は、邯鄲《かんたん》を包囲する秦軍に保護され、無事に秦へと帰国し、華陽夫人の養子となった。前251年、昭襄王が没したことで、安国君が孝文王に即位し、子楚は太子となる。しかし、その3日後に孝文王が死去。子楚が荘襄王に即位するにあたって、趙正が太子に立てられた。

　趙姫と趙正は、趙の豪族の一族に匿われていたため、秦の動きを知る由もなかったが、このことを知った趙は慌てて荘襄王の子である趙正と、妻の趙姫を秦へと帰国させた。趙正は9歳になってようやく祖国である秦の地を踏むことが出来たのだ。

　子楚が荘襄王に即位したことで、「奇貨居くべし」と、前265年から続けてきた子楚への投資がようやく身を結び、呂不韋は前249年に秦の相邦に登用される。相邦は、廷臣の最高職であり、現代における首相に匹敵する権力を持っている。天下を自分の手中に収める、という呂不韋の野望は着実に進んでいった。

　荘襄王の在位中は、王を支える相邦として活躍し、秦の領土拡張に大きく貢献。その功績によって呂不韋は、文信侯に封じられ、河南《かなん》と落陽《らくよう》の地10万戸を与えられている。しかし、荘襄王が没し、前247年に趙正が秦王に即位すると、13歳という若すぎる王に代わり、呂不韋が国の実権を握るようになる。親政が始められる前238年まで趙正にとって苦しい時代が続いた。

人質だった趙正が太子となり、秦へ帰国

■当時の秦の王たち

昭襄王（しょうじょうおう）

在位期間：前307〜前251年

周辺諸国への侵略を進め、秦の勢力を強大なものへと進化させた人物。前251年に死去した。

孝文王（こうぶんおう）

在位期間：前251〜前251年

呂不韋の工作によって子楚を嫡子に任命。前251年に在位するが、わずか3日でこの世を去ってしまう。

荘襄王（そうじょうおう）

在位期間：前250〜前247年

趙正の父。呂不韋の力で質子から王へと上りつめた。孝文王ほどではないが、在位期間は3年と短い。

■趙正の年齢と彼の帰国前後に起きた出来事

昭王50年（前257年） 趙正3歳	・呂不韋の工作によって戦乱の最中、子楚が邯鄲を脱出 ・趙正と趙姫は趙の豪族に匿われる
昭王56年(前251年) 趙正9歳	・昭襄王が死去 ・孝文王が即位するも3日で死去 ・趙正と趙姫が秦に帰国する
孝文王元年(前250年) 趙正10歳	・趙正の父である子楚が荘襄王に即位
壮襄王元年(前249年) 趙正11歳	・呂不韋が秦の相邦となる

始皇帝豆知識

趙正の成長の影で死んだ猛将・白起

白起は、八面六臂の活躍で周辺諸国を圧倒し、長平の戦いでは最大の戦績を収めた。邯鄲包囲戦では昭襄王と范雎から出撃を命じられるが、長平の戦いによる秦側の犠牲者が多かったことを理由に参戦を拒否。これを聞いた昭襄王は激怒して白起に自害を命じる。白起は「功はあっても罪はない」と独白するが、長平の戦いでの生き埋めは死罪にあたると思い直し、自害した。

信《し》陵《りょう》君《くん》の侵《しん》攻

・荘襄王が東周を滅ぼす
・信陵君が合従軍を率いて秦に侵攻
・秦は函谷関まで撤退した

荘襄王の功績が引き金となり信陵君が侵攻する

昭襄王と孝文王の政権をそのまま引き継いだ荘襄王は、秦の拡大した勢力をさらに広げるために魏、韓、趙の侵略を開始。荘襄王の活躍で特筆すべきは、東周《とうしゅう》の滅亡と上党の地の制圧である。

荘襄王は前249年に、昭襄王の代で衰退して権威を失っていた周の王族を討ち、東周を滅ぼすことに成功。東周の領地に三川郡を設置した。また荘襄王は、この戦いを指揮した呂不韋に功績として河南《かなん》と洛陽《らくよう》の地10万戸を与えた。

荘襄王は、さらに長平の戦いの舞台となった上党の地を制圧。上党郡などを設置し、さらなる秦の領土拡大を図った。着実に中華統一の道を歩む秦だったが、周囲の国々はこれをよしとせず、趙、魏、韓、燕、楚が信陵君を盟主に合従軍を結成。秦は迎撃に打って出るが、信陵君率いる合従軍の勢いに圧倒され、函谷関《かんこくかん》まで撤退を迫られてしまう。

合従軍を率いた信陵君は、魏の第4代魏王・安釐《あんき》王《おう》の異母弟で、戦国四君と称された趙の平原君の姉婿にあたる。どんな地位の人間に対しても分け隔てなく接していたため、人徳者として慕われていた。そんな信陵君の下には多くの食客が訪れた。邯鄲《かんたん》包囲戦の際には食客の知恵を借りて、魏王の許可なく軍を動かして趙の窮地を救った。しかしこの一件で魏王の禁令を破った信陵君は趙に亡命する。

その後、魏が秦の攻撃を受けたと知った信陵君は、急いで魏に帰国。秦の勢力拡大に反発する諸国の合従軍を率いて函谷関まで秦を撤退させた。

多くの実績を上げた名君

■荘襄王の活躍

三川郡を設置

昭襄王の代で衰退して権威を失っていた周の王族を討ち、東周を滅ぼし、わずかな領地を併呑した。そして、荘襄王は三川郡を設置した。

上党の地を制圧

かつての長平の戦いの舞台である上党の地を完全制圧することに成功した。そこに上党郡や太原郡《たいげんぐん》を設置。秦の勢力をさらに拡大していった。

秦の拡大に抵抗する信陵君率いる合従軍（趙・魏・韓・燕・楚）が秦に侵攻

信陵君（しんりょうくん）

多くの食客を有しており、邯鄲包囲戦では食客の侯《こう》嬴《えい》の進言によって虎符を盗む作戦を実行した。

秦を苦しめた信陵君と合従軍

■信陵君という人物について

魏の第4代魏王・安釐王の異母弟

どのような地位の人間に対しても分け隔てなく接する人徳者。戦国四君と称され、安釐王を凌ぐ独自の情報網を有していると伝えられている。

秦による邯鄲《かんたん》包囲戦で禁令を破って出陣

平原君に嫁いだ姉から救援要請があった信陵君は、将軍の持つ虎符の一方を魏王から盗み、魏軍を率いて邯鄲へ行き、秦軍を撤退させた。

魏の窮地の際、合従軍を率いて秦を攻めた

虎符を盗むという禁令を破った信陵君は趙に亡命。しかし魏の窮地を聞きつけた信陵君は帰国し、合従軍を率いて函谷関まで秦を追い込んだ。

■信陵君率いる合従軍に追い詰められる秦軍

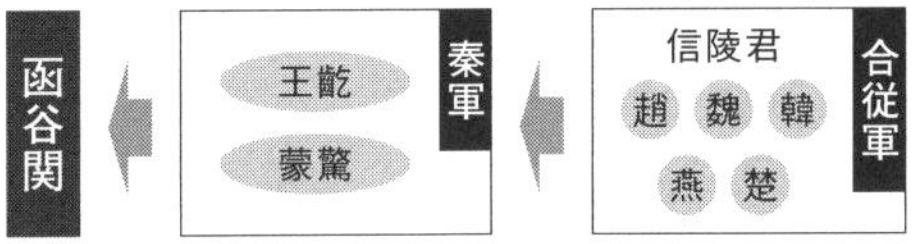

王齕と蒙驁《もうごう》が率いる秦軍は、信陵君と5カ国の軍勢に押され、函谷関まで撤退することに。

始皇帝豆知識

食客の重要性

そもそも食客とは、君主や貴族に認められた才能のある人物のこと。彼らは衣食住を養ってもらう代わりに多岐に渡る才能を活かして主のために働いた。多くの食客を抱えることで自身の地位や財力を誇示するとともに各国に対して強い発言力を持つことができた。とくに多くの食客を抱えていて有名だったのが、戦国四君（信陵君、平原君、春申君、孟嘗君《もうしょうくん》）と呂不韋である。

「正《せい》」の即位

・13歳という若さで王に即位
・実権は呂不韋が握っていた
・趙正は多くの領土を受け継いだ

若すぎる秦王と強大な権力を手に入れた呂不韋

即位して3日という早さでこの世を去った孝文王。これによって子楚の荘襄王への即位が大幅に早まった。しかし、荘襄王も3年という短い治世で没することとなる。こうして、秦への帰国から4年後の前247年、趙正は秦王に即位した。この時の趙正の年齢はなんと13歳。過去に即位した秦王の中でも異例の若さだった。当然、この若さでは親政（君主自ら政治を執り行うこと）ができず、趙正は22歳に行う戴冠式までひたすら待つしかなかった。

趙正が戴冠式を迎えるまでは、呂不韋が国政を担った。彼は廷臣の最高職である相邦に加え、「仲父」という称号も得ていた。仲父とは、王の父親代わりを表す言葉。つまり呂不韋は、秦の最高権力と国家の父として君臨することとなったのだ。さらに1万人にも及ぶ召使いと食客を抱え、その権勢は周辺諸国にも轟いていた。また商鞅の変法によって、君主の独裁権を強化する体制が整い、歴代の王がそれらをより強固な物にしたことで秦国の体制は、若き王がいなくても十分回るレベルに達していた。秦王となった趙正にとっては、趙での幼少期とは違った意味で不遇の時代ともいえるかもしれない。

ちなみに秦では庶民の場合、子どもか大人の判断は年齢よりも身長を基準にしていた。男子は6尺5寸（約150センチメートル）、女子は6尺2寸（約140センチメートル）以下が小男子または小女子と呼ばれ、さらに14歳以下を未成年の子どもとした。秦王・趙正の13歳はいわゆる小男子にあたる。

13歳という若さで王に即位した趙正

■秦王の即位年齢

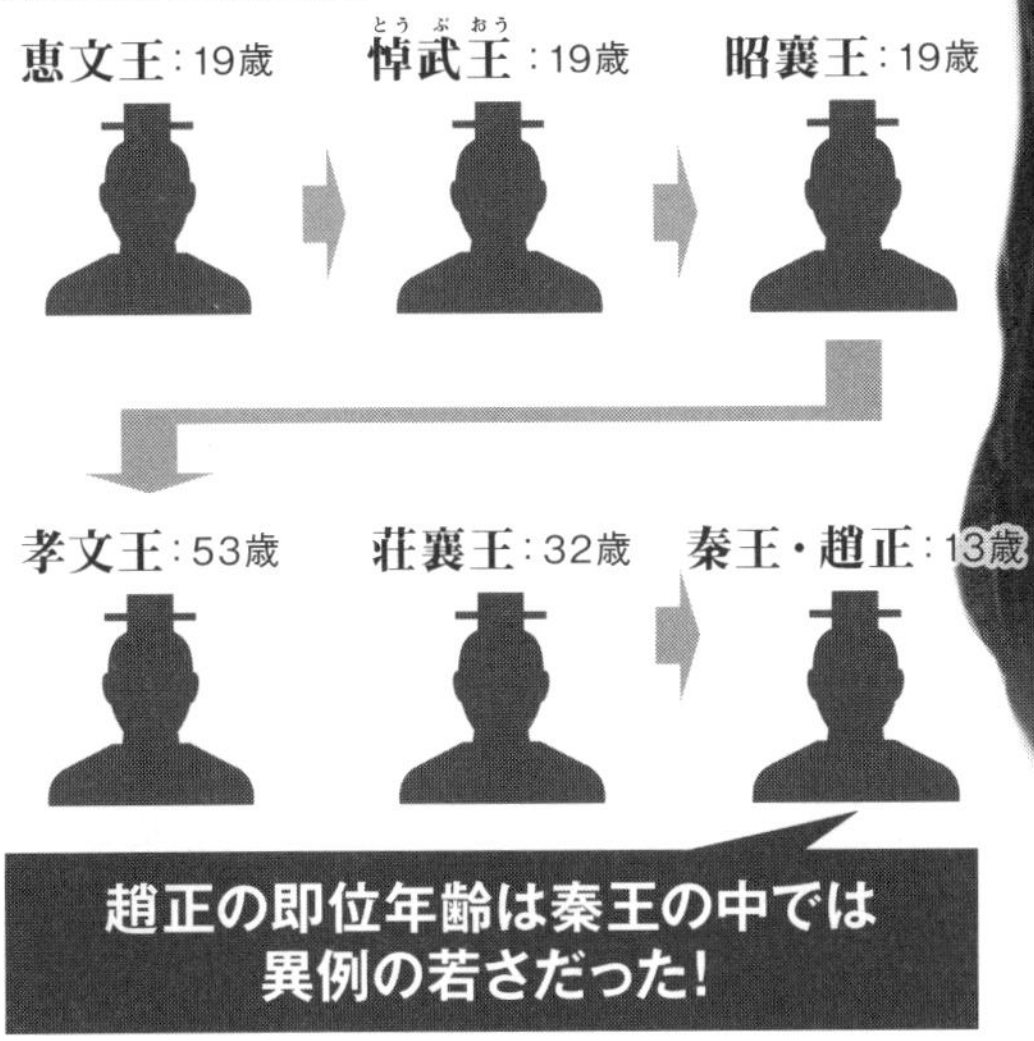
恵文王：19歳
悼武王《とうぶおう》：19歳
昭襄王：19歳
孝文王：53歳
荘襄王：32歳
秦王・趙正：13歳
趙正の即位年齢は秦王の中では
異例の若さだった!

秦王・趙正（しんおうちょうせい）
13歳という若さで秦王となった。即位したものの若すぎるため政治には関与できず、お飾りの王だった。

「正」の即位

■当時の秦の大人及び男子になるための基準

子どもか大人の判断
庶民の場合、身長を基準に判断していた。男子は6尺5寸（約150センチメートル）、女子は6尺2寸（約140センチメートル）以下が子どもとなる。

男子として戸籍に就くには
17歳になれば男子として戸籍に就けられ、一人前の男子と認められる。なお、秦王の場合は延期して22歳になった。

■秦の影の王となった呂不韋

相邦の役職と仲父の称号
相邦という最高職と、仲父という王の父親代わりの称号を得たことで呂不韋が国の実権を握った。政令の施行では、母太后が秦王の代行を行うことも。

圧倒的な権威
呂不韋は、相邦と仲父に加え、1万人にも及ぶ召使いと食客を抱えていた。その権勢は周辺諸国にも轟いており、圧倒的な権威を有していたとされる。

歴代の王が作り上げた地盤
商鞅の変法を含めた歴代の王の活躍によって、秦の国家体制は磐石な物となり、君主の独裁権を強化する体制が整っていた。

即位の疑惑と謎

・孝文王と荘襄王は暗殺された可能性が？
・ふたりの王の死で得するのは呂不韋
・趙正は呂不韋の子かもしれない？

呂不韋が王にしたかったのは子楚ではなく趙正だった？

趙正が即位するまでの相次ぐ王の死は不自然かつミステリアスな部分が多く、じつは「孝文王と荘襄王は呂不韋に暗殺されたのでは？」という噂がまことしやかに囁かれていた。証拠はないものの、孝文王と荘襄王が死んでだれが一番得をするのかを考えたとき、呂不韋となるのは仕方のないことである。

安国君が孝文王に即位すれば子楚の太子は確定するが、呂不韋の地位は変わらない。しかし子楚が太子に決まり、孝文王が死亡すれば子楚は王へと即位し、自身には役職が与えられる。それに即位時、50歳を超える老齢とはいえ、3日で死ぬというのはあまりにも急すぎるように感じられる。

荘襄王が死ぬとどうなるのか、若き王が即位することで相邦である呂不韋が趙正を補佐し、実権を握ることとなる。これは呂不韋にとっては相邦という役職以上のメリットになり得るはずだ。

そして、これらの噂を裏付けるように『史記』呂不韋列伝には史実としてある言葉が記されている。それは、趙正が呂不韋の子であるという説だ。呂不韋の館で子楚が趙姫と出会った時、すでに趙姫は呂不韋の子を身篭っていたというのだ。もしこれが事実ならば呂不韋による暗殺説もありえる話かもしれない。しかし、『史記』では子楚が趙姫をもらい受けてから12カ月後に正が生まれたとわざわざ記している点と、同世代の楚の宰相である春申君にも似たような逸話があることから、始皇帝をの評価を落とすための作り話ではないかともいわれている。

証拠のない孝文王と荘襄王の暗殺説

■暗殺疑惑が囁かれているふたりの王

始皇帝の祖父 孝文王	・呂不韋の手回しによって養子の子楚を太子に選んだ ・在位期間わずか3日で没する
始皇帝の父 荘襄王	・呂不韋によって質子から秦王になった ・趙正を太子に選ぶ ・昭襄王らの方針を引き継ぎ、東周を滅ぼして三川郡を設置する ・在位期間は3年

■孝文王と荘襄王を暗殺することによる呂不韋のメリット

子楚が王になることで相邦の役職を得る

相邦の座に就くことで自分の地位は磐石なものとなる。また孝文王が即位してわずか3日で死亡したという点もこの暗殺疑惑の原因となっている。

趙正が王になることで政治の実権を握れる

荘襄王がいる限りは、呂不韋が実権を握るのが難しい。しかし、若くて政治の出来ない趙正が王になれば、呂不韋が補佐として自由に実権を握れる。

■子楚周辺の略式家系図

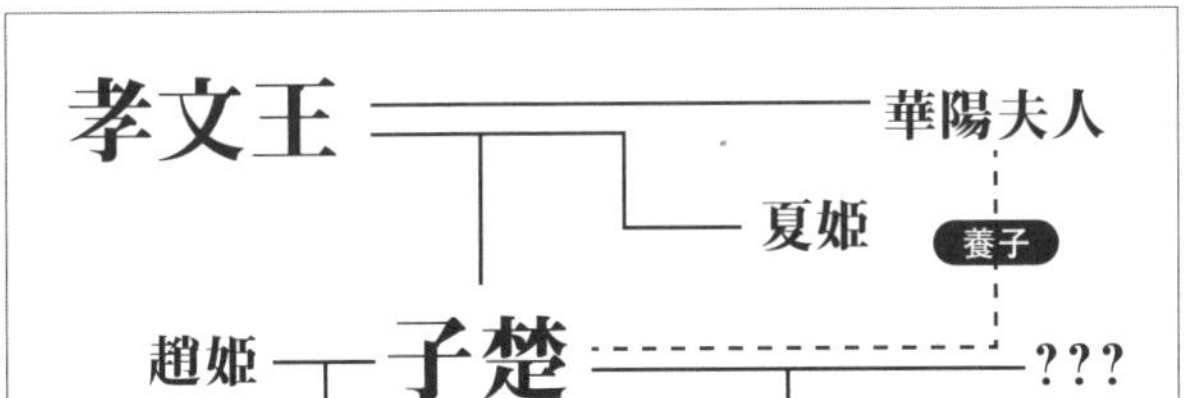

もしも呂不韋が趙正の父親だった場合、子楚の子は成蟜だけとなり、趙正と成蟜は異母兄弟ではなくなる。これまで以上にややこしい家系図となるだろう。

趙姫（ちょうき）

趙正が、呂不韋の子であろうと、子楚の子であろうと、趙姫が母親であることは間違いない。

始皇帝豆知識

実父・呂不韋説には矛盾が多いが…!?

文学者・郭沫若《かくまつじゃく》いわく、呂不韋列伝に趙姫の出自がふたつ並んで記述されているのは矛盾しているとのこと。さらに趙姫が子楚に与えられ、12ヵ月後に正が生まれるという点もあまりにも妊娠期間が長すぎてありえないと指摘した。

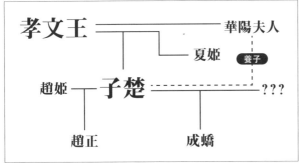

第2章 即位した秦王

イラスト [illegible]（桑乃あやせ）

イラスト：嫪毐（長内佑介）

秦《しん》の独裁王権

・商鞅《しょうおう》の変法によって君主の独裁権を重視
・呂不韋《りょふい》が事実上の君主だった
・始皇帝《しこうてい》は絶対的な権力の確立を欲した

苦しき若王の時代 趙正《ちょうせい》は雌伏に徹した

趙正が秦王に即位した時には、秦の国家基盤は整っており、あとは他国を排除し、領地を広げていくだけとなっていた。秦の体制がここまで磐石なものになったのは、商鞅の行った国政改革によるところが大きい。そもそも秦には、古来から君主の独裁権を重要視する思想と、貴族による寡頭支配を重要視する思想が混在していたが、秦の孝公に登用された商鞅は、前357年に君主の独裁権を強めるための改革を実行。重農政策の徹底化、世襲による特権の廃止、実績で爵位を与える実力主義の爵位制度の導入、中央集権体制の強化などを実施した。さらに、10家または5家の組に対して徴税や従軍の連帯責任を追わせる「什伍《じゅうご》の制」を制定し、君主の命令を直接伝達できる環境を作り上げた。これらの法整備によって、秦は台頭を始める。

国の発展に貢献した商鞅だが、考公《こうこう》の死亡後、太子の恵文王《けいぶんおう》が即位したことで失脚。前338年に刑死するが、歴代の秦の君主たちが商鞅による改革を徹底したことで七雄一の強国となったのである。

君主にとっては最高の環境とも言えるが、秦王の趙正はまだ13歳とあまりにも若すぎた（当時、役人が任官できるのは17歳からだった）。そのため父親代わりであり、相邦の呂不韋が王に代わって国を動かし、大臣や将軍に指示を出していた。このころには、蒙武《もうぶ》の父である蒙驁《もうごう》や、王齮といった名だたる武将が将軍に登用。後に始皇帝の下で活躍する李斯《りし》も同時期に呂不韋の舎人となっている。

君主の独裁色が強い国家体制

■君主の独裁色が強い国家体制

もともと秦にはふたつの思想が混在

- 君主の独裁権を強化する思想
- 君主を絶対的な王とせず寡頭支配を重視する思想

孝公5年（前357年）	商鞅の国政改革によって「君主の独裁権を強化する思想」が強まった

■商鞅の変法のについて

什伍の制

10家もしくは5家の組に対して徴税や従軍といった連帯責任を追わせる。君主の命令を直接通達するという中央集権化の目的もあった。

自作農の拡充

一家にふたり以上の男がいる場合は強制的に分家させ、自作農を拡充を図った。さらに、井田を廃し、田地の区画整理も行った。

爵位制度

世襲を廃止し、功績を上げたものであれば爵位を得られる爵位制度を導入した。これにより能力のある者が評価を受けられるようになった。

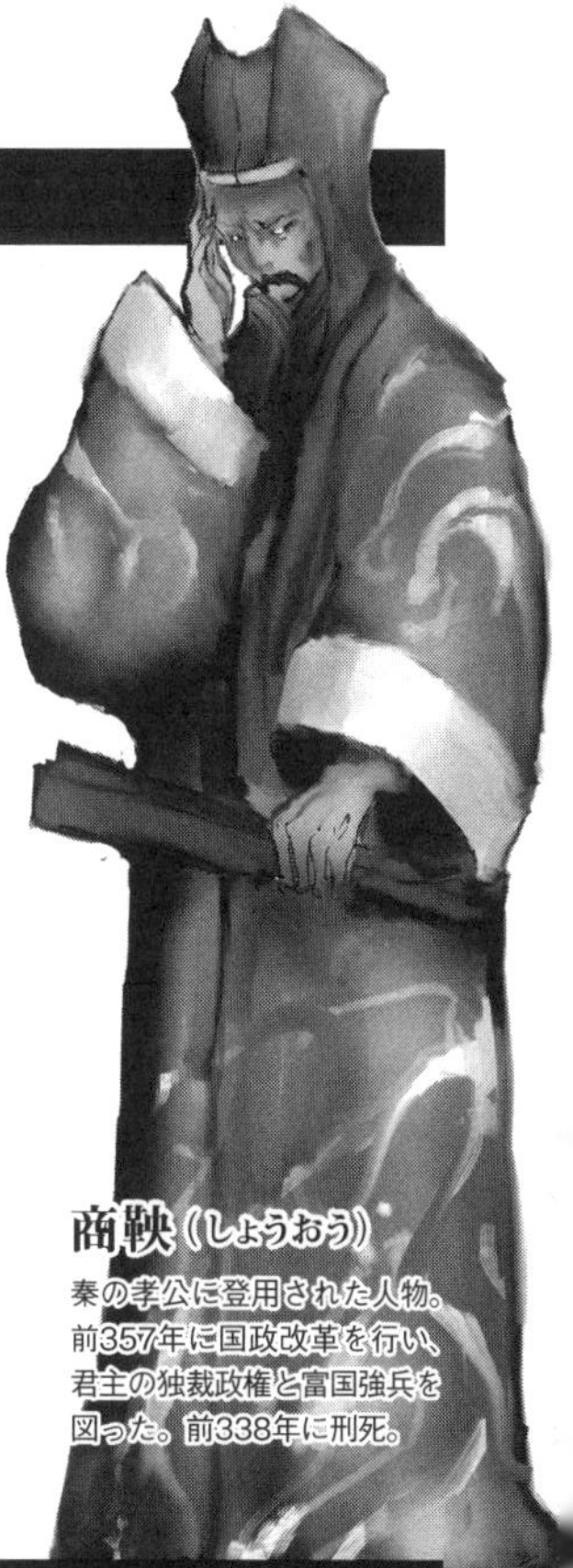

商鞅（しょうおう）
秦の孝公に登用された人物。前357年に国政改革を行い、君主の独裁政権と富国強兵を図った。前338年に刑死。

若き王と裏の君主

■趙正が王に即位したときの体制

秦王 始皇帝
- 父である荘襄王が荘襄王3年（前247年）に死去
- 同年に13歳という若さで王に即位
- その若さ故、実権を持っていなかった

相邦 呂不韋
- 子楚を王へと押し上げ、荘襄王元年(前249年)に相邦の座に
- 趙正が王に即位してからは若き王に代わって国政を行う
- 仲父とも呼ばれていた

大臣／将軍
- 蒙武の父である蒙驁や、王齮らが将軍に。同時期に李斯が舎人になる

商鞅の変法によって、君主を絶対的な王とせず寡頭支配を重視する思想は薄まり、このころには、秦王、呂不韋、大臣・将軍という国家体制が整っていた。しかし、秦王が若すぎたため、相邦の呂不韋が大臣や将軍などを動かしており、呂不韋は事実上の君主とも言える存在だった。

相《しょう》国《こく》・呂《りょ》不《ふ》韋《い》

- 相国は相邦と同じ意味の言葉
- 相邦は現在の君主制国家の首相相当
- 呂不韋は対外戦争でも活躍

若き王に代わって呂不韋は秦の領土をさらに拡大していった

商人時代に築いた1000金という財を使って、後の孝文王《こうぶんおう》である安国君《あんこくくん》の正妻・華陽夫人《かようふじん》を謁見し、子楚を養子にする約束を取り付けた呂不韋。大商人以上の権力を欲していた彼は子楚《しそ》を王に就け、後の地位を得るという目的があった。養子となった子楚は太子に選ばれ、後に荘襄王《そうじょうおう》として即位。その際、呂不韋は相邦という人臣の最高位の役職に就いた。「奇貨居《きかお》くべし」と言って行った一世一代の大博打に呂不韋は勝ったのだ。彼が就いた相邦は、現代における君主制国家の首相相当の力を持ち、その権力は圧倒的だった。そんな相邦という言葉は発掘された史料によって判明したもので、以前までは相国と呼ばれていた。意味は相邦と同じだが、漢の高祖である劉邦《りゅうほう》の「邦」と同じ漢字であったため、避諱《ひき》（目上の者の諱を用いることを忌避すること）され、同じ意味を持つ「国」の字が当てられたと言われている。

秦王の補佐として呂不韋は、秦の領地拡大に大きく貢献。前242には蒙驁《もうごう》に魏を攻めさせ、山《さん》陽《よう》、長平《ちょうへい》など20から30の城を陥落させ、東郡《とうぐん》を置いた。その後、秦の拡大を阻止する動きも起こっており、東郡を置いた翌年には、楚《そ》、趙《ちょう》、魏《ぎ》、韓《かん》、衛《えい》による合従軍が秦に侵攻してきた。秦軍は、蕞《さい》の地で合従軍を迎え撃ち、撤退させることに成功し、それ以降、秦に対する合従が起こることはなかった。その後再び、呂不韋は魏攻めを開始。朝歌《ちょうか》や濮陽《ぼくよう》を占領し、魏の属国で合従軍にも参加した衛を支配下に置き、領地をさらに広げていったのである。

最上級の役職・相国とは

■呂不韋の役職について

- 相国は人臣の最高位の役職
- 現代における君主制国家の首相相当の力を持つ
- 新たに発掘された資料によって「相国」ではなく「相邦」と名乗っていたことが判明
- 相邦は相国の別称であり、意味自体は変わらない

■なぜ相国と呼ばれるようになったのか

- 漢の高祖である劉邦の「邦」と同じ漢字であったため、避諱（目上の者の諱を用いることを忌避すること）され、同じ意味を持つ「国」の字が当てられたといわれている

呂不韋（りょふい）
趙正の補佐として秦の国政を担当。当時、呂不韋は自身の役職を相邦と称していたが、後に「邦」が避諱され相国に。

対外戦争で魏を弱体化させる

■呂不韋が対応していた対外戦争

始皇帝5年（前242年）	魏を攻め、東郡を置く

呂不韋の指示で蒙驁率いる秦軍が魏に侵攻。山陽や長平など20から30の城を陥落させて東郡を置いた。しかしこれに反発する動きが起こる。

始皇帝6年（前241年）	蕞の戦い

拡大する秦に対して楚、趙、魏、韓、衛が合従軍を組んで秦に侵攻を開始。秦は蕞でこれを迎え撃ち、蕞の戦いが勃発。秦の勢いは圧倒的で合従軍は撤退した。

始皇帝6年（前241年）	衛を支配下に置く

蕞の戦いの後、再び魏を攻め、朝歌や濮陽を占領。そして、魏の属国である衛を支配下に置き、魏を弱体化させ、秦の領地をさらに拡大させた。

始皇帝豆知識

『キングダム』での蕞の戦い

趙の宰相・李牧《りぼく》の発案で楚、魏、燕、韓、趙が合従軍として秦に侵攻。蒙驁、張唐《ちょうとう》、桓騎《かんき》、麃《ひょう》公《こう》、王翦《おうせん》らが要衝・函谷関で合従軍を迎え撃った。函谷関の戦いの最中、李牧の軍が蕞に侵攻し、そこで蕞の戦いが発生。秦王嬴政《えいせい》らが籠城戦で耐え凌ぐが、李牧軍の突破を許してしまう。そこに楊端和《ようたんわ》率いる山の民が現れ、李牧軍を撤退に追い込み、蕞の防衛に成功した。

呂《りょ》不《ふ》韋《い》と食客

・戦国四君は天下にその名を轟かせた者たち
・戦国四君に秦の人間がいなかった
・呂不韋が戦国四君を意識して「呂氏春秋」を編纂

食客の知識を集めた『呂氏春秋《りょししゅんじゅう》』をまとめる

呂不韋は、役職・相邦や、秦王・趙正の父親代わりであり、ひいては国家の父ともいえる仲父の称号に加え、多くの財と1万人の召使いを有していた。一介の商人だった男がそのとき戦国七雄最強の国家である秦を手中に収めていた。

権力と財を欲しいがままにした呂不韋は、それだけでは飽き足らず、とある書物を作ることにした。それが、『呂氏春秋』と呼ばれる百科事典のような書物である。これは、商人時代のころから築き上げたネットワークをフルに活用して中国全土から優秀な食客をおよそ3000人呼び集め、食客が持つ知識をまとめたというもので、26巻160篇という圧倒的なボリュームを誇る。その出来に呂不韋は大満足しており、『呂氏春秋』を市場に並べて、「一字でも減らすか、増やすかできた者には千金を与える（一字千金）」と言ったという。それだけ豪語できるほどの出来栄えだったことがうかがい知れる。

そもそもなぜ『呂氏春秋』を作成したのだろうか。一説によると戦国四君を意識したのでは？　といわれている。戦国四君とは、仕える王家の危機を救い、その名を天下に轟かせた4人の人物（斉《せい》の孟嘗《もうしょう》君《くん》、趙の平原君《へいげんくん》、魏の信陵君《しんりょうくん》、楚の春申君《しゅんしんくん》）のこと。

ちなみに呂不韋や戦国四君が擁していた食客とは、君主や貴族に認められた才能のある人物のことである。多くの食客を抱えることで自身の地位や財力を誇示すると同時に諸国に対して強い発言力を持つことができたと言われている。

呂不韋が意識した戦国四君という存在

■「君」という文化と戦国四君について

中国では功績を上げた者に「●●君」という称号を死後に贈ることが多かった

中でも戦国四君は、仕える王家の危機を救い、名を天下に轟かせた4人のことを指す

孟嘗君
（もうしょうくん）
斉の宰相・田嬰《でんえい》の子、湣《びん》王《おう》の従兄弟。身分才幹に関係なく、さまざまな食客を集めた。
平原君
（へいげんくん）
趙の武霊王《ぶれいおう》の子で、恵文王の弟。地位や教養のある人を好み、数千人の食客を集めていた。
信陵君
（しんりょうくん）
魏の安釐王《あんきおう》の異母兄弟。邯鄲《かんたん》の平原君に援軍を送るために虎符《こふ》を盗む。それが原因で趙に亡命する。
春中君
（しゅんしんくん）
戦国四君の中で唯一、王族以外の出身。性悪説などで有名な儒家の荀子《じゅんし》を食客として抱えていた。

呂不韋の渾身の百科事典「呂氏春秋」

覚えておきたい故事成語

一字千金

『呂氏春秋』を自慢したい呂不韋が放った言葉から生まれた故事成語。意味は、一字が千金に値するほど、立派または価値のある文章などのことを表す。それだけ呂不韋は、『呂氏春秋』の内容に惚れ込んでいたのだろう。

■呂氏春秋の作成経緯と概要

秦不在の戦国四君

多くの食客を抱え、天下に名を轟かせるほど優秀な戦国四君。呂不韋をそんな彼らを意識または戦国四君という存在に対抗して、『呂氏春秋』を作成した可能性がある。

圧倒的な食客数を駆使した膨大な情報

商人のころから培ってきたネットワークを活用して、中国全土から優秀な食客をおよそ３０００人呼び集めた。彼らの知識を編纂し、26巻160篇からなる『呂氏春秋』を作成した。

大満足の出来

膨大な知識量が収められた『呂氏春秋』の出来栄えに大喜びの呂不韋。市場に書物を設置して「一字でも文字を増やすか、減らすか出来たら千金をやろう」と言った。

呂不韋と食客

呂《りょ》不《ふ》韋《い》と『呂《りょ》氏《し》春《しゅん》秋《じゅう》』

- 呂氏春秋は26巻160篇で構成された百科事典
- 呂不韋は老荘思想だった
- 老荘思想は無為自然に徹した思想

呂不韋の本当の顔が見え隠れする『呂氏春秋』

呂不韋は、全国から選りすぐりの食客およそ3000人を集め、食客の持つ知識をまとめた書物『呂氏春秋』を、前239年に完成させた。その出来は素晴らしく、市場で「1字でも添削できたら千金をやる」と自慢するほどだった。このエピソードは、後に「一字千金」という故事成語が誕生するきっかけともなった。

『呂氏春秋』は、十二紀（孟春《もうしゅん》、仲春《ちゅうしゅん》、季春《きしゅん》、孟夏《もうか》、仲夏《ちゅうか》、季夏《きか》、孟秋《もうしゅう》、仲秋《ちゅうしゅう》、季秋《きしゅう》、孟冬《もうとう》、仲冬《ちゅうとう》、季冬《きとう》）、八覧（有始《ゆうし》、孝行《こうこう》、慎大《しんだい》、先識《せんしき》、審分《しんぶん》、審応《しんおう》、離俗《りぞく》、恃君《じくん》）、六論（開春《かいしゅん》、慎行《しんこう》、貴直《きちょく》、不苟《きちょく》、似順《じじゅん》、士容《しよう》）の26巻160篇で構成されており、儒家と道家を中心に、名家や法家、陰陽家など、諸学諸学派の説が中立的な視点から述べられているという特徴がある。また十二紀では、1年を四季に分け、自然の中で人が何をすべきかについて、老荘思想にそった形で解説がある。このことから呂不韋は老荘思想なのでは、と考えられている。

老荘思想とは、『道徳経』の著者・老子《ろうし》と、無為自然の思想を説いた荘子《そうし》の名前をあわせたもので、自然の流れに身をまかせ、自分らしく自由に生きるかを考えた思想だ。

『呂氏春秋』の中には、「天下を得た王者は数多いが、興隆するときには必ず公正で、滅亡するときには偏って公正を欠く」「天下は一人の天下ではなく、万人の天下である」と、絶対的な君主制や、後の始皇帝が目指した世界を否定する記述もあった。

後の仏教にも大きな影響を与えた老荘思想

■道家の老荘思想

■老子の「道」

道だと理解できるものは道ではない!

道とは万物の根源であり、自然のあるがままの姿。そこから天地と、万物が生まれたと老子は説いている。

老子（ろうし）

道家を生み出した人物。楚の苦県の厲郷《らいきょう》の曲《きょく》仁里《じんり》の出身。周王室に仕える書記官だった。

荘子（そうし）

道家の古典『荘子』を執筆した人物。宋の蒙県出身。「胡蝶の夢」という説話を生み出す。

■荘子の「万物斉同」

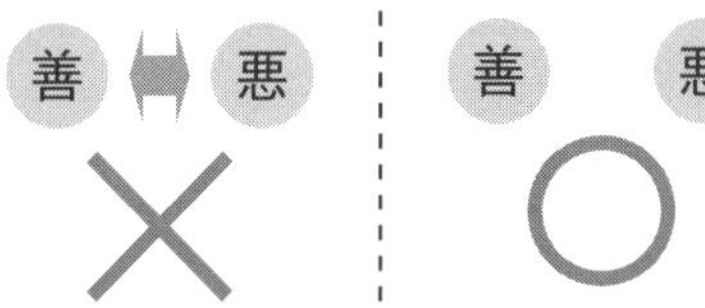

区別なくあらゆるものが同一

無の境地に立てば相違・対立・差別といった概念はなくなり、すべては同じ存在であるという説。

呂不韋は雑家の思想家だった?

呂不韋の根幹には老荘思想が流れているのかも。なお、『漢書』では雑家の思想家として分類されている。

嫪《ろう》毐《あい》という男

・趙太后《ちょうたいごう》と呂不韋の関係が再燃
・呂不韋は趙太后に嫪毐をあてがう
・趙太后は嫪毐に魅了され、のめり込む

趙姫の底知れぬ淫乱さに呂不韋は代役を立てた

　呂不韋と趙太后は、もともと愛人関係にあったが、子楚が趙姫《ちょうき》を娶ったことでその関係は終わる。だが、荘襄王の死後、ふたりの関係が再燃し、密通がくり返されていた。だが、呂不韋には大きな悩みがあった。それは、年齢を重ねても衰えない趙太后の性欲。彼女の淫乱さに呂不韋は体がもたないと危惧していた。それに密通が発覚すれば立場が危うくなる可能性すらある。そこで呂不韋は、趙太后を満足させるための身代わりを立てることにした。

　自身の代わりとなり、趙太后の淫乱さに耐えられる男を探した呂不韋は、食客から嫪毐という人物を見つけ出す。彼は、堅牢な巨根を持ち、宴会の余興では自らの性器で馬車の車輪を回す技を披露するほどで、呂不韋は彼を趙太后に宛がうことにした。

　しかし、趙太后のいる後宮は女性か宦官（男性器を切除した官吏）しか入ることを許されなかった。そこで呂不韋は嫪毐の髭を抜き、手術記録を改ざんし、ニセ宦官として潜り込ませた。

　趙太后は、嫪毐の立派な男性器の虜となり、密通を重ねた。そんな中、後宮では嫪毐は男なのでは？という噂が立った。本来、男性器を切除すると体毛が薄くなり、声も甲高くなるのだが、嫪毐にはその兆候が一切見られなかったのだ。

　だが、そんな噂を意に介さないふたりは密通を続け、ふたりの子をもうけた。さらに、趙太后のお気に入りとなった嫪毐は、長信侯《ちょうしんこう》に封ぜられ、大勢の食客を集められるほどの権力を持つまでとなった。

再燃する呂不韋と趙太后の関係

■呂不韋と趙太后について

もともと、趙太后は呂不韋の愛人だったが、子楚が趙太后を気に入ったことがきっかけで呂不韋は彼女を手放している

荘襄王の死後、ふたりの関係が再燃。密通していた

密通が発覚すれば呂不韋の立場が危うくなる。さらに、趙太后の性欲の強さは凄まじく、呂不韋はこれでは体が持たないと危惧していた

呂不韋は趙太后の相手をするための身代わりに嫪毐を立てた

呂不韋が見つけた身代わり、その名は嫪毐

嫪毐（ろうあい）
車輪を支えられるほど、大きくて硬い男性器を持つ男。趙太后の愛人として密通をくり返した。

■嫪毐という人物とは

巨大な男性器

馬車の車輪を支えかつ回せるほどの巨大で堅牢な男性器を持っていた。それに目をつけた呂不韋が趙太后に嫪毐を宛がった。

ニセ宦官

趙太后のいる後宮は男子禁制なので、嫪毐を彼の髭を抜き、手術記録を改ざんし、ニセ宦官として潜り込ませた。

脅威の出世

嫪毐は趙太后の寵愛を受け、長信侯に封ぜられ。大勢の食客を集められるほどの権力を手に入れた。

■子楚周辺の略式家系図

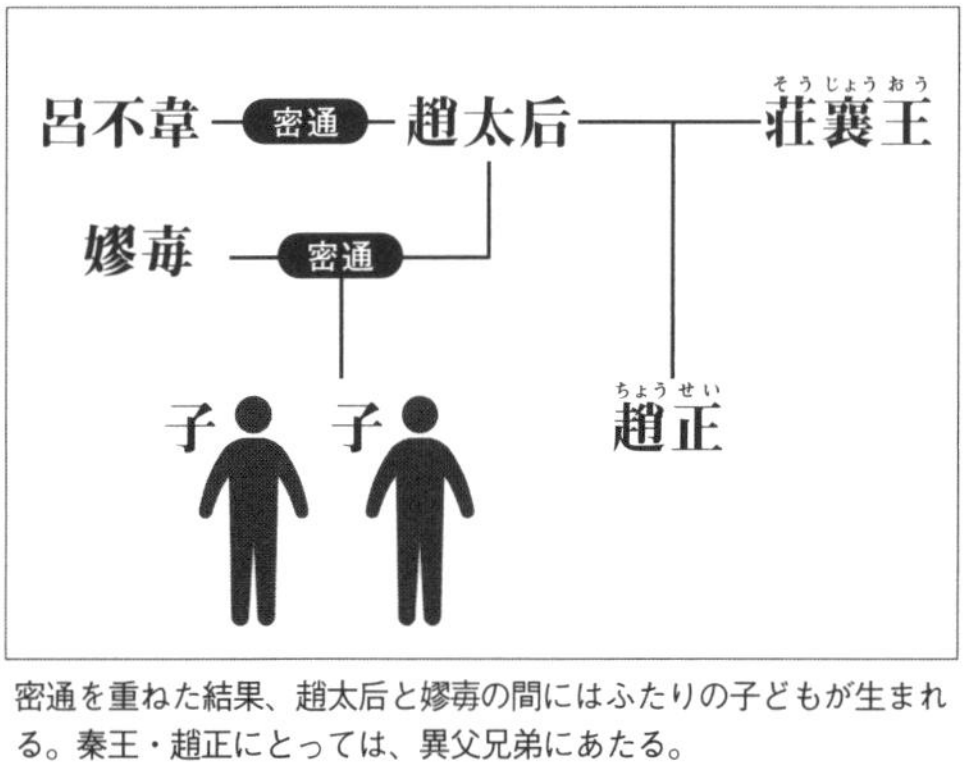

密通を重ねた結果、趙太后と嫪毐の間にはふたりの子どもが生まれる。秦王・趙正にとっては、異父兄弟にあたる。

成《せい》蟜《きょう》の乱

・成蟜は趙正の異母兄弟
・長安君《ちょうあんくん》に封ぜられていた
・趙への攻撃時に反乱を起こした

史料では情報があまりにも少なすぎる始皇帝の弟

嫪毐の乱（詳細は60ページ）が発生する1年前の前２３９年、ひとりの男が秦王・趙正の首を取ろうと乱を起こした。反乱の首謀者の名は長安君こと成蟜。しかし、彼の情報は驚くほど少ない。父は荘襄王で、母は不明。秦王・趙正の異母兄弟にあたり、長安君に封ぜられていたことしかわかっていない。

そんな王弟・成蟜に裏切られ、乱を起こされた秦王・趙正。彼は父・荘襄王と、母・趙太后の両方に裏切られている。父の裏切りは、前２５７年にあった単独脱出。趙正が3歳の時に秦の王齕将軍が王陵に代わって、邯鄲《かんたん》を包囲。その際、華陽夫人の養子になることが決まっていた子楚は、呂不韋の工作によって包囲網を脱出し、ひとりで秦に帰国している。残された趙正と趙姫は、趙の兵士に殺されそうになるが、趙姫が趙の豪族の娘だったことが幸いし、その一族に匿われて難を逃れた。もしも邯鄲包囲戦で秦軍が趙を陥落させていたらそれに巻き込まれて死んでいた可能性もあった。

母の裏切りは、ふたりの男との密通と、嫪毐の起こした乱だ。密通の相手は呂不韋と嫪毐。いずれも荘襄王が亡くなった後に起こった出来事だが、密通は罪に問われる。また、趙太后の寵愛を受け、大きな権力を手に入れた嫪毐による反乱では、王と趙姫の印璽《いんじ》を偽造した嫪毐が軍を動かしており、秦王・趙正が滞在する雍城を攻撃するように命令している。このように趙正は若くして両親に裏切られただけではなく、続いて弟にも裏切られたのだった。

始皇帝に牙を向いた弟・成蟜

成蟜（せいきょう）

秦王・趙正と成蟜、父はいずれも子楚である。ただし、成蟜は荘襄王になってからの子である可能性もある。

■成蟜という人物とは

趙正と繋がりのある人物だが、史料に残された情報が非常に少ない

父は荘襄王、母は不明で趙正の異母兄弟にあたる

長安君に封ぜられていた

成蟜が軍を率いて趙を攻撃したときに反乱を起こした

■家族に裏切られ続けたの趙正

父：趙での子楚単独での脱出

呂不韋の工作によって、子楚だけが趙を脱出し秦へと帰国。趙正と趙姫は、趙の豪族に匿われる。

母：密通と嫪毐の乱

趙太后は、荘襄王の死後、呂不韋と嫪毐と密通していた。さらに嫪毐を寵愛し乱の原因を作った。

■子楚周辺の略式家系図

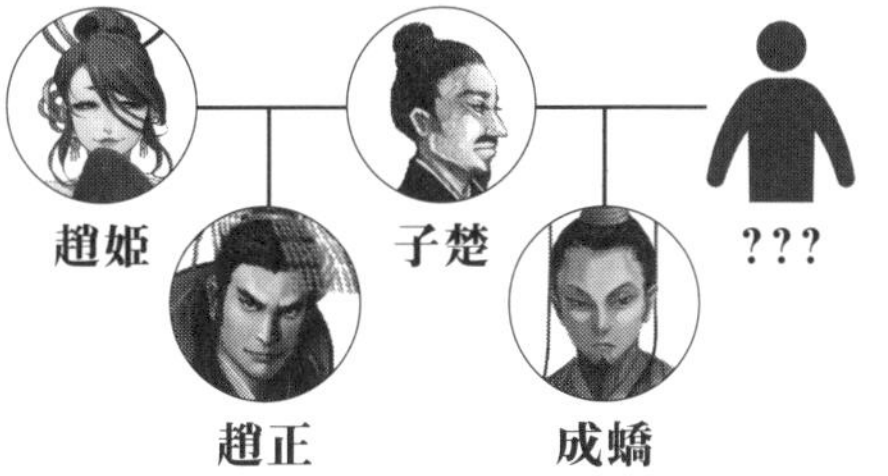

荘襄王の子で、秦王・趙正の異母兄弟。長安君に封ぜられていた。前239年に趙への攻撃途中に反乱を起こす。

始皇帝豆知識

『キングダム』での成蟜①

嬴政の異母兄弟として登場。徹底した王族主義者で、平民の存在を否定しひどく嫌っていた。母が平民の嬴政に王位継承の座を奪われ、嬴政への憎悪が増していき、相邦の竭氏《けつし》と結託して反乱を起こす。しかし、楊端和《ようたんわ》率いる山の民や、信の力を借りた嬴政の軍に敗北。嬴政による説教と鉄拳制裁を受けた後、家臣ともども幽閉されるが、後に嬴政の心強い味方となる。

反乱は始皇帝の迅速な判断によって瞬く間に鎮圧

『史記』始皇本記によると前239年、成蟜が秦軍を率いて趙を攻撃した際、屯留《とんりゅう》・蒲鄗《ほこう》の兵卒を従え、「咸陽《かんよう》を焼討ち、憎き正の首を討ち取る」と誓い反乱を起こした。成蟜反乱の知らせを受けた秦はすぐさま成蟜討伐軍を屯留へ向かわせた。成蟜討伐軍は屯留で反乱軍と激突。その戦いで成蟜は死亡する。そして、反乱に加担した軍吏はみな斬り死に合い、その民は臨洮《りんし》に遷されたという。

成蟜討伐軍にはどのような武将がいたのか、どういった作戦が展開されたのかといった情報は一切わかっていない。じつは成蟜の乱は、史書の解釈によって細かな経緯が異なっているため、必ずしも上記の流れが正解という訳ではないようだ。ちなみに『史記』三家注のひとつ史記正義では、屯留の城壁の中で成蟜が自殺したと解釈しているが、真相は不明だ。

成蟜と成蟜の乱に関する情報が乏しいゆえにさまざまな説や創作が生まれている。まずは、嫪毐《ろうあい》の呼との呼応説。成蟜の乱は、翌年に起きた嫪毐の呼繋がっており、嫪毐が成蟜の乱に呼応して咸陽で反乱を起こす作戦だったという説だ。

また清代の蔡元放によって改編された長編歴史小説『東周列国志』では、成蟜の乱の本当の黒幕は樊《はん》於期《おき》だったという物語が描かれている。こちらは、成蟜に同行した軍吏・樊於期が、成蟜をそそのかして反乱を引き起こさせたという内容だ。この樊於期というは、後の秦王（始皇帝）暗殺事件の関係者である。この事件は、荊軻《けいか》が燕に亡命していた秦の樊於期の首を手土産に秦王に謁見し、暗殺を謀るが失敗して返り討ちにあうといったもので、暗殺計画の段階で、秦王への復讐を果たすために樊於期は自ら荊軻に首を差し出している（詳細は116ページ）。

このような説や物語を見て自分なりに謎の多い成蟜と、彼が起こした乱の真相を推測してみるのもおもしろいかもしれない。

すぐに鎮圧された成蟜の反乱

成蟜（せいきょう）
成蟜の乱を起こした張本人。反乱は駆けつけた成蟜討伐軍によって鎮圧され、成蟜のその戦いで死亡した。

■成蟜の乱の流れ

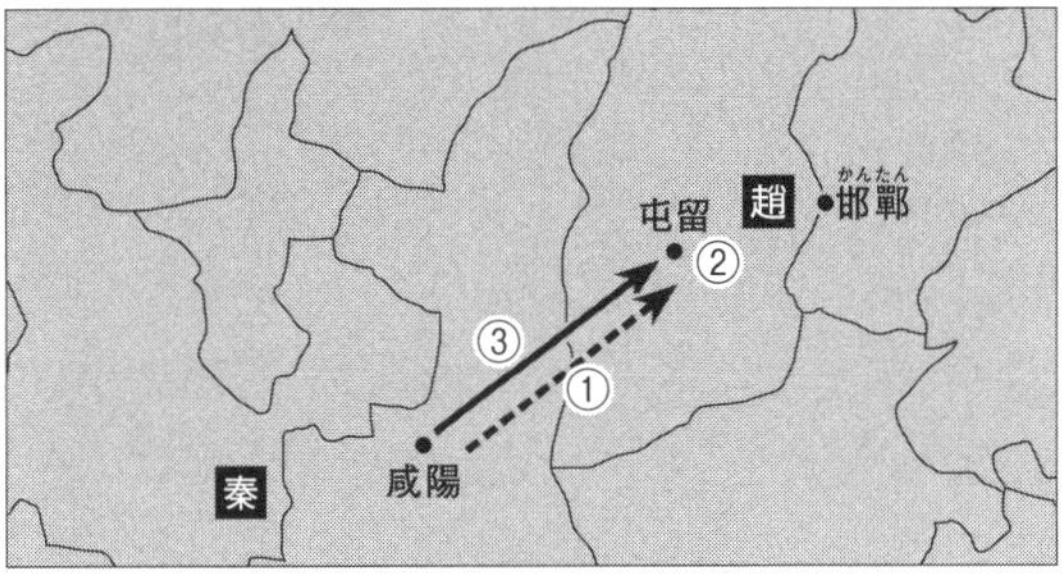

① **成蟜が軍を率いて咸陽を出発**

② **屯留で成蟜が反乱を起こす**
成蟜は、屯留・蒲鄗の兵を従え、「咸陽を焼討ち、憎き正の首を討ち取る」と誓って反乱を起こした。

③ **秦の成蟜討伐軍が鎮圧**
成蟜討伐軍は成蟜は討ち取り、反乱に加担した軍吏はみな斬られ戦死。民は臨洮に遷されたという。

憶測を呼ぶさまざまな説

■成蟜の乱にまつわるふたつの説

嫪毐の乱との呼応説
成蟜の乱に合わせて嫪毐が反乱を起こして、咸陽を揺さぶるという作戦。綿密な計画があったという噂も。

黒幕、樊於期説
長編歴史小説 『東周列国志』より。軍吏・樊於期が、成蟜をそそのかして反乱を引き起こさせたという物語。

樊於期（はんおき）
秦の将軍だったが、秦王に対して罪を犯して逃亡。燕の太子に匿われる。後に荊軻の暗殺作戦に加担。

始皇帝豆知識

『キングダム』での成蟜②

幽閉後、しばらく出番のなかった成蟜だが、李牧率いる合従軍との戦いの中で再び登場。秦王嬴政は、蕞《さい》を防衛するために王座を離れるが、その際、空いた王座を成蟜に託した。成蟜は、呂不韋が空いた王座に座ろうとすると「王族以外座るな！」と呂不韋を叱責した。この一件以降、秦王嬴政と成蟜は絆を深め、成蟜は秦軍になくてはならない存在へと成長した。

嫪《ろう》毐《あい》の乱

・嫪毐は王と太后の印璽を偽造し王を攻撃
・趙正が軍で反撃し嫪毐は敗北
・嫪毐は車裂きの刑に処された

権力を増大させた嫪毐が乱を起こす

趙太后の淫乱さに手を焼いた呂不韋が代わりに宛がったのが、嫪毐という男。彼は、馬車の車輪を男性器で支えて、しかも回せるほどの堅牢な巨根を持っていた。呂不韋によってニセ宦官となった嫪毐は、男子禁制の後宮で趙太后と密通し、嫪毐の規格外の性器に魅了された趙太后は、彼を寵愛した。嫪毐は、長信侯に封ぜられ、呂不韋のように大勢の食客を集めるほどの権力を有するようになる。

そして、成蟜の乱の翌年である前２３８年、秦王・趙正が22歳を迎えたタイミングで嫪毐は反乱を起こした。乱が起こった経緯は史料によって異なっており、『史記』の場合は趙正のもとに「嫪毐はニセ宦官だ」という告発があったため。『説苑』では、酔った嫪毐自身が「自分は、秦王の仮父（後夫）だ」ともらしてしてしまう。また呂不韋自身が、正を廃して嫪毐の子を王位に就けようとする計画を晩餐会でうっかり公言したため、とも伝えられている。

反乱を起こした嫪毐は、王と太后の印璽を偽造。秦王・趙正が成人のしきたりで滞在していた雍城へ軍を差し向け、攻撃を命じた。これを知った秦王・趙正は、昌平君《しょうへいくん》と昌文君《しょうぶんくん》に反撃を指示し、ふたつの秦軍がぶつかることとなった。しかし嫪毐は軍を動かしたことがなかったため、昌平君と昌文君によって鎮圧され逃走を図る。秦王・趙正が嫪毐の首に「生け捕りなら銭１００万、殺した場合は銭50万」と懸賞金をかけたため、兵や民が躍起になり、嫪毐はあっという間に捕縛され、秦へと連れ戻された。

秦軍同士が激突！　嫪毐側があっさり敗北

嫪毐（ろうあい）
もともとは呂不韋の食客。堅牢な巨根を持っていたため、趙太后の愛人に。密通を重ね、ふたりの子ども授かる。

■乱発生の経緯

『史記』

趙正のもとに「嫪毐は宦官ではない」という告発があった

『説苑』

近臣たちと賭博しながら酔った嫪毐自身が「自分は、秦王の仮父（後夫）だ」ともらしてしまう

呂不韋自身が、正を廃して嫪毐の子を王位に就けようとする計画を晩餐会でうっかり公言した

■嫪毐の乱の概要

偽の印璽を偽造

秦王・趙正の親政が始まれば、真っ先に粛清される。そう思った嫪毐は、軍を動かすのに必要な印璽を偽造し、軍を秦王へと差し向けた。

杜撰な戦略

嫪毐軍は、昌平君と昌文君が率いる軍と激突。しかし軍を指揮したことのなかった嫪毐軍はジワジワと押され、制圧されてしまう。

嫪毐の一件は戴冠式よりも前だった？

■『史記』秦始皇本紀《しんしこうほんぎ》に記された嫪毐の乱の記事

① 彗星が現れ、天をついた（彗星の頭は下に向き、尾が天上にまで真っ直ぐ伸びているという意味）
② 4月に秦王は雍に宿り、己酉（21日）に戴冠して剣を帯びた
③ 長信侯嫪毐は乱を起こそうとして発覚した
④ 王はこのことを知り、相邦の昌平君と昌文君に兵士を発して嫪毐を攻め、咸陽《かんよう》で戦い首を切ること数百であった
⑤ 嫪毐は敗走し、国中に命令して嫪毐を生け捕りにした者には100万銭、殺した場合は50万銭を与えることにした
⑥ 嫪毐らはことごとく捕らえられた。20人はさらし首となった
⑦ 4月に寒冷で死者があった
⑧ 彗星が西方に現れ、また北方に現れ、斗宿より南に80日移動した

■記事の順番を変えた可能性について

不自然な時系列

②と⑦に「4月」とあるが、これだと4月21日の戴冠式から乱の発覚、戦闘、追跡、処刑がわずか10日で行われたことに。②は⑦の直前に入り、嫪毐の乱の一件は戴冠式よりも前の出来事だったのでは？

司馬遷が並べ替えた可能性

大きな事件にしては事があまりにもスピーディーに進みすぎている。司馬遷はみずからの見解にあわせて、戴冠式に合わせて反乱が起きたかのように②の記事の位置を移し変えた可能性がある。

悲惨な最期を遂げた嫪毐《ろうあい》と関係者たち

王と太后の印璽を偽造し、秦王・趙正に軍を差し向けた嫪毐だったが、昌平君と昌文君によってすぐ間に鎮圧されて嫪毐は逃走を図るも、あっという間に捕縛されてしまった。嫪毐は秦へと移され、車裂きの刑に処されることとなる。車裂きとは、罪人の四肢と馬車を繋いで、勢いよく引っ張って引き裂き、罪人の体を左腕、右腕、胴体、左脚、右脚の5パーツに分解するという非常に残酷な刑。そもそも人間の体は簡単に引き裂かれないため、ジワジワと肉が裂けて剥がれていく拷問的な過程も含まれている。それだけ嫪毐が起こした事件は大きかったことがうかがい知れる。また秦王・趙正自身も親政が行えるようになり、秦王としての力を周囲に見せ付けるためという理由もあったのかもしれない。

処刑対象は、嫪毐だけではなく彼と趙太后の子どもたちにも及んだ。子どもたちは袋に詰め込まれ、死ぬまで殴る蹴るをくり返されたとされる。車裂きほどではないが、こちらも惨い処刑法だった。

嫪毐を寵愛した趙太后も当然対象なのだが、彼女は秦王の母親ということもあって、幽閉だけで済んだ。ただし、秦国内に「趙太后を非難する者は殺害」という命令が下り、これによって多くの人々が処刑されることになった。

その最中、秦王・趙正の心を動かす出来事があった。処刑の順番を待っていた斉の食客・茅焦《ぼうしょう》が「王の怒りは父を奪われたから。ふたりの子どもを処刑したり、母を幽閉するようなことは暴君のやること。天下が秦に親しもうとしている時に、このようなことをしては秦が滅亡してしまうでしょう」と、秦王を非難したのだ。この言葉を聞いた秦王は、考えを改め、「趙太后を非難する者は殺害」という命令を取り消し、捕縛者を解放。幽閉されていた趙太后も秦へと戻された。とはいえ、彼女の名が後の歴史に出てくることはないため、どのような最期は遂げたかは不明である。

嫪毐とふたりの子は処刑、太后は幽閉

■敗戦後の嫪毐らの処遇

嫪毐の逃亡と処刑

罪人の四肢と馬車を繋いで、勢いよく引き裂き、罪人の体を左腕、右腕、胴体、左脚、右脚に分解するという処刑方法。人間の体は簡単に引き裂かれないため、想像絶する痛みを長時間味わうことになる。

車裂きの刑

子どもの処刑

ふたりの子どもを袋に入れ、袋越しに子どもたちに対して、殴る蹴るをくり返し、撲殺した。子どもが頭を守るなど、抵抗する可能性もあるため、こちらも死ぬまでかなりの時間がかかると予想される。

太后の幽閉

愛人は車裂きの刑で体を分解され、子どもたちは撲殺された。だが、趙太后は、秦王の母親ということもあって、幽閉という処罰で済む。時を同じくして、秦王・趙正は趙太后に関する命令を出すのだった。

趙太后（ちょうたいごう）

嫪毐の巨大で堅牢な男性器の虜となり、彼との間にふたりの子どもをもうけた。嫪毐を寵愛し権力を与えた人物でもある。

権威の失墜を恐れた趙正は……

「太后を非難する者は殺害せよ」という命令を下した

■食客・茅焦の言葉

「王の怒りは父を奪われたから。ふたりの子どもを処刑したり、母を幽閉するようなことは暴君のやること。天下が秦に親しもうとしている時に、このようなことをしては秦が滅亡してしまうでしょう」

趙太后を非難し、処刑対象となった斉の食客・茅焦は、趙正に対して非難する言葉を発した。これを聞いた秦王・趙正は、自分の行いを恥じて捕縛した人々を解放し茅焦をもてなした。

始皇帝豆知識

趙太后は罪に問われない？

前漢初期の張家山漢簡のなかに『奏讞書』という竹簡文書がある。その中に、亡き夫の喪中に棺の前で別の男性と密通した女性の記録がある。当時の秦では、親不孝な行為（密通など）を行った者は首を切られ市場に晒されるという法があったが、この女性は夫が死んでいたため処罰はされなかった。つまり、荘襄王の死後、密通した趙太后は罪に問われないことになる。

呂《りょ》不《ふ》韋《い》の排除

- 呂不韋は罷免と蟄居
- 蟄居を無視した呂不韋に趙正は蜀《しょく》への流罪を命じる
- 流罪に観念した呂不韋は服毒自殺を図る

処刑対象にも関わらず罷免と蟄居で済んだ呂不韋

己の保身を守るために嫪毐が引き起こした乱は、秦王・趙正によって鎮圧され、嫪毐《ろうあい》と彼のふたりの子どもは残酷な方法で処刑された。当然、彼を後宮へと送り込んだ呂不韋は、連座制で処刑の対象となる。呂不韋もこの一件には驚いたことだろう。男性器の大きさだけが取り柄と思われていた嫪毐が、よもや呂不韋に並ぶ権力を得ようとは夢にも思わなかったはずだ。なお、史料によって乱発生の経緯が異なるため、呂不韋の真意は見えぬままである。

連座制で処刑対象とはいえ、男性器だけで成り上がった嫪毐と違い、呂不韋の積み上げた功績はあまりにも大きかった。子楚を助け、質子から王へと導き、趙正が王になるきっかけを作った。荘襄王に仕えていた前２４９年には、生かされていた周の王族を討ち、東周を滅亡させ、三川郡を置いた。若き秦王が即位してからは、彼に代わって魏にある20から30の城を陥落させ、東郡を置き、楚、趙、魏、韓、衛による合従軍が秦に侵攻した際には、蕞《さい》の地でこれらの撃退に成功している。子楚親子を王位に押し上げたという私情を抜きにしてもその功績は目を見張るものがある。加えて、秦に訪れた多くの賓客や弁士が才能ある呂不韋を擁護したのだった。

秦王・趙正は、呂不韋を処刑せず、相邦の罷免と蟄居を命じた。しかも彼が荘襄王から与えられた10万戸もの文信侯《ぶんしんこう》の爵位は剥奪されず、移送されたのは、呂不韋の故郷から近い河南《かなん》の封地だった。これは秦王なりの思いやりだと推測される。

あまりにも大き過ぎた呂不韋の功績

■呂不韋の功績

子楚親子を王へと押し上げる
役職を得るという私利私欲のためとはいえ、質子だった子楚に財をはたいて王にまで押し上げた。しかも子楚が荘襄王となったことで趙正は太子となり、母ともども敵地の趙から脱出することができた。

周の併呑
前249年、残った王族をせん滅。東周を滅ぼし、三川郡を設置した。この功績によって呂不韋は河南と落陽の地10万戸を与えられた。

魏攻めと東郡の配置
前242年には、蒙驁に魏を攻めさせ、山陽や長平といった20から30の城を陥落させ、東郡を置いた。

蕞の戦い
東郡を置いた翌年、楚、趙、魏、韓、衛による合従軍が秦に侵攻。秦軍は、蕞の地で合従軍を迎え撃ち、撤退させることに成功している。

賓客や弁士の擁護
秦に滞在する賓客や弁士たちが呂不韋の才能を擁護した。秦王・趙正は改めて呂不韋の功績の大きさと才能のすごさを再確認することとなる。

呂不韋（りょふい）
嫪毐の一件で失脚。連座制で呂不韋も処刑となるはずだったが、多くの功績があったため、罷免と蟄居で済んだ。

呂不韋の排除

■呂不韋に科された処罰

相邦の罷免（失職による権力の剥奪）

蟄居（行動の制限）

外出禁止！

■呂不韋の移送先

咸陽 → 蟄居を命令 → 河南 10万戸の封土
山陽

10万戸もの文信侯の爵位は残され、呂不韋の故郷から近い河南の封地に送られた。これは破格の待遇だ。

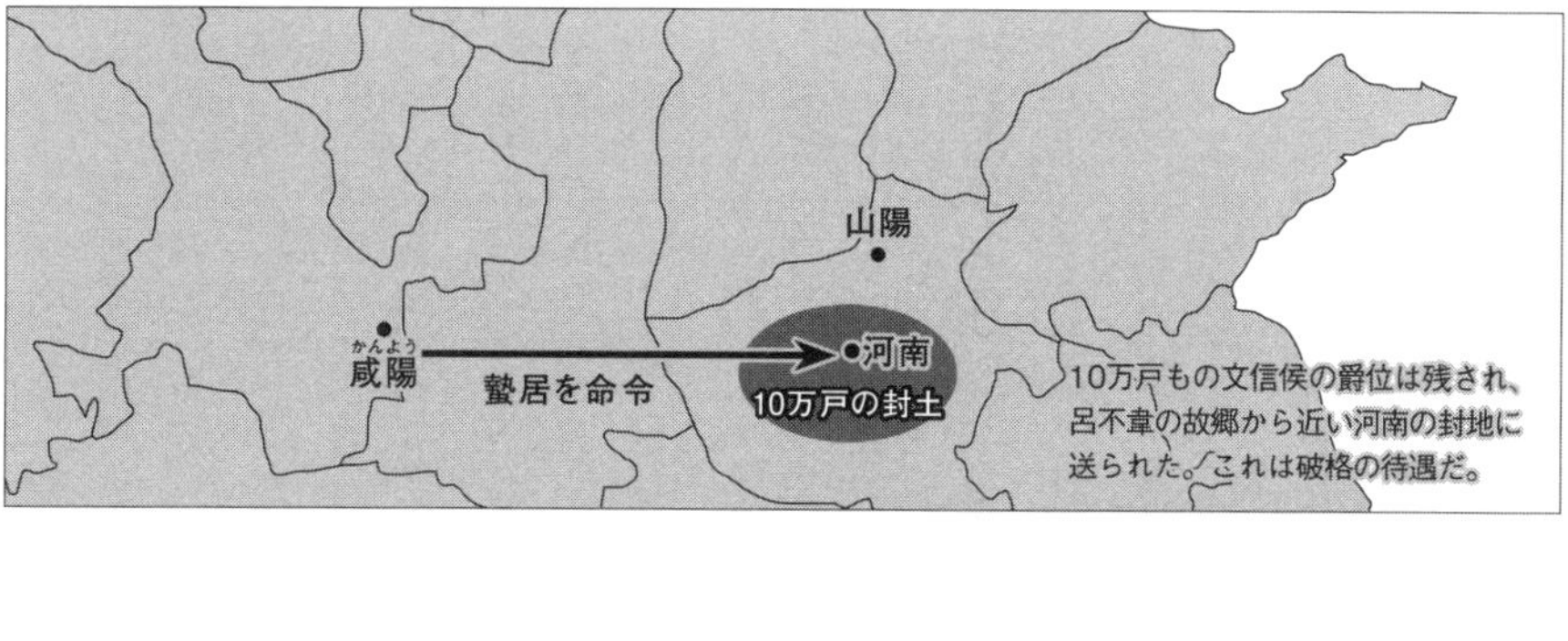

賓客をもてなし続けた呂不韋の迎えた最期

処刑対象だった呂不韋は、そのあまりある功績によって、相邦の罷免と蟄居で済んだ。荘襄王から与えられた10万戸もの文信侯の爵位は奪われることなく、自身の故郷に近い河南の封地に送られた。つまり、そのまま慎ましやかに暮らせば呂不韋の余生は安泰といえた。

しかしここである問題が発生する。戦国四君のように諸国に名を轟かせていた呂不韋のもとには、処罰後も多くの客が訪れる。彼は蟄居中ながらも訪れた客を追い返さずに歓待してしまう。これを知った秦王・趙正は激しい怒りをあらわにした。

前２３５年、歓待をやめない呂不韋に対し、秦王・趙正は「秦王家と一体何の繋がりがあって仲父を称するのか。一族諸共蜀へ行け」という書状を送り、流刑を命じた。当時の蜀は、蛮族が住まう未開の地であまりにも危険な場所だった。蜀へ行ったらどのような不幸が身に降りかかるかわからない、と思った呂不韋は、蜀に送られる前に酖《ちん》という猛毒のある鴆鳥の羽毛をつけた酒を飲み、自ら命を絶った。

こうして、秦王の親政を脅かす王弟・成蟜、母の愛人・嫪毐《ろうあい》、相邦兼仲父・呂不韋の排除が終わり、ついに秦王・趙正主導の時代がやってくる。秦の国家体制は、商鞅の変法を契機に君主の独裁権を強める形となり、秦王がすべてにおける頂点というピラミッド型の独裁体制が完成していた。さらに、歴代の王とその臣下たちの活躍によって、秦の領土は年々拡大し、それによって周辺諸国は弱体化していたため、秦王・趙正の天下統一のための下準備はほぼ整っていたと言える。秦の勢力は、秦王・趙正の親政が始まったことで一気に加速。前２３０年の韓滅亡を皮切りに、前２２８年に趙、前２２５年に魏、前２２３年に楚、前２２２年に燕、前２２１年に斉を滅亡させ、中国の歴史上初となる中国全土の統一という偉業を成し遂げた。その後、秦王・趙正は始皇帝と名乗り、さらに秦を繁栄させる。

蟄居を無視する呂不韋への流刑通達

■呂不韋の死去までの流れ

① 呂不韋は蟄居中にも関わらず、訪れた諸侯や賓客との交流を続けていた

② 交流を続ける呂不韋のことを知った秦王・趙正は激怒。秦王・趙正は呂不韋に書状を送り、蜀への流刑を命じる

書状の内容

「秦王家と一体何の繋がりがあって仲父を称するのか。一族諸共蜀へ行け」

③ 当時の蜀は蛮族が住むという未開の地であり、あまりにも危険な場所だった

④ 蜀に送られる前に酖《ちん》を飲んで自害した

酖について：猛毒のある鴆鳥の羽毛をつけた酒のこと

始皇帝の独裁体制が整う

■独裁体制が整った理由

内憂の排除

秦による中華統一を成し遂げるには、まず秦国内の揉めごとを解決しなければならない。秦王・趙正は、王弟・成蟜、母の愛人・嫪毐、相邦兼仲父・呂不韋の排除に成功し、ついに秦王・趙正主導の時代が訪れた。

君主が絶対の国家体制

秦王が頂点というピラミッド型の独裁体制が完成。これまで国を仕切っていた呂不韋に邪魔されることなく、親政が行えるようになった。さらに、歴代の王とその臣下によって、秦の領土は年々拡大し、周辺諸国は弱体化していた。

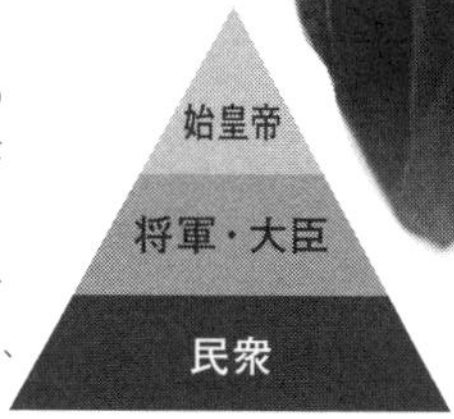

秦王・趙正（しんおうちょうせい）

13歳の即位から8年。ようやく22歳となり、親政を行えるようなった。まずは徹底した内憂の排除を行い地盤を固めた。

逐《ちく》客《かく》令《れい》と鄭《てい》国《こく》

・スパイと知った上で鄭国に水路を作らせる
・他国人の不祥事を機に逐客令の声が上がる
・李《り》斯《し》が王を説得して逐客令を阻止

逐客令の存在によって秦の基盤が大きく揺らぐ

順調に領土を拡大していく秦を恐れた韓は、治水の技術者・鄭国という人物を秦に派遣した。韓は、鄭国に秦で大規模な土木工事を行わせて国力を削ぐという狙いがあった。秦王即位の翌年の前２４６年、韓の狙い通り水利工事が始まった。同時期に秦王は、みずからの陵墓の土木建設も開始した。

鄭国は順調に水利工事を進める中、彼が韓が送り込んだスパイであることが発覚してしまう。秦は鄭国の処刑を行おうとするが、彼は自らの身分を明かしたうえで、「水路が完成すれば秦の土壌は豊かになる」と秦を説得。生きながらえた鄭国は、水路を見事完成させたのだった。彼の言葉どおり、水路によって荒れた地は豊かな農地へと変わり、農業の生産量が格段に向上した。この水路は、鄭国の名前をとって「鄭国渠《ていこくきょ》」と呼ばれるようになる。

『史記』李《り》斯《し》列伝によると、鄭国の事件がきっかけとなり、前２３７年に他国人を追放する逐客令が出る。秦王・趙正は多くの賓客や食客を抱える呂不韋らが自分をも凌ぐ権勢を持っていると考え、彼らのもとに集まった食客を捜査し、他国人は追放しようとした。この時、呂不韋の舎人だった李斯は、秦で活躍した他国人による功績を説く文書を秦王・趙正に献上した。これを読んだ秦王・趙正は、他国人によって如何に秦が成長したのかを再確認して逐客令を取り下げた。なお、『史記』秦始皇本紀によると逐客令は、嫪毐《ろうあい》の乱の翌年に出されているため、逐客令のきっかけは嫪毐の乱とも言われている。

スパイ・鄭国の力で大きな利益を得た秦

■鄭国の事件の流れ

秦の拡張を恐れた韓が治水の技術者である鄭国を秦に送り込む

鄭国の大規模な土木工事で秦の国力を削ぐという韓の作戦だった

鄭国がスパイであることが秦にバレる

処刑されそうになった鄭国は「水路が完成すれば秦の利益になる」と秦を説得

10数年の歳月をかけ、水路を完成

水路は広大な荒れ地を豊かな農地へと変えた

水路は「鄭国渠」と呼ばれるようになった

■当時のスパイについて

死間《しかん》
偽りの情報を死を覚悟して敵国に持ち込む者

生間《せいかん》
極秘に生還して敵国の情報を自国に報告する者

因間《いんかん》
敵国の民間人を活用して情報を得る者

内間《ないかん》
敵国の役人を活用して情報を得る者

反間《はんかん》
国のスパイを活用して情報を得る者

逐客令と李斯の説得

■逐客令の一件について

他国人への不満が募る

嫪毐の乱の翌年、呂不韋や嫪毐が秦王・趙正をも凌ぐ権勢を持っていると考え、他国人をすべて追放するという逐客令を出した。そして、呂不韋らの下を訪れた食客たちを調査して追放しようと考えた。

逐客令の排除

呂不韋の舎人だった李斯も逐客の対象だった。そこで、李斯は、秦のこれまでの人材登用がどれだけの効果を上げたのか、を説く文章を秦王・趙正に献上。これに感銘を受けた秦王・趙正は逐客令を取り下げた。

李斯（りし）
李斯は、韓非子《かんぴし》とともに荀子の下で学んだ後、楚を出て秦の呂不韋の舎人となる。秦王・趙正を説得し、逐客令を排除した。

第3章 秦王の対外戦争

イラスト：王鶉（aohato）

イラスト：李信（桑乃あやせ）

秦王を支えた者たち

・秦が6国攻略を開始
・秦の中華統一は驚くべき速さであった
・賢臣たちの働きが秦の覇業を支えた

秦王、支配体制を確立 天下統一に向けて動き出す

呂不韋《りょふい》を排除して内憂を取り除いた秦王は、本格的に6国の攻略へと動き始める。

もっとも、正が秦王となる以前から、秦《しん》はすでに屈指の強国であった。とくに正の曽祖父である昭襄《しょうじょう》王《おう》が秦の強大化に果たした役割は大きく、大国の趙や楚《そ》に勝利。秦の版図を大きく拡大し、戦国の世は秦と、その他の6国が対立する形となっていた。秦《ちょう》王・趙正の天下統一は、これら昭襄王の偉業を引き継いだだけのように見えるかもしれない。

だが、そうした前提を踏まえても、正による秦の他国攻略は驚異的なものであったと言わざるを得ない。正が支配体制を確立した始皇10年（前237年）から、6国をすべて滅ぼすまでにかかった期間はわずか16年である。正はこの短期間で統一に必要となる人材を揃え、秦帝国を打ち立てたのである。これは驚くべき速さであり、やはり常人ではなかったと言うべきだろう。

そんな秦王・趙正《ちょうせい》の覇業を支えたのが李斯《りし》、王翦《おうせん》、桓騎《かんき》、王賁《おうほん》、李信《りしん》ら、秦の有能な文官・武官たちであった。とくに武官たちの活躍は目覚ましく、彼らは始皇17年（前230年）の韓滅亡を皮切りに、各国を次々と征服していくことになる。

まずは、そうした秦の6国攻略に貢献した者たちを紹介していく。いずれも『キングダム』でおなじみの人物であるが、彼らが史実ではどのような活躍をしたのか。『史記』などの歴史書では、どのように描かれているのか見ていこう。

天下統一期の秦王の周辺人物

■人物相関図

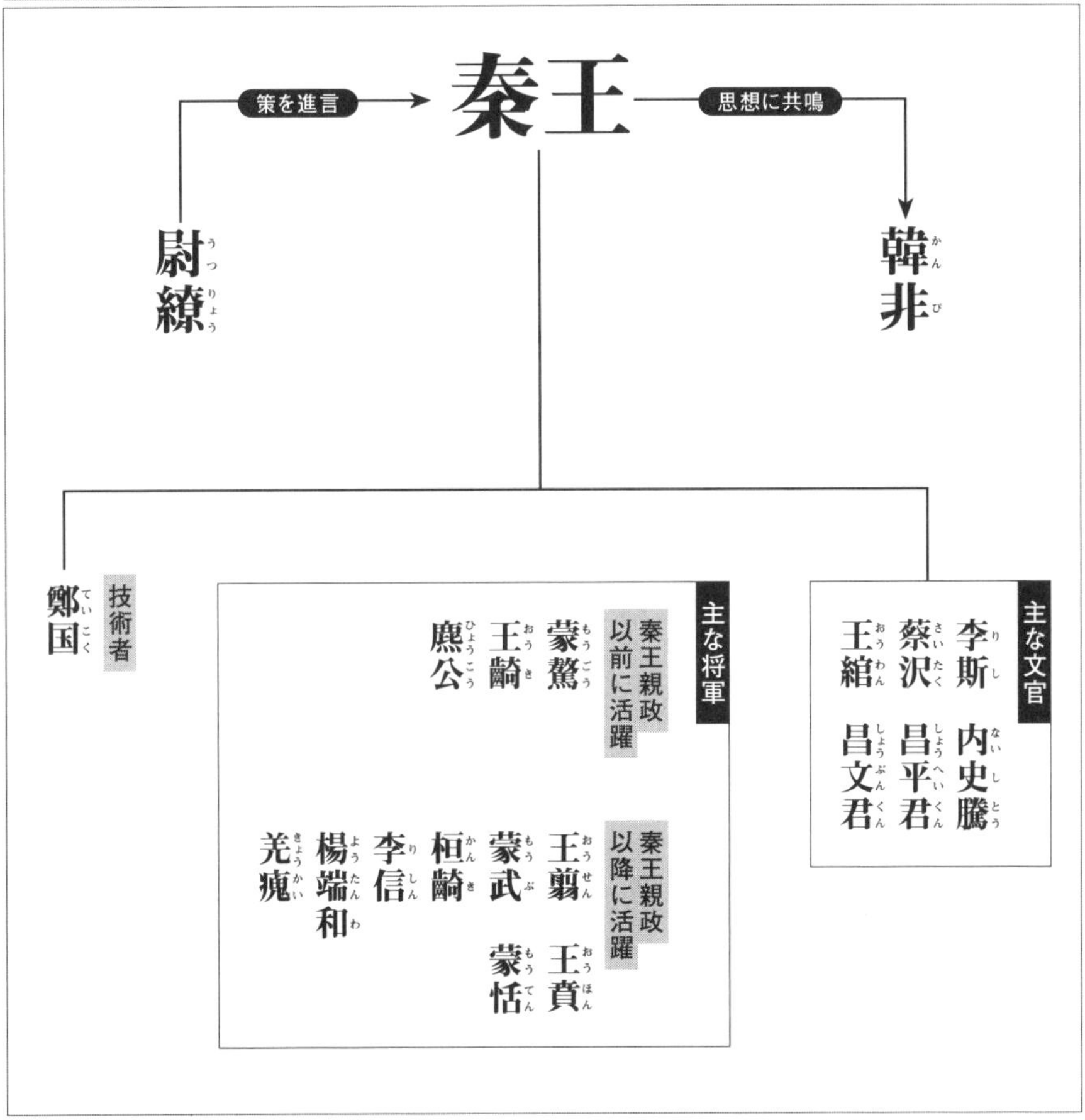

有能な文官、武官たちが秦王・趙正の覇業を支えた。これらの人材を活かした正の手腕は見事と言うほかない。

始皇帝豆知識

趙と斉の使者が秦を訪問

秦王・趙正が実権を握った始皇10年（前237年）に斉と趙の使者が秦を訪問。秦王が斉の茅焦《ぼうしょう》に説得され、母太后を咸陽《かんよう》に戻したと秦始皇本紀は伝えている。一方、『田敬仲完世家《でんけいちゅうかんせいか》』は、このとき斉王建が秦を訪れ秦王と対面したとしており、『キングダム』はこれらの記述を合わせて秦王が咸陽に斉王、趙の李牧《りぼく》を迎えるというドラマチックな展開にしている。

秦王を支えた人物①
李斯《りし》

・始皇帝《しこうてい》の頭脳的存在
・見事な名文で逐客令を撤回させる
・秦の統一事業を主導

秦王の覇業を補佐した野心あふれる荀子《じゅんし》門下の俊才

親政を開始した秦王・趙正のブレーンとなったのが李斯だ。彼は『韓非子《かんぴし》』の著者として知られる韓《かん》非《ぴ》とともに荀子に学んだと言われる。

秦に活躍の場を求めた李斯《りし》は呂不韋に見出され、郎（王の近侍のこと）に抜擢。秦国内で他国人を追放すべき（「逐客令《ちくかくれい》」）という声が上がった際、他国人を登用する意義を正に説き、これを撤回させた。このとき李斯が上表した書は美文として名高く、歴代の名文や詩歌を集めた『文選《ぶんせん》』にも収録されている。こうして秦王の信頼を得た李斯は司法長官というべき廷尉の位に進んだ。また、韓非が韓《かん》の使者として秦を訪れた際、彼を帰国させるべきではないと進言。牢獄の韓非に毒を送り、自殺に追い込んだとされている。

始皇26年（前２２１年）、正が六国を滅ぼして始皇帝となると、李斯は丞相として秦の統一事業を主導。郡県制への切り替えや法律の徹底、文字の統一など、さまざまな献策を行い、秦の支配体制確立を推し進める原動力となった。

かくして始皇帝第一の功臣となった李斯だったが、彼は始皇帝の末子・胡亥《こがい》を二世皇帝に擁立するという趙高《ちょうこう》の陰謀に加担してしまう。始皇帝の死後も丞相の座にありたいという保身の思いからであった。しかし、胡亥が即位すると李斯は実権を握った趙高によって排除されていき、ついには謀反の罪を着せられ死刑となる。始皇帝に偉業を成させながら、その最期は悲惨なものであった。

李斯が秦で取り立てられるまで

■李斯を立身に駆り立てたネズミの行動

厠《かわや》（便所）のネズミ
役所の便所にいるネズミは汚物を食らい、人や犬を恐れてビクビクしながら生きていた。

倉のネズミ
倉のネズミは貯蔵されている米を食べ、人や犬におびえることなく悠々と生きていた。

「人の賢不肖《けんふしょう》は、たとえば鼠の如し。自ら処る所に在るのみ」
同じネズミでありながら、あまりの違いに李斯は「人の賢い、賢くないというのは、これらのネズミと同じようなもので、自分のいる場所、環境によって決まるのだ」と嘆じた。

一念発起して荀子に学ぶ
小役人だった李斯は環境を変えるべく思想家として名高い荀子に師事。彼のもとで帝王学を学ぶが、六国では功業を立てるに物足りないと感じ、一強状態となりつつあった秦へと向かった。

呂不韋に認められ
秦王の信任を得る

李斯（りし）
楚の上蔡の出身で荀子に学び秦に仕官。始皇帝に才を認められ、丞相として秦の統一事業を取り仕切った。

■李斯の主な献策

逐客令の撤回（→68ページ）
嫪毐《ろうあい》の乱をきっかけとして、秦の国内には他国出身者を追放する「逐客令」を出すべきという声が上がった。しかし、李斯は秦王に「今日の秦の隆盛は他国人を重用してきたからである」と説き、これを撤回させた。

韓への侵攻（→108ページ）
逐客令を撤回させた李斯は秦王・趙正に「まず韓を取って他国を恐れさせるべき」と提言した。正は李斯のこの言に従い、彼に韓を降伏させるよう命じた。

郡県制の導入（→142ページ）
丞相王綰の公子を各地の王とするべきという意見に反対し、郡県制の徹底を主張。始皇帝は李斯の意見に従い、天下を36郡に分けて郡ごとに守（行政長官）、尉（武官）、監（監督官）を置いた。

詩書・百家の書の没収（焚書）（→176ページ）
公族や功臣が王を支えた古代の封建制に学ぶべきであるという斉の学者・淳于越の主張に真っ向から反対。古きをもって今をそしるのは人民を惑わすとして、詩経・書経・諸子百家の書をすべて焼き捨てるべきと進言した。

秦王を支えた人物②

蔡沢《さいたく》と尉繚《うつりょう》

・昭襄王の時代から仕えた老臣・蔡沢
・秦王に策を献ずるも、信を置かなかった尉繚
・後世の始皇帝の印象を決定

若き秦王を補佐した知恵者と天下統一の策を献じた兵法家

蔡沢と尉繚は親政を開始した若き秦王を補佐したであろう人物である。

蔡沢は燕《えん》出身の遊説家だ。弁舌に長けていて秦を訪れた際「蔡沢は世にもまれな知恵者で范雎《はんしょ》に取って変わるだろう」という噂を流し、宰相の范雎と面会。商鞅《しょうおう》や呉起《ごき》といった、国家に忠誠を尽くしながら無惨な最期を遂げた偉人たちを例に出し、彼に最盛期での引退を勧めた。そして、范雎に自分を推薦させ、その後釜に座ったのである。

その後は昭襄王・孝文王《こうぶんおう》・荘襄王《しょうじょうおう》に仕え、秦王・趙正のもとでも燕への使者役を務めるなど、長きに渡って秦のために尽くした。最後は不明だが、恐らく『キングダム』で描かれたように天寿をまっとうしたのではないだろうか。

尉繚は魏《ぎ》の大梁《たいりょう》の出身で、始皇帝10年（前237年）に秦を訪問。秦王・趙正に面会し、六国が合従（連合のこと）して秦に対抗しようとするのを防ぐため、各国の重臣に賄賂を贈って分断すべきと進言した。秦王はこの策を取り入れ、尉繚を厚く遇した。だが、尉繚は秦を去ろうとしていたという。そのとき彼が語ったとされる言葉が、左のページで紹介しているもので、これがのちの始皇帝のイメージを決定づけることとなった。

秦王は信頼できないとした尉繚だが、結局引き留められて尉（軍事長官）になったという。そして尉繚の策に従って李斯が動いたと『史記』は記すが、その後の彼の消息は分かっていない。

弁舌を武器に宰相となった蔡沢

■蔡沢の立身出世の道のり

一 范雎に才能をアピール

秦にやって来た蔡沢は「燕の蔡沢は天下きっての抗弁な知恵者である。秦王に謁見すれば、ただちに范雎から宰相の地位を奪うだろう」とデマを流し、范雎の興味を引いた。

二 范雎に出処進退の重要性を説く

秦の商鞅、楚の呉起、さらには范雎に陥れられた白起を例に挙げ「彼らは功が成っても身を引けなかったから、禍に見舞われたのだ」と范雎に引退を勧めた。

三 范雎の推薦で宰相の地位に

引退を決意した范雎は蔡沢を自分の後継として昭襄王に推薦した。昭襄王は蔡沢を宰相に任じ、彼の献策に従って西周の地を秦のものとした（西周の滅亡）。

四 功成りて身を引く

宰相になって数カ月すると蔡沢をそしる者が現れ始めた。彼は危険を避けるため病と称して宰相の地位を降りるがだが、その後も秦のために働き続けたのであった。

■蔡沢をめぐる人物

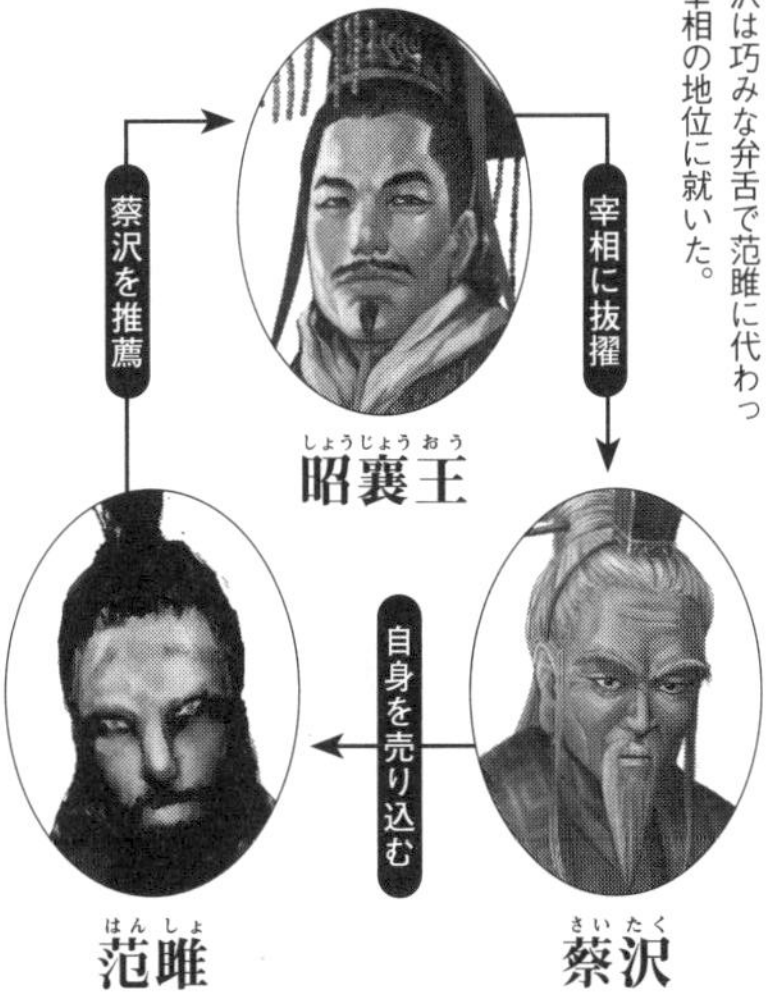

蔡沢は巧みな弁舌で范雎に代わって宰相の地位に就いた。

後世の始皇帝評を決定づけた尉繚

■秦王を評した尉繚の言葉

「秦王為人、蜂準、長目、摯鳥膺、豺聲、少恩而虎狼心、居約易出人下、得志亦輕食人。我布衣、然見我常身自下我。誠使秦王得志於天下、天下皆為虜矣。不可與久游」

『史記』秦始皇本紀より

現代語訳

「秦王の人となりは鼻が高く、目が細長く、鷙のように胸が突き出ていて、豺（山犬）のようなしわがれ声で、情の少ない虎狼のような心の持ち主である。困窮しているときは下手に出るが、得意なときは一転して軽んじ、人を食ったような態度になる。私は布衣（無官のこと）の身だが、秦王は常に私にへりくだっておられる。だが、もし秦王が天下に志を得たら、天下の者はみな彼の虜になったようなものだ。長く付き合える人ではない」

■始皇帝象（三才図会《さんさいずえ》）

明代に描かれた始皇帝像。後世の暴君像に影響されたもので実像とは大きく異なる。

この言葉を残した尉繚は兵法書『尉繚子』の著者と言われている。ただ、書の中に始皇帝の時代よりも百年以上前の人物との対話が書かれており、秦に仕えた尉繚とは別人とする説が有力だ。

秦王を支えた人物③

韓非《かんぴ》

- 厳格な法治主義を説いた『韓非子』を著す
- その思想が秦王・趙正に多大な影響を与える
- 李斯《りし》のワナにはまり自殺

秦の国家指針となった厳格な法治主義を説く

法治を重んじた始皇帝だが、そんな彼に多大な影響を与えたのが『韓非子』である。著者の韓非は韓の公子で、李斯とともに性悪説で知られる荀子に学ぶが、李斯は「自身の才能は韓非に及ばない」と自覚していたという。

当時の韓は戦国七雄の中でも最弱の国で、秦の攻勢の前に風前の灯火であった。国の危機を憂いた韓非は韓王に意見するが、彼が登用されることはなかった。韓非は国を治めるには法制を明確にして権力で臣下を制御し、人材を集めて富国強兵をはかる必要があると考え、自らの思想を『孤憤《こふん》』『五蠹《ごと》』『説難《ぜいなん》』などの書にまとめた。これが『韓非子』である。これらの書は法の厳格化や信賞必罰などの重要性を説いており、儒家の徳治主義を真っ向から否定するものであった。

これらの書が秦王・趙正の目に止まった。『史記』によると、感銘を受けた正は「これを書いた人に会えたら死んでも本望である」と言い、韓非を奪うために急きょ韓に攻め入ったという。

韓王安は使者として韓非を秦に送るが、韓非の優れた才を知る李斯は彼が自分に取って代わるのを恐れた。李斯は「韓非は韓の公子です。たとえ登用されても秦のためにはならないでしょう。ここで抹殺してしまうべきです」と秦王に進言。李斯の説得を受けた秦王は韓非を捕え、牢獄につないだ。韓非は秦王への弁明を願うがかなわず、李斯に送られた毒で自殺したのであった。

韓非の思想の根幹をなす「法」「術」「勢」

法・術・勢は統治に必要不可欠なものであると韓非は説いた。韓非の思想の要諦となっている、この3つの概念について紹介しておこう。

荀子（じゅんし）

戦国時代の儒家・思想家。人間の本来の性は悪であるとする性悪説を唱え、法家たちに影響を会えた。

▼韓非が『韓非子』で説いた理論

法 **文書にして書き著し、役所に備え、広く民に公布するもの**

法は人々が従う唯一絶対の基準であるがゆえに、はっきり書き表して民に示しておかなければならないと韓非は説いた。つまり、法は表に出すもので、明らかであるほど良いわけである。

術 **胸中にしまい、多くの事柄を突き合わせ、ひそかに群臣を統御するもの**

術とは法を運用して秘密のうちに家臣をコントールするための術策である。ゆえに術は君主の胸中に秘めておき、表に現すべきではないと韓非は主張している。

勢 **法・術をもって統治を行うためのもので君主の賢不肖に左右されてはならない**

勢は君主が統治を行うための権勢、権限などを意味する。法も術もこうした権力がなければ効力を発揮することはできない。同時に法術なき権力を不肖な君主が振るえば天下は乱れるのである。

韓非が教訓として紹介した言葉

『韓非子』に由来するおもな成語

矛盾

どんな盾でも貫く矛と、どんな矛も通さない盾を売っていた男が、その矛でその盾を突いたらどうなるのか問われ、答えられなかったという有名な故事。堯と舜を称賛する儒家の考えを否定する、たとえ話として用いられている。

逆鱗《げきりん》に触れる

目上の人を激しく怒らせること。竜はおとなしい生物だが、あごの下の逆さまに生えている鱗に触ると、怒って触れた者をかみ殺す。君主にもこの「逆鱗」があり、それに触れないように進言すべきと韓非は戒めている。

蟻の穴から堤も崩れる

巨大な堤防もアリの開けた小さな穴から潰れ、恐ろしく長い家も小さな隙間から入った煙がもとで焼けてしまうことがある。ゆえに物事が微細なうちに対処すべきと戒めた言葉で、小さな過失や油断が大事を招くという意味。

韓非（かんぴ）

生まれつき吃音で議論が苦手だった韓非。だが、文章は得意で、よく書で意見していたという。

秦王を支えた人物④ 李信《りしん》

・楚侵攻の主将を任された血気盛んな若き将軍
・大失態を犯すが、その後も燕や斉討伐に参加
・子孫が前漢の将軍に

王賁、蒙恬《もうてん》とともに次代の秦軍の中核をなす

『キングダム』の主人公・信《しん》のモデルとなった人物として、すっかり有名になった李信。彼の名が『史記』に登場するのは趙を滅ぼした秦軍が燕の攻略に動き出したときで、李将軍列伝によると暗殺事件の首謀者である太子丹を捕虜にするという軍功を上げている。刺客列伝では燕王喜《えんおうき》が和睦のために丹の首を差し出したとしているが、やはり李信が燕王と太《たい》子丹《したん》を激しく追ったと記されており、勇猛な武将であったことは間違いなさそうだ。

秦王・趙正はこうした李信の血気盛んなところを買っていたようで、彼に楚《そ》討伐の将を任せた。このとき李信は必要な兵力を問われて「20万で十分」と豪語。蒙恬とともに楚に向かい、大いに楚軍を破るが、城父《じょうほ》という地で楚軍の奇襲を受け大敗を喫した。代わって主将となったのは名将・王翦で兵60万を率いて楚に侵攻。楚王負芻《そおうふすう》を捕虜とし、楚を滅ぼしたのであった。

大失態を犯し、秦王の怒りを買った李信だったが、すぐに許されたようで王賁、蒙恬らとともに、その後に行われた燕や斉の討伐に参加している。秦の天下統一以降は事績が見られず、その後どのような運命をたどったのかは分からない。ただ前漢時代に匈《きょう》奴《ど》との戦いで活躍した李広《りこう》や李陵《りりょう》が李信の末裔とされており、彼の血脈が始皇帝の死に始まる混乱の時代を生き抜いたことは確かなようだ。もしかしたら本当に『キングダム』の信のような、しぶとさを持った人物だったのかもしれない。

秦王を支えた人物④ 李信

対楚戦の失敗後も重用され続ける

李信（りしん）
李広について書かれた「李将軍列伝」に「先祖は李信という秦の時代の将軍」という記述がある。

■史記で確認できる李信の戦歴

①始皇帝21年（前226年）	王翦と王賁の燕侵攻に参加、遼東に逃げた燕王らを追う
②始皇帝22年（前225年）	楚を攻めるが楚軍に大敗を喫する
③始皇帝25年（前222年）	王賁とともに燕・代を攻める 燕王喜らを捕える
④始皇帝26年（前221年）	王賁、蒙恬とともに斉を攻める

■李信の戦歴図（上記の番号に対応）

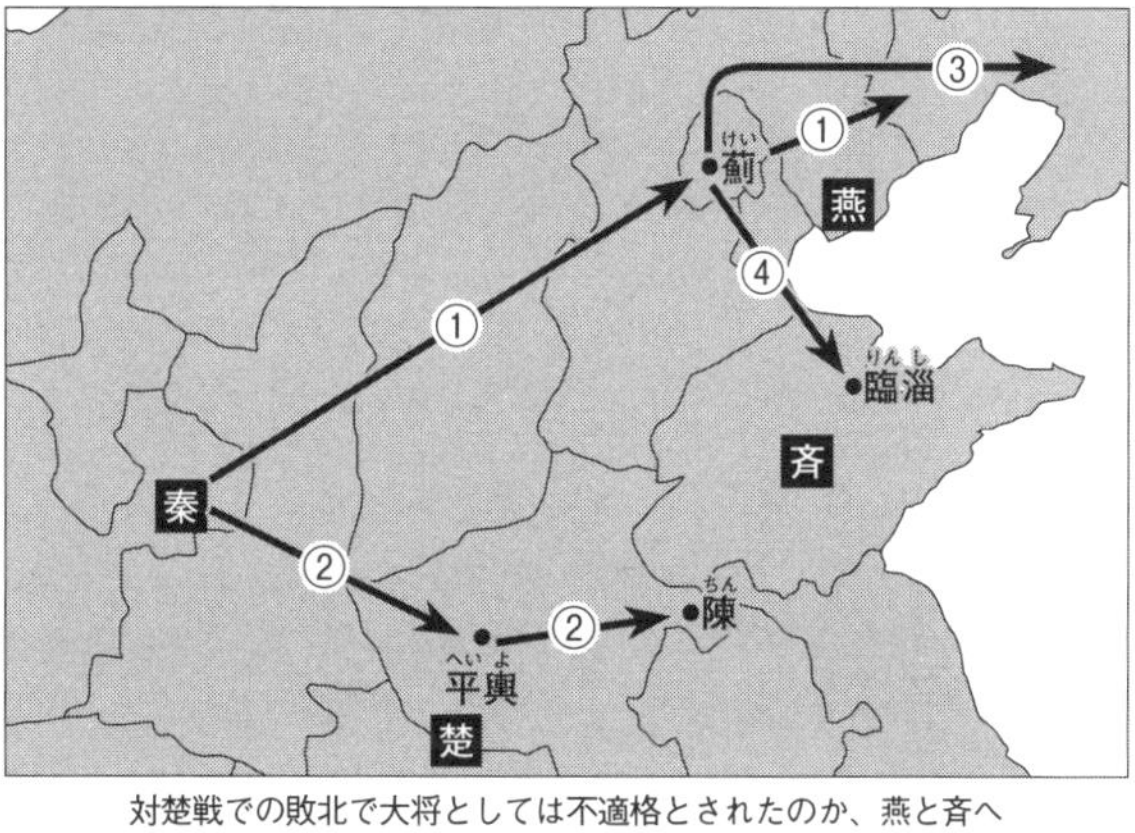

対楚戦での敗北で大将としては不適格とされたのか、燕と斉への侵攻では王賁が主将となっている。

始皇帝豆知識

歴史に名を残した李信の子孫たち

李信の子孫とされる李広は匈奴戦で活躍した前漢の武将だ。弓の達人で用兵にも長けていたことから匈奴の兵たちは「飛将軍」と呼んで恐れたという。孫の李陵も武勇に優れた将で匈奴軍と死闘を繰り広げた。

▼李信の系譜

```
                    李信
                     ⋮
                    李広
          ┌──────────┼──────┬──────┐
武帝      李敢      李椒    李当戸
          ┌──┴──┐
劉拠━━娘  李禹              李陵
```

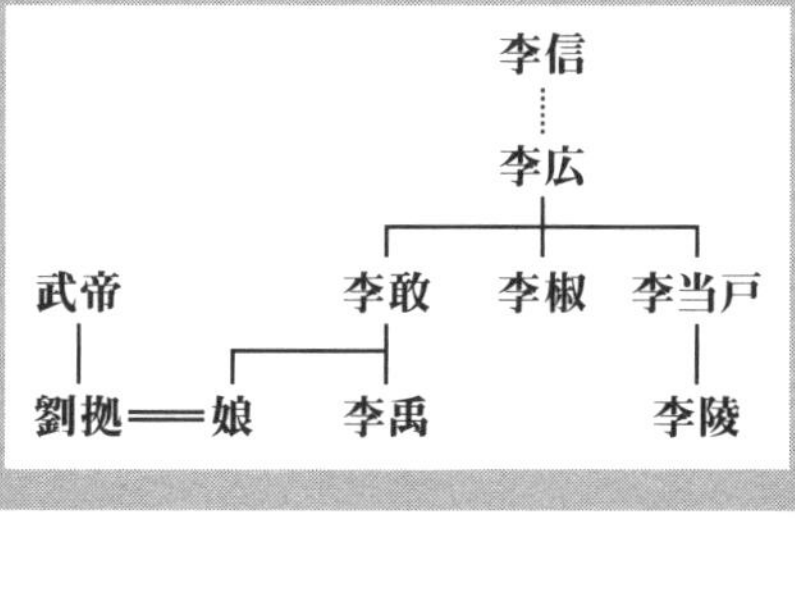

李広の孫娘は武帝の息子の側室となっている。

秦王を支えた人物⑤

王翦《おうせん》と王賁《おうほん》

・軍事面における秦の中華統一最大の功労者
・親子で5カ国を滅ぼす
・王賁の子・王離《おうり》も秦に忠義尽くす

親子ともども将として秦の天下統一に大きく貢献

秦の6国侵攻において、もっとも活躍したのが王翦と王賁の親子だ。王翦が歴史に登場したのは始皇11年（前236年）の趙侵攻のときで桓齮《かんき》、楊端和《ようたんわ》らと趙の鄴《ぎょう》を攻略。趙平定戦で多大な戦果を上げ、始皇21年（前226年）の燕侵攻でも燕の都・薊《けい》を落とすなどの戦果を上げた。

その後、老齢を理由に将軍職を辞するが、楚討伐戦で復帰。副将の蒙武《もうぶ》らと楚の項燕《こうえん》を破り、楚王負芻を捕虜とした。このとき王翦があえて褒美の美田と邸宅に執着する態度を見せ、秦王・趙正の疑心を招かないよう配慮したという逸話が残っている。仮面を付けたミステリアスな人物として描かれている『キングダム』の王翦とは対照的だが、マンガと同じように策を弄する知将タイプであったことは確かなようだ。

息子の王賁も知勇を兼ね備えた武将で、初めて主将を任された魏討伐で魏の都・大梁を水攻め。魏を滅ぼすという軍功を上げ、燕と斉への侵攻でも主将を務めた。つまり、親子で5カ国を討伐しており、その軍功は群を抜くものであったと言えるだろう。統一後、王賁が通武侯に、息子の王離が武城侯に封じられていることからも、この一族がいかに厚く遇されていたかがうかがえる。

王離もまた秦に忠義を尽くし、始皇帝の死後に起きた反秦勢力との戦いに章邯《しょうかん》らとともに参加。陳勝《ちんしょう》・呉広《ごこう》の乱などを鎮圧するが、最後は項羽《こうう》の部下の英布《えいふ》に敗れ捕虜となっている。

群を抜く王翦、王賁の活躍

王翦（おうせん）
いくつもの戦いに勝利した名将であるだけでなく、秦王・趙正の疑心をかわす保身の術にも長けていた。

■史記で確認できる王翦の戦歴

①始皇帝11年（前236年）	桓騎、楊端和とともに趙の鄴などを落とす
②始皇帝18年（前229年）	楊端和らとともに趙に侵攻。井《せい》陘《けい》を落とす
③始皇帝19年（前228年）	趙を平定。幽繆王《ゆうぼくおう》を捕虜とし、燕を攻めるべく中山に駐屯
④始皇帝20年（前227年）	燕に侵攻し、燕・代連合軍を破る
⑤始皇帝21年（前226年）	息子の王賁とともに、燕の都・薊を平定
⑥始皇帝23年（前224年）	楚に侵攻。楚の項燕を破る
⑦始皇帝24年（前223年）	楚の都・寿春を陥落させ、楚王負芻を捕らえる

■史記で確認できる王賁の戦歴

①始皇帝21年（前226年）	父王翦とともに燕を攻める
②始皇帝22年（前225年）	魏の都・大梁を水攻めにし、魏王假《ぎおうか》を降伏させる
③始皇帝25年（前222年）	燕の遼東《りょうとう》を攻め、燕王喜を捕える。さらに代を攻める
④始皇帝26年（前221年）	斉を攻め、斉王建を降伏させる

■王翦の戦歴図（上記番号に対応）

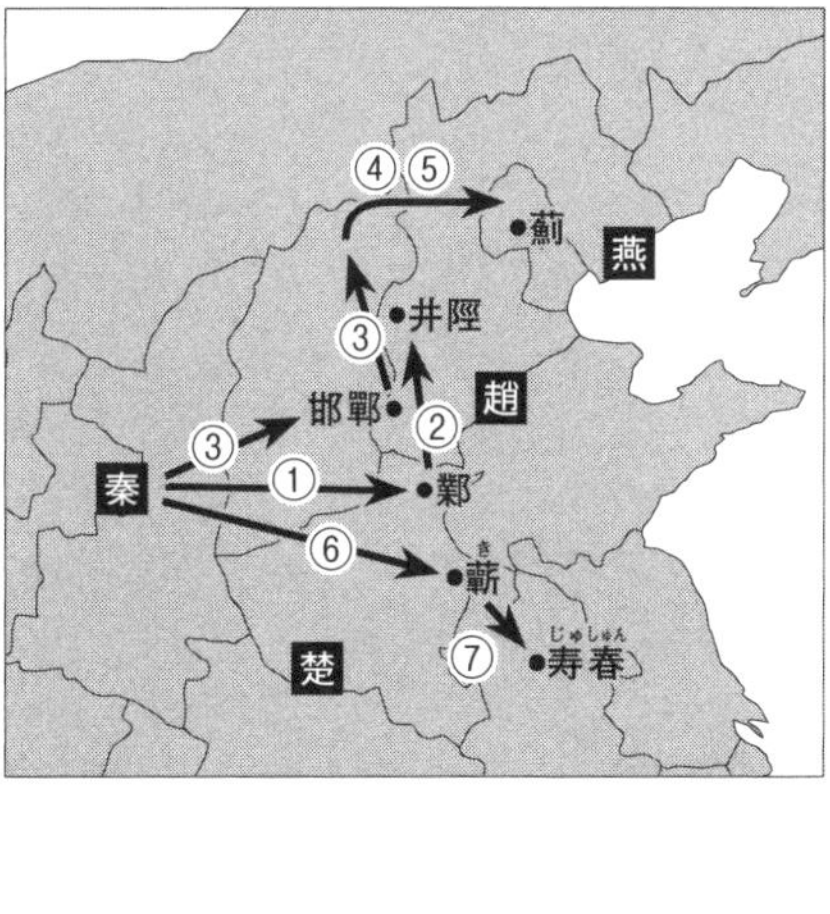

▼王賁の戦歴図（上記番号に対応）

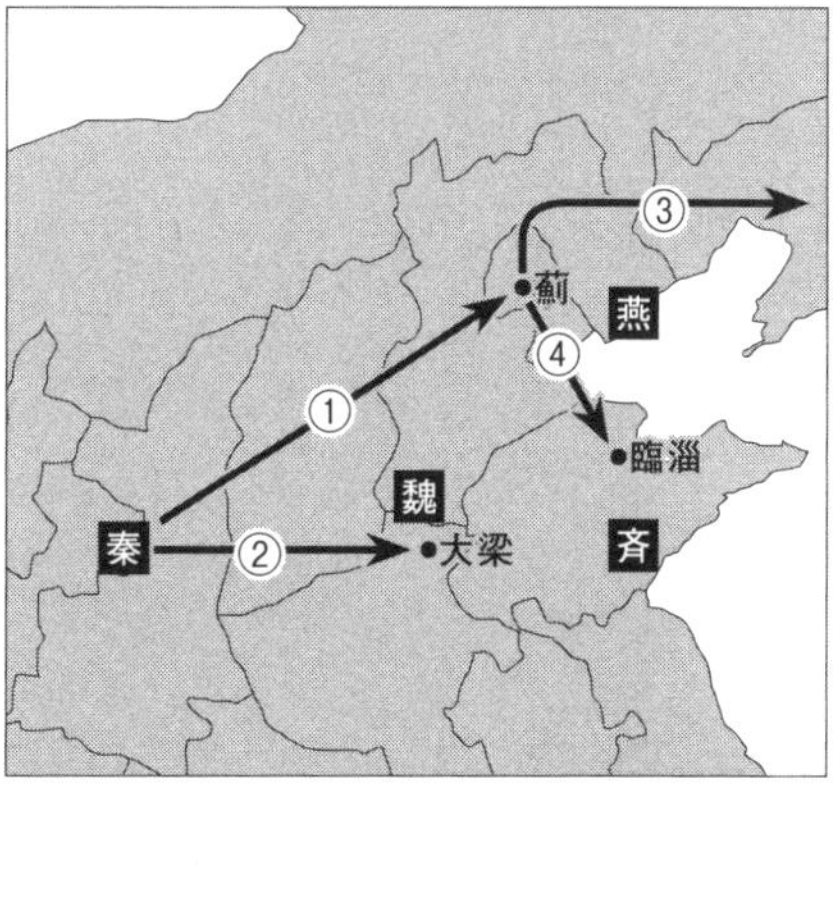

秦王を支えた人物⑥

蒙驁《もうごう》と蒙武《もうぶ》

・多大な戦果を上げた蒙驁
・「史記」では実像がはっきりしない蒙武
・3代に渡って秦を支える活躍を見せる

三代にわたって秦を支えた名門・蒙家の武将たち

秦の中華統一において王翦、王賁に劣らぬ活躍をしたのが蒙驁を始めとする蒙家の者たちである。

蒙驁は昭襄王の頃から秦に仕えた古参の武将で荘襄王元年（前249年）に韓を攻めて成皋《せいこう》と滎陽《けいよう》を攻略。次の年にも趙を攻め、37城を奪うという戦果を上げている。信陵君《しんりょうくん》率いる5カ国連合軍との戦いには敗れたものの、正が即位すると麃公《ひょうこう》、王齮《おうき》らとともに将軍となり、魏・韓攻略の主力として活躍。始皇5年（前242年）に起きた魏との戦いで山陽《さんよう》城《じょう》などを平定し、初めてこの地に東郡《とうぐん》を置いた。さらに始皇7年（前240年）に龍《りゅう》、孤《こ》、慶都《けいと》（これらの地の場所は不明）などを攻めるが、その最中に没したとされる。このように蒙驁の軍功は非常に多大で、若き秦王・趙正を支えた名将だったと言えるだろう。

息子の蒙武もまた秦王を支えた将のひとりで、王翦の副将として対楚戦に参加。楚の将軍・項燕を破り、楚を滅ぼすという活躍を見せた。ただ、『史記』で確認できる戦果はこれのみで、『キングダム』では武勇を誇る猛将として描かれているが、その実像は不明だ。

この蒙武の息子が蒙恬と蒙毅《もうき》である。蒙恬《もうてん》は王賁の斉攻略時に将軍となるが、これは家柄によるものだったとされている。しかし、彼は中華統一後に起きた北方の匈奴との戦いにおいて主将として活躍（詳細は166ページ）。秦の版図拡大に大いに貢献することになる。

秦を躍進させた蒙驁、蒙武の活躍

■蒙驁、蒙武の戦歴図（下記の番号に対応）

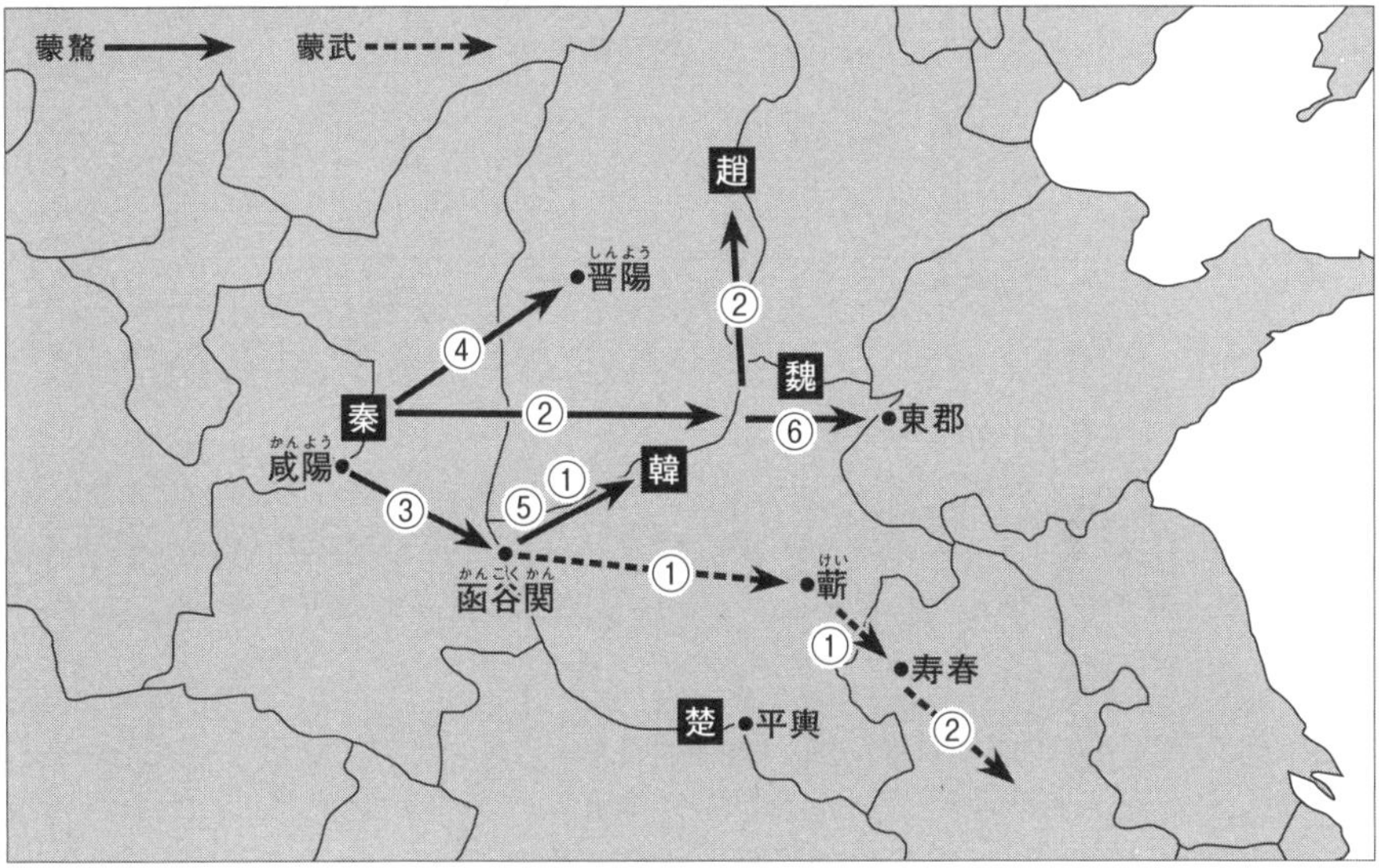

覚えておきたい故事成語

将となりて三世なる者は必ず敗る

3代にわたって将軍となった者は必ず負けるという故事。祖父、父が将として多数の者を殺していると、3代目には良くないことが起きるというもので、王翦の一族を評した言葉だが、蒙一族にも当てはまると言えるだろう。

■史記で確認できる蒙驁の戦歴

①荘襄王元年（前249年）	韓を攻めて成皋と滎陽を取る
②荘襄王2年（前248年）	魏の高都《こうと》と波を攻める、さらに趙の楡次《ゆじ》・新城《しんじょう》・狼孟《ろうや》を攻めて37城を得る
③荘襄王3年（前247年）	信陵君率いる5カ国連合軍を迎え撃つが敗れる
④始皇帝元年（前246年）	晋陽で起きた反乱を平定する
⑤始皇帝3年（前244年）	韓を攻めて12城を取る
⑥始皇帝5年（前242年）	魏を攻めて酸棗《さんそう》、山陽などを落とし、初めて東郡を置く

■史記で確認できる蒙武の戦歴

①始皇帝23年（前224年）	王翦の副将として楚に侵攻。楚の項燕を破る
②始皇帝24年（前223年）	再び王翦とともに楚を攻め、楚王負芻を捕える

秦王を支えた人物⑦ 桓齮《かんき》と昌平君《しょうへいくん》

・どちらもその最期にさまざまな謎がある
・次代の秦軍を担うであろう存在だった桓齮
・昌平君は背いていない？

秦王の覇業を助ける股肱の臣だったが……

桓齮と昌平君はどちらもその最期にさまざまな異説を持つ人物だ。

桓齮が将軍となったのは始皇10年（前237年）のことだった。翌年に起きた趙との戦いでは王翦、楊端和らと趙の鄴を攻略。始皇13年（前234年）の趙侵攻では主将を任され、敵将・扈輒《こちょう》を討ち取るなど目覚ましい活躍を見せた。

飛ぶ鳥を落とす勢いの桓齮だったが、翌年の趙攻めで敵将・李牧《りぼく》に足下をすくわれる。『史記』に以降の彼に関する記述はなく、戦国策では戦死したとされている。燕に亡命して樊於期《はんおき》と名を改めたとする説もあるが、確かなことは不明だ。

昌平君は元楚の王族で、嫪毐《ろうあい》が反乱を起こした際、昌文君とともにこれを鎮圧した。ただ、その後は秦から心が離れたのか故郷の楚に帰還。始皇23年（前224年）に楚が滅亡したあと、楚の将軍・項燕とともに反乱を起こしたという。

しかし、これは秦始皇本紀《しんしこうほんぎ》だけに見られる記事で、六国年表《りっこくねんぴょう》や楚世家《そせいか》などは始皇24年（前223年）を楚滅亡の年としている。出土史料の『編年記』も昌平君と同じ楚出身の昌文君が「楚が秦の攻撃を受けていた始皇23年に亡くなった」としており、この時点でまだ楚は滅んでいないとする秦始皇本紀以外の記述と合致することから、こちらが正しいと見るべきだろう。もしかしたら楚人たちの思いが、楚滅亡後も項燕たちが抵抗し続けたという伝説を生みだしたのかもしれない。

対趙戦で戦果を上げるも李牧に敗れた桓齮

■史記で確認できる桓齮の戦歴

①始皇帝11年（前236年）	王翦・楊端和らと趙の鄴を攻める
②始皇帝13年（前234年）	主将として趙の平陽を攻め、敵将の扈輒を討つ
③始皇帝14年（前233年）	再び趙に進攻し、平陽と武城《ぶじょう》を平定、さらに宜安を攻めるが李牧に敗れる

■桓齮の戦歴図（左記番号に対応）

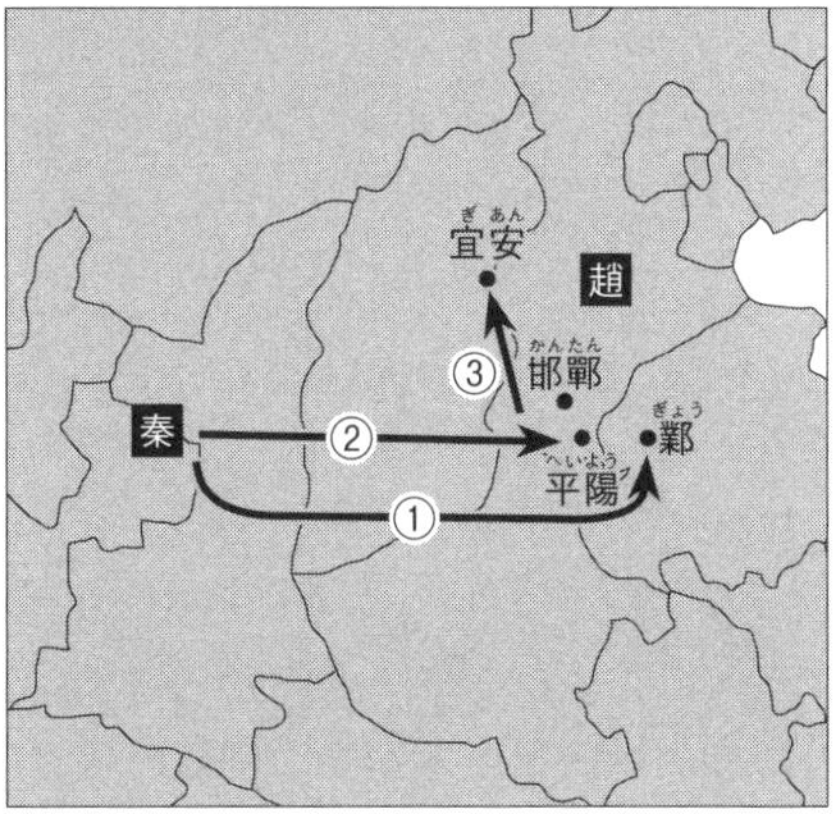

李牧（りぼく）

斜陽の趙を守った不敗の名将。2度にわたって秦軍を退けるが、郭開の讒言により誅殺された。

昌平君は反乱を起こしたのか?

昌平君は楚の滅亡後に項燕と組んで楚王となり、秦に対して反乱を起こしたとされる。だが、これは秦始皇本紀のみに見られる記述で、実際は反乱を起こさなかったとする説が有力だ。

項燕（こうえん）

楚の将軍で秦を打倒した項羽の祖父。王翦率いる秦軍に敗れ、戦死したとも自決したとも伝わる。

■史記における楚の最期のおもなくだり

秦始皇本紀の記述

（王翦は）陳から南、平輿にいたるまでを取り、楚王負芻を捕虜にした。（中略）楚の将・項燕が昌平君を立てて楚王とし、淮南で秦に背いた。24年、王翦と蒙武が楚を攻め、楚軍を破った。昌平君は戦死した。

楚世家の記述

4年（前224年）、秦の将軍王翦が楚軍を蘄にて破り、楚の将軍項燕を殺した。5年（前223年）、秦の将軍王翦と蒙武がついに楚を破り、楚王負芻を捕虜にし、楚を滅ぼして郡とした。

白起王翦列伝の記述

（秦軍は）楚の将軍項燕を殺し、楚軍はついに敗走した。秦軍は勝ちに乗じて楚の城邑を攻略。1年余で楚王負芻を捕虜にし、楚の地を平定して秦の郡県とした。

始皇帝豆知識

桓齮と樊於期は同一人物か

李牧に敗れた桓齮だが、『史記』では生死不明となっていることから、荊軻の秦王暗殺計画に関わった樊於期と同一人物であるという説が生まれた。敗戦の罪を問われることを恐れた桓齮が燕に亡命して、樊於期と名を改めたというわけである。ただし、この説を裏付ける確たる証拠はなく、戦国策に記されているように戦死したとみるのが自然ではないだろうか。

秦王を支えた人物⑧

内史騰《ないしとう》、楊端和《ようたんわ》、羌瘣《きょうかい》

・いずれも韓、魏、趙との戦いで活躍
・内史騰は韓を滅ぼす
・3人とも謎の部分が多い

韓、魏、趙攻めで活躍した三人の武将たち

内史騰、楊端和、羌瘣は韓、魏、趙への侵攻戦に、その名が記されている将たちである。

内史騰は韓攻略で活躍した人物だ。内史とは役職名で本来は文官であったと思われる。始皇16年（前２３１年）に韓より南陽《なんよう》の地が献上された際、その地の仮の郡守に就任。翌年に主将として韓を攻め、韓王安《かんおうあん》を捕虜としたという。いわば六国を最初に攻め滅ぼした人物で、その功績は小さくはなかったと言えるだろう。

楊端和は魏、趙との戦いにその名が見られる。とくに活躍が目立つのが趙との戦いで、始皇11年（前２３６年）に王翦、桓齮と趙の鄴を攻略。始皇18年（前２２９年）にも主力の一角として趙の都・邯鄲《かんたん》を包囲している。しかし、『史記』にはその後の楊端和に関する記述はなく、山の民の女王というのは無論『キングダム』の創作である。

羌瘣に関する記述はさらに少ない。分かっているのは始皇18年（前２２９年）の趙侵攻の際に代の討伐を担当したこと。翌年に王翦と趙の地を平定し、燕を攻めるべく中山《ちゅうざん》に駐屯したということだけだ。その後の消息はまったく分かっておらず、大きな事績を残せなかったのか、あるいは戦死してしまったのかもしれない。

このように3人とも謎の部分が非常に多い。逆に言うと、それだけ想像の余地があるということで、ゆえに『キングダム』で強烈な個性をはなっているのだろう。

秦の中華統一に大きく貢献

■内史騰、楊端和、羌瘣の戦歴図（下記の番号に対応）

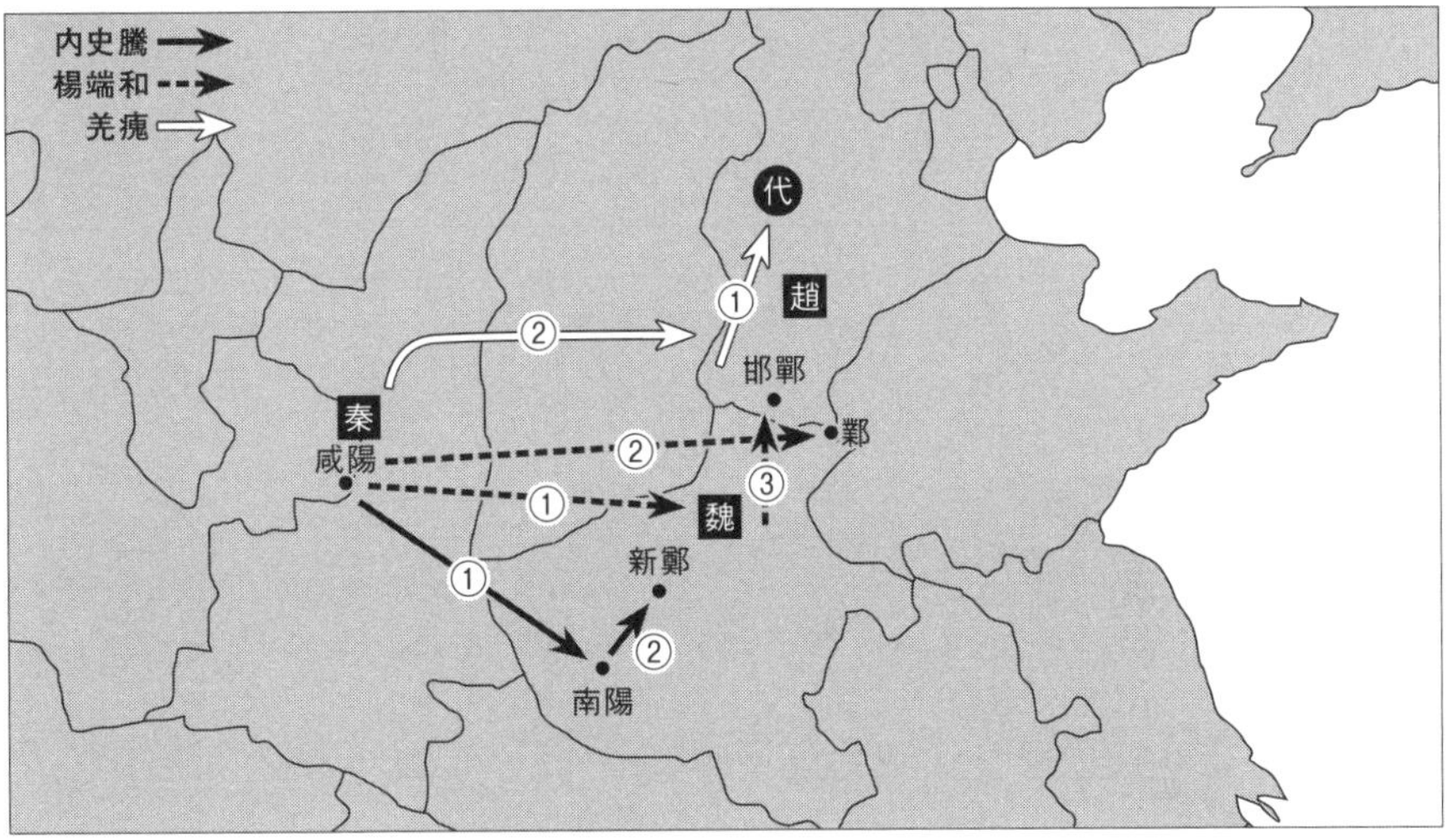

覚えておきたい故事成語

遠交近攻《えんこうきんこう》

遠方の国と親しくしておき、近隣の国から攻め取っていくという、范雎が昭襄王に説いた外交策。秦王・趙正もこれを踏襲したのか、隣国の韓、趙、魏をまず攻め滅ぼしている。

■史記で確認できる内史騰の戦歴

①	始皇16年（前231年）	韓より南陽の地が譲られ、その地の仮の郡守となる
②	始皇17年（前230年）	軍勢を率いて韓へ侵攻。韓王安を捕虜とし、韓を滅ぼす

■史記で確認できる楊端和の戦歴

①	①始皇9年（前238年）	魏の衍氏《えんし》を攻める
②	始皇11年（前236年）	王翦、桓騎とともに趙の鄴を落とす
③	始皇18年（前229年）	王翦らとともに趙に進攻し、邯鄲を包囲する

■史記で確認できる羌瘣の戦歴

①	始皇18年（前229年）	王翦らとともに趙に進攻し、代《だい》を討伐
②	始皇19年（前228年）	王翦らとともに趙を平定

中華統一の礎となった政策

・秦が一強となるまでの道のりと諸政策を振り返る
・商鞅《しょうおう》の変法で国力を増大
・白起《はくき》の武力と范雎の外交が決定打に

天下統一事業の礎となった秦の国家システム

すでに述べた通り、秦王・趙正は呂不韋を追放して覇権を確立してから、わずか16年で中華統一を果たした。それだけ秦の国力が抜きんでていたわけだが、その背景には代々の秦の国策があった。ここでは秦の強大化をうながした、これらの政策の数々を今一度振り返っておこう。

秦の飛躍に大きく寄与したのが、孝公《こうこう》（前361～338年在位）の時代に商鞅が推し進めた富国強兵策である。商鞅は「変法」と呼ばれる急進的な改革を断行。連帯責任、相互監視、実力主義などの徹底をうたった苛烈な法体制を敷くことにより中央集権化を推し進めたのである。この改革によって秦は生産力と軍事力が増強。強力な国家へと生まれ変わっていったのであった。

商鞅は後ろ楯となっていた孝公の死去後、亡命を試みるが失敗。車裂きに処されるという無惨な最期を遂げた。しかし、彼が推し進めた政策はその後も引き継がれていき、秦の中華統一の礎となったのである。

こうして国力を増強した秦に対して、韓、魏、趙、斉《せい》、楚、燕の六国は相互に同盟する「合従《がっしょう》」で対抗しようとしたという。対して秦は縦横家の張儀が唱えた「連衡《れんこう》」を採用。これは秦が各国と個別に同盟を結んで合従を破るというもので、張儀《ちょうぎ》は弁舌を駆使して楚と斉の同盟を崩し、斉と連合して楚を打ち破ったと『史記』は伝えている。

合従策は張儀の同門の蘇秦《そしん》が提唱したとされるが、

秦の国力を増大させた商鞅の変法

商鞅（しょうおう）
最初は魏に仕えていたが、王に用いられなかったため秦に亡命。孝公に認められ宰相となった。

■商鞅が実施した厳格な政策

- 民衆を五戸、十戸ごとに編成。相互監視を義務づけ、罪を犯した者がいると連座して罰する
- 違法を申告しない者は腰斬の刑に処する
- 罪を訴え出た場合は戦争で敵の首を取ったのと同じ恩賞を与える。隠蔽した者は敵に降った場合と同じ罪とする
- 一つの家に二人以上の男子がいて分家しない場合は、税が倍になる
- 戦争での功績には爵位を以て報いる
- 私闘をするものは、その軽重に応じて処罰する
- 大人も子供も農業紡織を本業とし、税を多く納める者は夫役を免除する
- 商業で不当に儲ける者や怠けて貧乏な者は奴隷に落とす
- 宗室の一族でも戦功のない者は族籍から外す
- 一家が占有する田宅の広さや臣妾奴隷、衣服の数を家格や爵位の等級によって分ける
- 功労のある者は栄華な生活をし、功労のない者は富裕でも華美な生活を禁ずる

これらの法は民衆だけでなく貴族層も縛るものであった。これにより商鞅は国家による支配の徹底をはかったのである。

秦躍進の第一歩となった張儀の連衡策

『史記』では張儀の連衡策によって合従策は破られたとされる。だが、一強となった秦に対抗すべく、その後も各国はたびたび合従して戦いを挑んでいる。

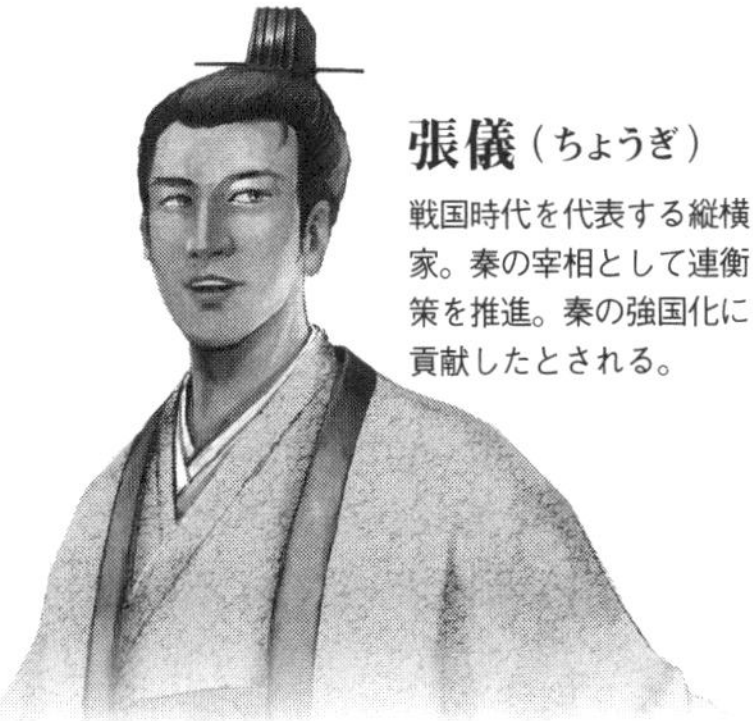

張儀（ちょうぎ）
戦国時代を代表する縦横家。秦の宰相として連衡策を推進。秦の強国化に貢献したとされる。

▼合従策と連衡策

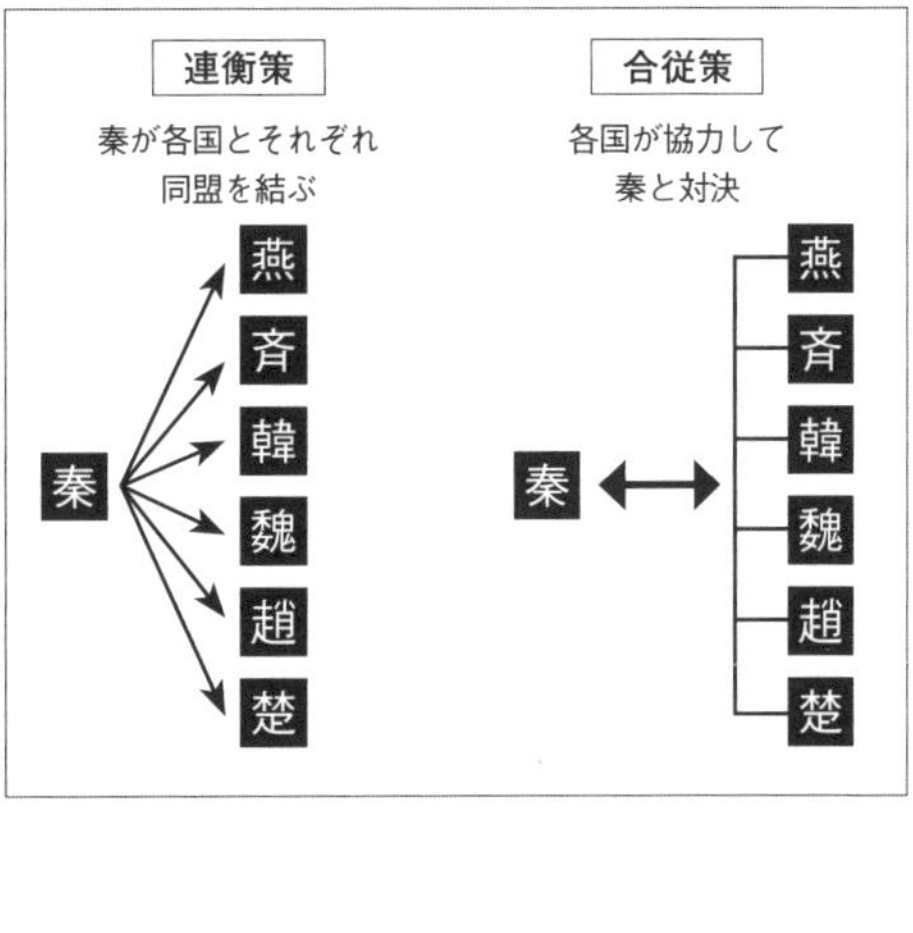

1973年に出土した『戦国縦横家書《せんごくじゅうおうかしょ》』により、蘇秦はもっと後の楽毅《がくき》の時代の人物であることが分かった。そのため合従策は燕が斉に対抗するためのものであったと現在では考えられている。張儀が活躍した時代の秦も、まだそこまで圧倒的な存在とは言えず、この両者に関する『史記』の記述はいろいろ矛盾をはらんでいるようだ。

外征による領土の拡張と硬軟を交えた巧みな外交

秦をさらなる強国へと押し上げたのが、昭襄王の時代に行われた、度重なる各国への侵攻と領土の拡張である。昭襄王を補佐する宰相の魏冄《ぎぜん》は名将・白《はく》起《き》を登用。将軍となった白起は、伊闕《いけつ》で韓、魏に大勝したのを皮切りに6国を何度も打ち破った。この白起の活躍によって、秦の版図はさらに拡大していったのである。

魏冄に代わって宰相となった范雎の「遠交近攻策」も秦の領土拡大を後押しした。このとき秦は東の強国・斉を攻めていたが、范雎は遠国の斉から領土を奪っても保持することはできないと提言。それよりも近くの国を攻めて、その土地を取るべきだと説いた。かくして秦は魏と韓に圧力を加え、領土を次々に奪取。昭襄王47年（前260年）には白起率いる秦軍が長平《ちょうへい》にて強国・趙を打ち破り、一強体制を確立したのである。秦王・趙正が誕生する1年前のことであった。

勢いに乗った秦軍は趙の都・邯鄲を包囲。趙を滅亡寸前まで追い込むが、信陵君と春申君《しゅんしんくん》が率いる援軍の前に敗れた。この敗北の原因は白起と范雎の不仲にあった。白起の軍功はあまりに巨大で、范雎は自身の立場が脅かされることを恐れて昭襄王に讒言。白起を自害に追い込んだのである。白起の死により秦の勢いは一時停滞するが、すでに他国との差は圧倒的なまでに広がっていた。

こうして秦の強国化は成し遂げられたのであった。他国を圧する国力と軍事力を武器に、秦王・趙正は統一への道を踏み出すのである。

魏冄の活躍と白起の登用

■魏冄、白起らのおもな戦歴

①	昭襄王14年（前293年）	白起が韓魏を伊闕に攻め首級24万を取り、敵将を捕虜にし、5城を抜く
②	昭襄王15年（前292年）	白起が魏を攻め、大小61の城を攻略

■猛威をふるった魏冄、白起らの外征

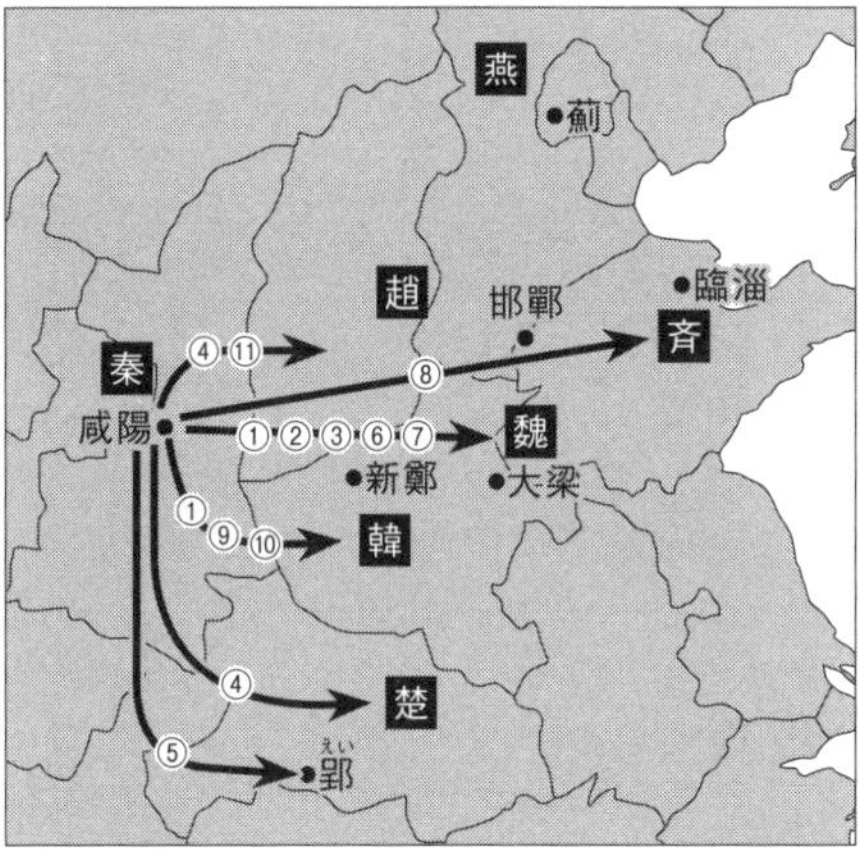

宰相の魏冄は外征に積極的で白起、司馬錯らに各国を攻めさせ、自らも魏の河内などを攻略した。とくに白起の軍功はすさまじく、秦の国力を大きく伸ばした。

③	昭襄王18年（前289年）	白起と司馬錯が魏の垣・河雍・決橋を攻略
④	昭襄王27年（前280年）	司馬錯が楚を攻める。白起が趙を攻め、代と光狼城を取る
⑤	昭襄王29年（前278年）	白起が楚の郢を落とす
⑥	昭襄王32年（前275年）	魏冄が魏の大梁に迫り、首級4万を取る
⑦	昭襄王34年（前273年）	白起が魏の華陽を攻め、首級13万を挙げる
⑧	昭襄王36年（前271年）	斉を攻め、剛・寿の地を取る
⑨	昭襄王43年（前264年）	白起が韓を攻め、首級5万を取る
⑩	昭襄王44年（前263年）	白起が韓の南陽を攻める
⑪	昭襄王47年（前260年）	白起が長平で趙を破り、40万人を穴埋めに

中華統一の礎となった政策

范雎の遠交近攻策

■范雎が昭襄王に進言した外交政策

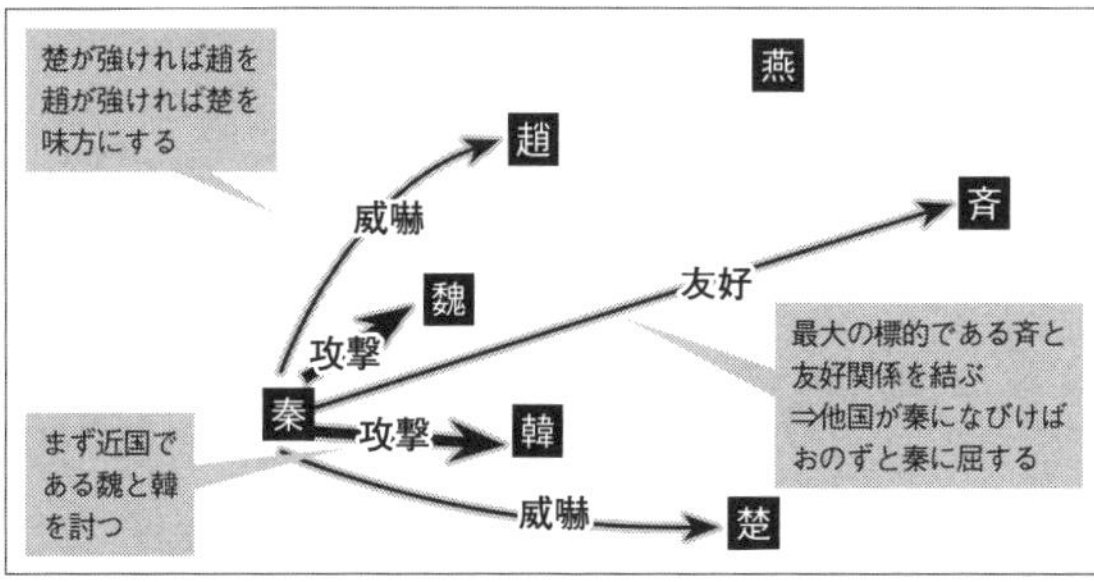

范雎の遠交近攻策は斉を屈服させることを最終目的としたものであった。彼はまず天下の中心に位置する魏と韓との友好を勧めつつ、秦になびかなければ討つべしと説いた。そして斉と結んで韓、魏を攻め、楚と趙にも圧力を加えていったのである。

七国統一の戦い①

蒙驁《もうごう》らの魏、韓への侵攻

・すべてが謎の将軍王齮
・蒙驁と麃公が魏、韓に侵攻
・蒙驁が魏の領土を次々に取り、その地に東郡を置く

正の即位から親政開始までの秦の外征と領土の拡張

ここからは秦王・趙正が6国を攻め滅ぼし、中華を統一していった過程を紹介していく。白起の失脚によって一時停滞した秦だったが、その後も勢力を拡大していき、呂不韋が実権を握っていた時期もたびたび各国と交戦している。まずは正が即位してから親政を開始するまでの期間に起きた、これらの戦いを振り返ってみよう。

この時期の秦軍において主力となったのが蒙驁、麃公、王齮らである。いずれも秦王・趙正が即位した年に将軍に任ぜられており、恐らく呂不韋の信任も厚かったのだろう。

蒙驁と麃公はその後の戦歴が『史記』に残されており、とくに蒙驁は多大な戦果を上げていることが確認できる。ただ、王齮だけはどのような働きをしたのか、まったく分かっていない。始皇3年（前244年）に死んだと記されているのみで、病死か戦死かも不明となっている。さらに彼は始皇帝よりも前の秦の歴史を記録した『秦本紀《しんほんぎ》』にも名前が見られず、すべてが謎に包まれているのだ。そのため、王齮を昭襄王の時代に活躍した武将・王齕《おうこつ》と同一人物とする説も存在する。

ちなみに『キングダム』で主人公の信に大きな影響を与えることになる名将・王騎《おうき》は、この王齮がモデルと思われる。「怪鳥」の異名を持つ知勇を兼ね備えた武人で、信の目標となる人物として描かれているが、はたして史実の王齮はどのような武将だったのか、興味はつきない。

秦王親政以前の秦を支えた将軍たち

蒙驁（もうごう）
「キングダム」では凡将だが才能を見抜く目は確かで、王翦と桓齮を副将としていた。

■始皇元年（前246年）頃の秦の版図

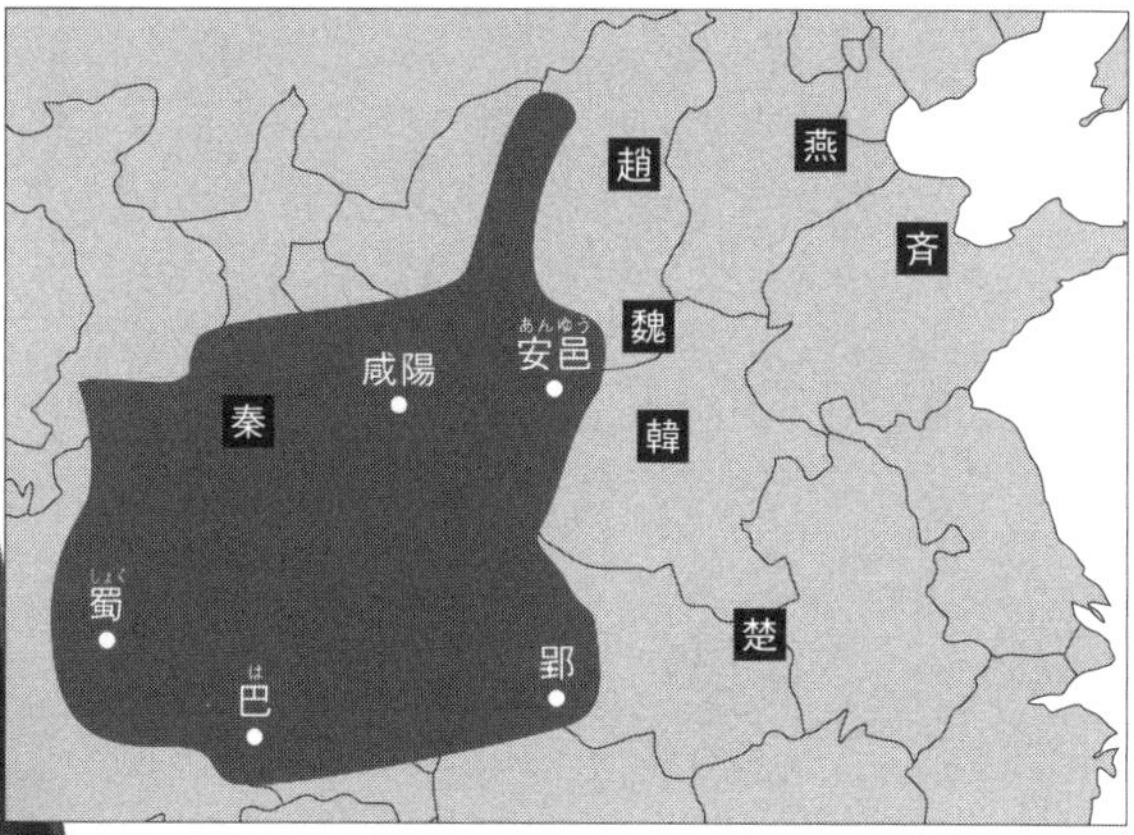

当時の秦は西に巴蜀の地を抑え、南は楚の旧都である郢を領有。東もかつての韓の地である滎陽まで領土を広げていた。

■秦王即位時の三将軍

秦王

蒙驁	王齮	麃公

始皇帝豆知識

王齮と同一人物ともいわれる名将王齕

王齕は昭襄王、荘襄王に仕えた武将で右のように数々の軍功を上げている。しかし、その名が登場するのは秦本紀だけで始皇帝即位後を記した秦始皇本紀には一切記述がない。逆に、王齮は秦本紀にはまったく登場しないことから、両者を同一人物であるとする説が生まれた可能性が高い。

▼王齕のおもな戦歴

昭襄王48年（前259年）	趙の武安君《ぶあんくん》を討ち、皮牢《ひろう》を攻め取る
昭襄王49年（前258年）	王陵《おうりょう》に代わって趙の邯鄲攻めの将となる
昭襄王50年（前257年）	邯鄲を落とせず汾城《ふんじょう》郊外に撤退。その後、魏を攻め首級六千を上げる。さらに汾城を攻め、張唐《ちょうとう》とともに寧新《ねいしん》中《ちゅう》を落とす
荘襄王2年（前248年）	韓の上党《じょうとう》を攻め、太原郡《たいげんぐん》を置く

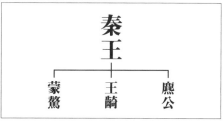

秦の中華統一の足がかりとなった
蒙驁、麃公らの活躍

正が即位した始皇元年（前２４６年）だが、いきなり晋陽《しんよう》で反乱が起きている。実は、この前年に秦は信陵君率いる５ヵ国連合軍に敗れて領土を失っていた。さらに先王である荘襄王の死が重なり、政情が少し不安定だったのだろう。しかし、蒙驁がこれを平定すると、翌年には早くも外征に転じる。標的としたのは魏と韓であった。

まず、始皇２年（前２４６年）に麃公が魏の巻《まき》を攻略。蒙驁も韓を攻めて13城を奪ったという（左ページ上図参照）。さらに蒙驁は魏にも攻撃を加え、暘《ちょう》と有詭《ゆうき》（どちらも位置は不明）という地に侵攻。これらの地を落として帰国した。

始皇５年（前２４２年）にも蒙驁率いる秦軍は魏に侵攻。酸棗《さんそう》、燕《えん》、虚《きょ》、長平、雍丘《ようきゅう》、山陽城を平定し、20城を落としたという。そして、これらの地を「東郡」とし、秦の支配下に置いたのである。

戦いの詳細は不明だが、秦が東都を置いたことは魏《ぎ》世家《せいか》にも記録されており、魏にとっても大事件だったことがうかがえる。とくに山陽は韓の都・新鄭《しんてい》にも近く、この地を秦に奪われたことは韓と魏にとって痛恨事であったに違いない。

このように蒙驁の活躍は目を見張るものがあったが、彼は同時代の秦の武将である白起や王翦のように『史記』で列伝を立てられてはいない。ゆえに匈奴攻略で活躍した孫の蒙恬などに比べて地味な存在であるが、その軍功は決して彼らに引けを取るものではなく、この時期の秦軍の中では抜きんでた存在であったと言えるだろう。

かくして秦は魏、韓の地を侵食し、この両国の国力を大きく削ぐことに成功した。しかし、各国は秦の動向に危機感を覚え、これに対抗すべく合従して連合軍を結成。秦の脅威を取り除くべく、大軍をもって押し寄せてくることとなる。攻勢を続けてきた秦だったが、今度は函谷関《かんこくかん》にて領土を守るための戦いを強いられるのである。

蒙驁らが韓、魏両国を追い込む

■始皇2年（前245年）～始皇4年（前243年）の魏韓への進攻

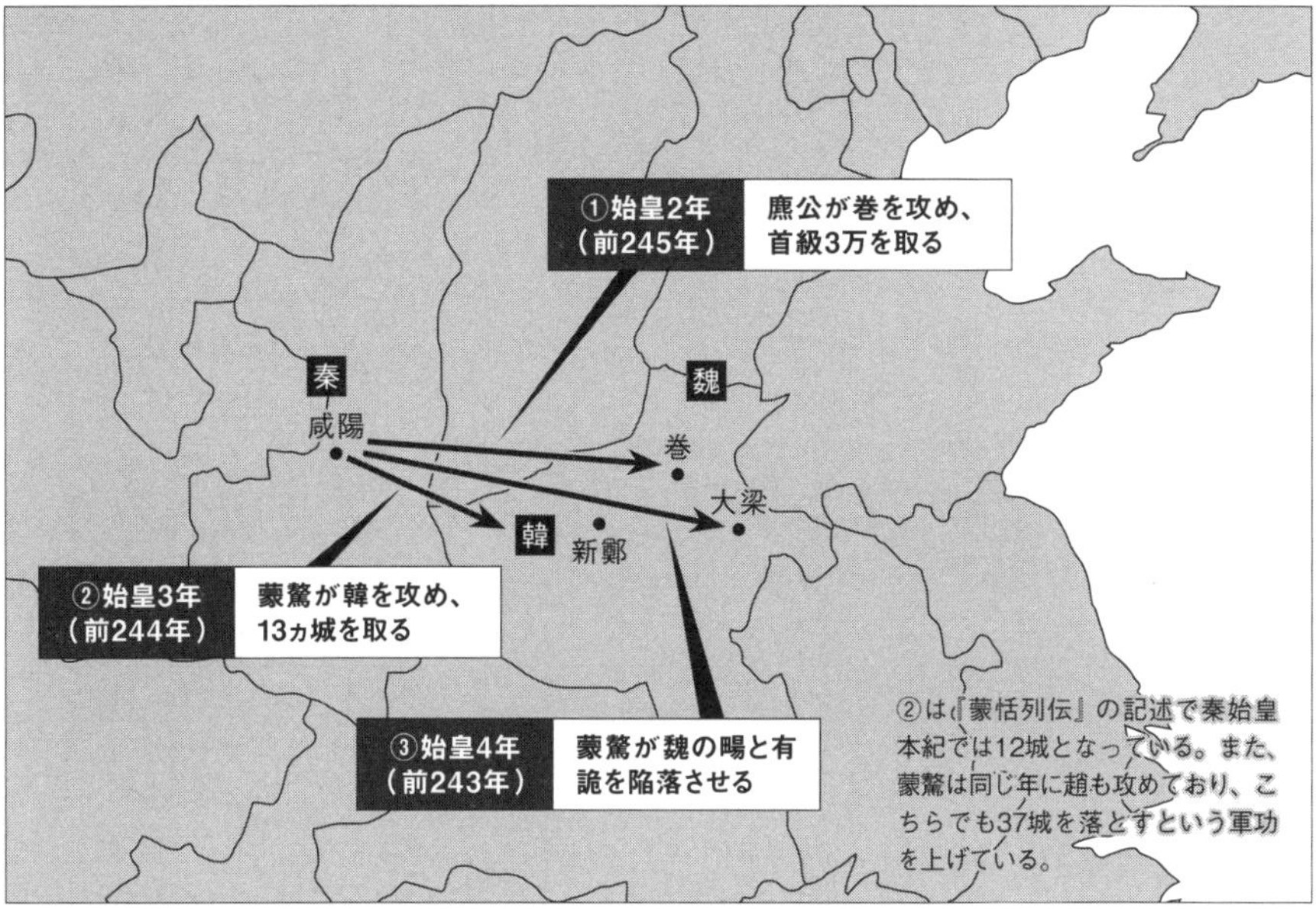

■始皇5年（前242年）の魏への進攻

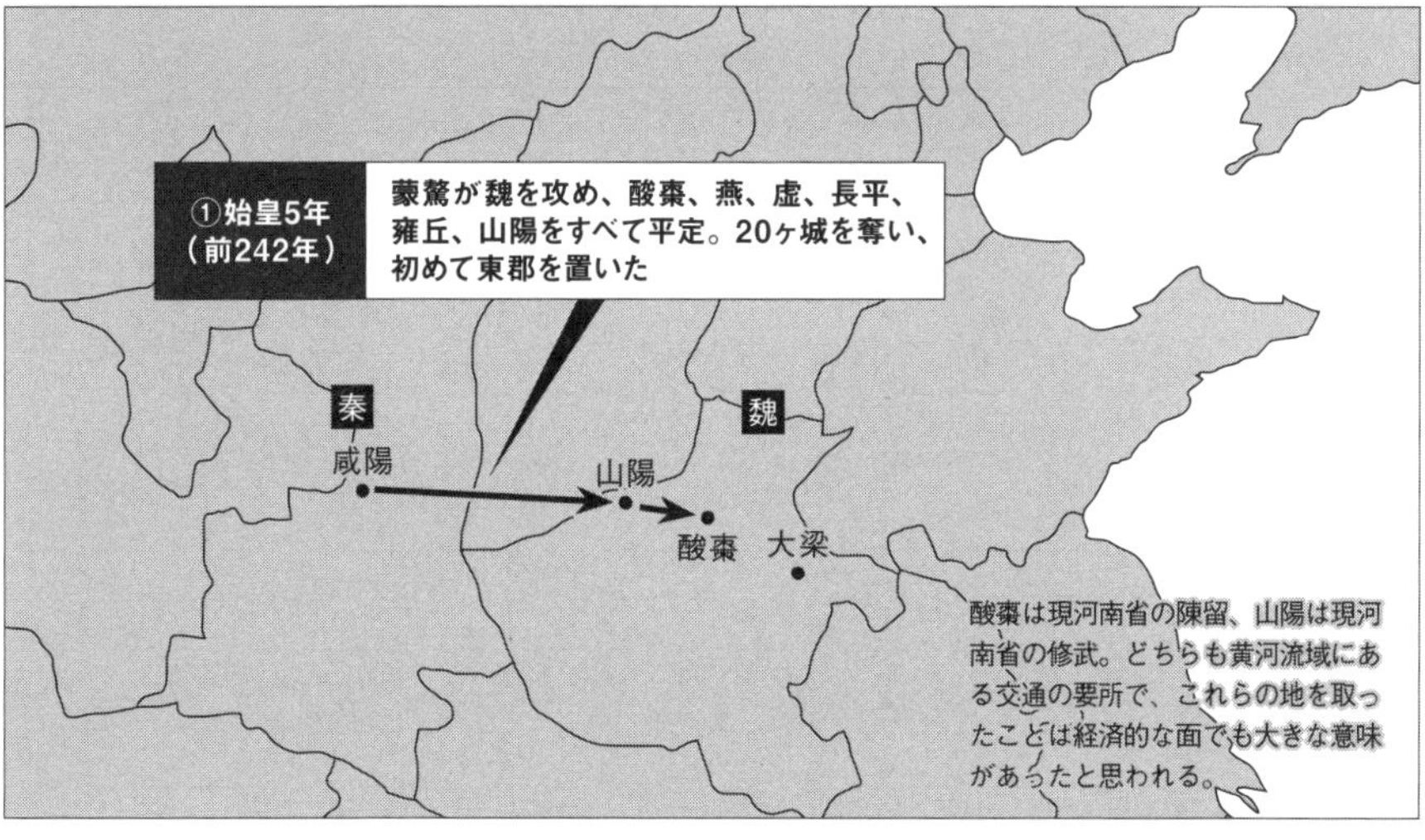

七国統一の戦い②

合従軍との戦い

・秦の防衛の要衝となっていた函谷関
・春申君率いる合従軍が襲来
・龐煖《ほうけん》率いる別働隊も同時に侵攻してきた？

数々の激闘の舞台となった天下の要害・函谷関

秦の防衛を語るうえで欠かせないのが函谷関だ。孝公（在位前381年〜338年）の時代に、東からの敵の侵入を防ぐべく王都・櫟陽《やくよう》（のちの咸陽《かんよう》）の東、黄河《こうが》と渭河《いが》が合流する地点の下流に建設。南北を山脈で挟まれた要害の地で、3層の楼閣2棟からなる巨大な関門は咸陽の東を守る防衛の要衝となっていた。

ゆえにこの地は過去にも何度も戦いの舞台となってきた。まずはこれまでに起きた函谷関をめぐる戦いを簡単に見ておこう。

函谷関での最初の大きな戦いは恵文王《けいぶんおう》7年（前318年）に起きた。楚・趙・魏・韓・燕の5ヵ国合従軍が侵攻してきたのである。合従軍を組織したのは魏の犀首《さいしゅ》（公孫衍《こうそんえん》）で、秦は恵文王の弟の樗里《ちょり》疾《しつ》が迎撃。当初は苦戦するが、韓の修魚《しゅうぎょ》にて大勝をおさめ、合従軍を撃退した。

昭襄王9年（前298年）には斉の孟嘗君《もうしょうくん》が組織した斉・韓・魏との戦いが起きている。このとき秦は合従軍に敗北。函谷関を破られるが、列国に和を求めてかろうじて難を逃れたという。また、荘襄王3年（前247年）に起きた魏・趙・韓・楚・燕の5ヵ国合従軍との戦いでも秦は敗北を喫している（詳細は38ページ）。

このように秦はたびたび6国が連合した合従軍に苦しめられてきた。6国の軍勢を同時に相手にするのは、一強となった秦といえども決して容易ではなかったのである。

連合軍を何度も迎え撃った激戦の地

■現在の函谷関

現在の函谷関は1992年に再建されたもので、当時の建物は楚漢戦争時に楚の項羽によって破壊されている。

孟嘗君（もうしょうくん）
戦国四君のひとり。多数の食客を抱えており、彼らの力を借りて、さまざまな苦難を乗り越え、斉の宰相として活躍した。

覚えておきたい故事成語

鶏《けい》鳴《めい》狗《く》盗《とう》

孟嘗君が物マネの上手いだけの者やコソ泥の力を借りて秦から脱出したという故事にちなんだ言葉。くだらないことしかできない人、そんな人でも役に立つことがあるという意味で使われる。

■過去に起きた函谷関での戦い

恵文王7年（前318年）	楚・趙・魏・韓・燕の連合軍が侵攻

魏の犀首（公孫衍ともいう）が上記の5ヵ国を合従させ秦に侵攻。函谷関を攻撃するが、樗里疾を大将とする秦軍が韓の修魚でこれを撃破した。この戦いで秦軍は首級8万2千を挙げる大勝をおさめたという。

昭襄王9年（前298年）	斉・韓・魏の連合軍が侵攻

秦で拘禁された孟嘗君は食客たちの力を借りて脱出。故国の斉で宰相となり、韓・魏と連合して秦を攻めた。秦を脱走する際、物まねの名人が鶏の鳴きまねをして他の鶏たちを鳴かせ、時間を勘違いした門番に函谷関を開けさせた故事は有名。

荘襄王3年（前247年）	信陵君率いる五カ国連合軍が侵攻

この時期の秦は蒙驁が魏の高都と汲を攻め取るなど魏への圧迫を強めていた。魏の公子である信陵君は自国を救うべく、各国をまとめて魏・趙・韓・楚・燕による合従軍を結成。蒙驁の率いる秦軍を破り、函谷関まで押し戻したのであった。

春申君を盟主とする合従軍と秦軍が函谷関で激突

始皇6年（前241年）、各国は魏の山陽城などを落とした秦の勢いを脅威とみなし、楚の春申君《しゅんしんくん》を盟主とする趙・楚・韓・魏・燕の5ヵ国合従軍を結成した。合従軍は合同して秦に侵攻。秦始皇本紀によると、春申君率いる合従軍は寿陵《じゅりょう》という地を攻め取り、秦はこれ以上の侵攻を防ぐべく兵を出したという。戦いの規模や兵数、指揮を取った武将の名前などは記されていないが、函谷関を破られれば秦が窮地に陥ることは明らかで、秦軍が総力を上げて迎撃にあたったという『キングダム』の描写は説得力があると言えよう。

一方、趙世家《ちょうせいか》では同じ年に趙の武将・龐煖《ほうけん》が趙・楚・魏・燕の4ヵ国の精兵を率いて咸陽の南に位置する蕞《さい》を攻めたとしている。どちらの記述も事実だとすれば、このとき合従軍は2方面から秦に攻め入ったことになる。蕞は咸陽にかなり近く、秦は存亡の危機に立っていたと言えるだろう。

結局、龐煖は蕞を抜くことができず、兵を返して合従に参加しなかった斉に攻め入り、饒安《じょうあん》という地を落としたという。函谷関を攻めた合従軍も秦軍に撃退され撤退。秦の攻略に失敗した春申君は楚王の信任を失い、遠ざけられることとなる。こうして秦は窮地を脱したのであった。合従軍を退けた秦軍は再び外征に乗り出し、同年に衛《えい》国に攻め入って濮陽《ぼくよう》を東郡に編入。衛の君主を野王《やおう》という地に追放した。また翌年にも魏を攻めて河南《かなん》の汲《きゅう》という地を落としている。

最大の危機を乗り越えた秦だったが、その後秦王・趙正の弟である長安君成蟜《ちょうあんくんせいきょう》の反乱、母太后《ぼたいごう》の愛人・嫪毐が起こした乱が相次いで勃発。趙正は対応に忙殺されることとなった（詳細は56、60ページ）。しかし、正はこれらの内乱をただちに鎮圧。嫪毐の乱に連座したとして相国の呂不韋も追放し、実権を手にする。そして、ここから正自身の手による覇業が始まるのである。

五カ国合従軍が函谷関を攻める

■始皇6年（前241年）の函谷関の戦いの要図

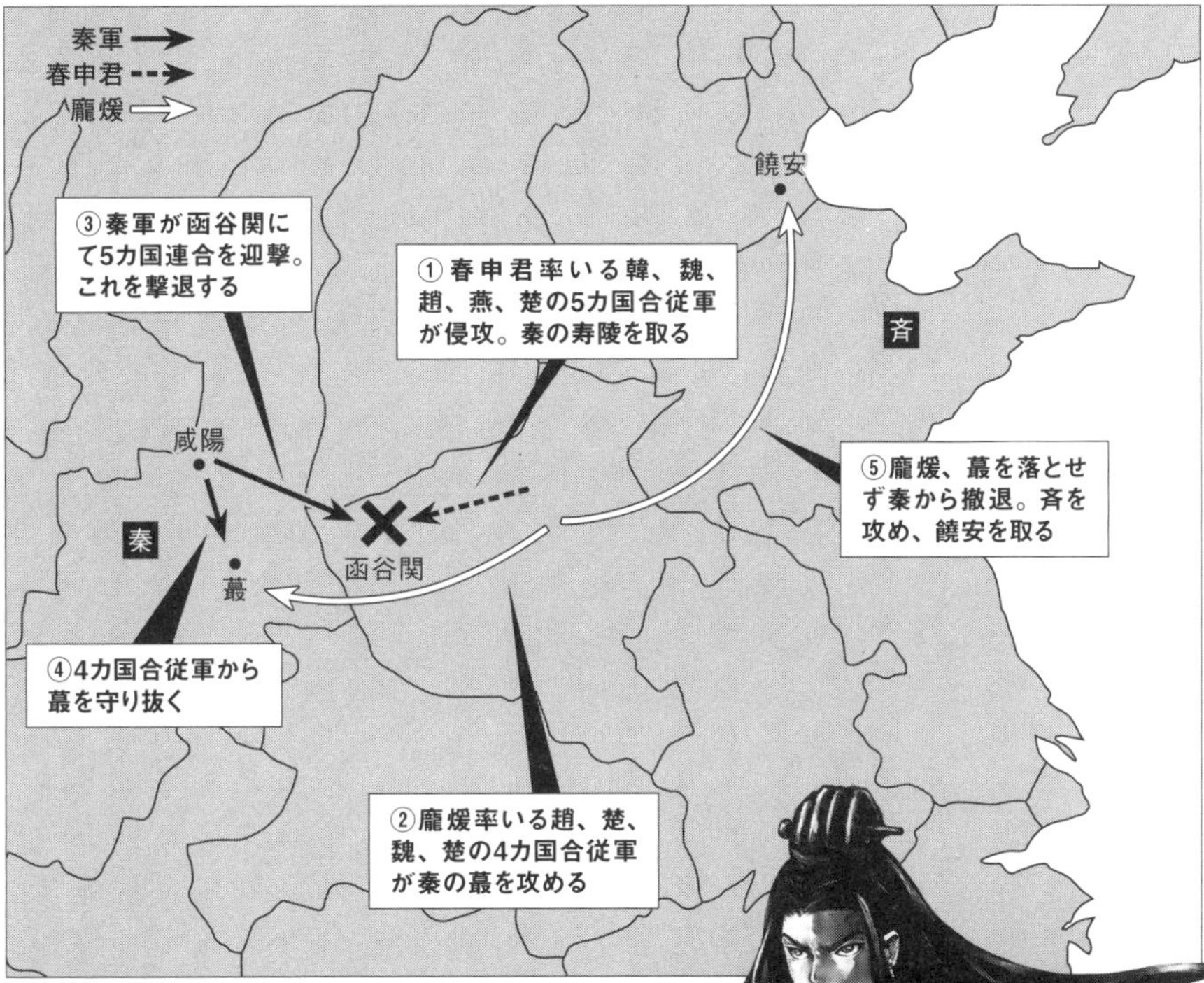

二方面作戦が行われたとすると、龐煖の率いる軍は函谷関の南を抜けてきたことになるが、はたして可能だったのだろうか。

春申君（しゅんしんくん）

戦国四君のひとりで名は黄歇。先王が死去した際、人質となっていた太子を楚に連れ戻した功績により宰相に任ぜられた。

覚えておきたい世界史

ローマがカルタゴの艦隊を破り、第一次ポエニ戦争終結

春申君率いる合従軍が秦を攻めた前241年に、ローマとカルタゴが西地中海の覇権をめぐって争ったポエニ戦争の第1回目が終結している。この戦いが始まったのは前264年で、シチリア島で起きた争いにローマとカルタゴが介入したことが発端となった。戦いは一時カルタゴが優位に立つが、海軍の活躍によりローマが勝利。シチリアを支配下におさめ属州とした。

七国統一の戦い③

王翦《おうせん》の趙侵攻

・本格的に趙の攻略に取りかかる
・邯鄲の目と鼻の先にある鄴を秦が取ることの意味
・名将王翦の巧みな手腕

王翦が趙に攻め入り重要拠点を次々に攻略

始皇11年（前236年）、秦は趙との戦いを本格化させる。長平の戦いで弱体化したとはいえ、趙はまだまだ油断のならない存在だった。

秦は趙をおびやかすべく、まず鄴という都市を攻めた。鄴は趙の都・邯鄲から目と鼻の先で、この地を取られることは、趙にとってノド元に刃を突きつけられるに等しかった。

この鄴への侵攻で主将を務めたのが名将として名高い王翦だ。王翦は桓齮、楊端和を率いて鄴に向かうが、さすがに防御が固く、なかなか落とすことができなかった。そこで王翦は、まず周辺の9城を攻略。さらに鄴攻めを副将の桓齮に任せて、自身は閼《あつ》与《よ》などの都市を落とした。

さらに王翦は一定期間軍功のない者を帰国させ、10人の兵の中から2人ずつ選抜。これらの精鋭部隊を率いて鄴を攻め立てた。そして鄴を陥落させると橑陽《ろうよう》という地も奪い、趙攻略の足がかりを得たのであった。

『史記』の白起王翦列伝によると、王翦は頻陽《ひんよう》の東郷《とうごう》という地の出身で、若い頃から兵法を好んだというが、秦に仕え始めた時期や年齢はさだかではない。ただ、鄴を攻略した際に見せた手際は練達の士というべきもので、少なくとも趙侵攻の主将を任された時点で、すでにかなりの経験を持つ武将であったことは間違いないだろう。かくして秦は趙攻略に向けて大きな一歩を踏み出すが、そこにひとりの名将が立ちはだかるのである。

歴史の表舞台に出た王翦

■王翦の趙侵攻の要図

② 王翦、別隊を率いて閼与、橑楊を攻める

③ 精鋭部隊で鄴を陥落させる

① 始皇11年（前236年）桓齮・楊端和らと鄴を攻め、9城を取る

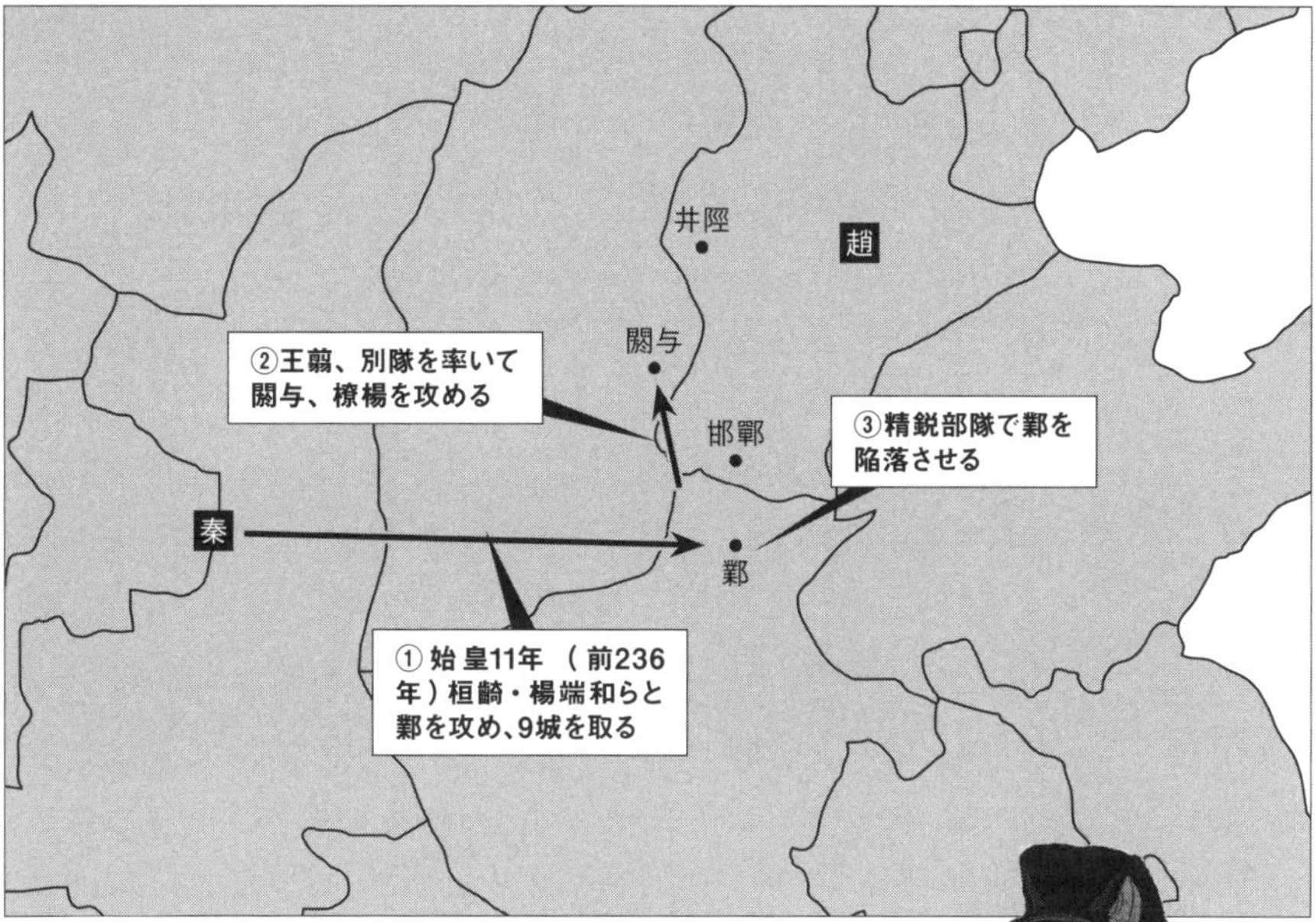

鄴は魏の都市だったが始皇8年（前239年）に趙に与えられた。秦は邯鄲に近いこの地を趙攻略の最初の標的にしたのであった。

七国統一の戦い③王翦の趙侵攻

王翦（おうせん）

秦王・趙正の覇業にもっとも貢献したとされる名将・王翦。彼はこのあとの燕、楚への侵攻でも大いに活躍することになる。

始皇帝豆知識

現在の趙・邯鄲の行政区分

50年にわたる波乱万丈の人生が、実はつかの間に見た夢だったという「邯鄲の夢」。この故事の舞台としても知られる邯鄲は、現在の北京の南西・河北省の南部に位置する。市内には趙王城、王郎城といった戦国時代の遺跡や武霊王が導入したことで知られる胡服騎射の像などがあり、当時の趙をしのぶことができる。

七国統一の戦い④

桓齮《かんき》の趙侵攻と敗北

・桓齮が趙侵攻の主将となる
・「守戦の名将」とうたわれた知将・李牧
・この戦いを最後に桓齮は歴史から姿を消す

新たに将軍となった桓齮趙侵攻の主将を任せられる

王翦の活躍によって鄴を落とした秦は、始皇13年（234年）に再び趙侵攻の兵を挙げ、平陽に攻め込んだ。このとき主将を任されたのは、先の戦いで王翦の副将を務めた桓齮であった。それだけ鄴攻略戦での働きが大きかったのだろう。秦王・趙正にとって桓齮は、これからの秦軍を担う期待の存在だったのかもしれない。

かくして桓齮は兵を率いて趙に侵攻するが、その活躍は目覚ましかった。平陽《へいよう》に攻め込み、迎撃にあたった敵将の扈輒を殺害。さらに10万の趙兵の首級を取ったのである。このとき桓齮がどのような戦い方をしたのかは分からないが、10万もの首を取るというのは尋常ではなく、趙に与えた被害は甚大なものだったと思われる。『キングダム』では味方をもあざむく機略と、勝つためには手段を選ばない非情さをあわせ持つ、底の知れない武将として描かれている桓齮だが、実際にそうした部分を持つ人物だった可能性も捨てきれない。

このように桓齮の将としての実力は確かなものがあった。同じ年の10月にまたも趙に攻め入り、翌始皇14年（前233年）に平陽と武城《ぶじょう》を平定したのである。ここまでの桓齮の戦いぶりは非の打ちどころのないもので、名将となる資質を持っていたと言えるのではないだろうか。

勢いに乗った桓齮はさらに兵を北に進め、赤麗《せきり》と宜安《ぎあん》を攻めた。だが、この地には趙の名将・李牧が待ち受けていた。

次代の秦軍を担う存在だった桓齮

桓齮は秦王・趙正が親政を開始した始皇10年(前237年)に将軍に任ぜられている。秦始皇本紀で将軍となったことが記されている者はほとんどなく、桓齮は王翦と並ぶ次代の主力と目されていたのではないだろうか。

■桓齮が趙攻めの主将になるまで

① 将軍に任ぜられる
上述のとおり桓齮は始皇10年(前237年)に将軍となっている。この年に秦王・趙正は相国の呂不韋を追放して実権を掌握。また、逐客令が出されるが李斯の進言で撤回されている。

② 王翦の副将として趙攻略に参加
始皇11年(前237年)に王翦、楊端和とともに鄴に侵攻。主将は王翦で桓齮は副将をつとめた。このとき王翦が一隊を率いて閼与などを攻めている間、桓齮は鄴の攻略を任せられている。

③ 将として鄴と橑楊を攻め落とす
王翦らとともに鄴と橑楊を攻め、ついにこれらを落とした。秦始皇本紀は「桓齮が将として鄴と橑楊を取った」としており、それだけ彼の活躍が目覚ましかったのではないかと思われる。

桓齮(かんき)
趙攻略で主将を任された桓齮だが、その前半生は謎に包まれており、出身地も秦に仕えることになった経緯も不明だ。

七国統一の戦い④ 桓齮の趙侵攻と敗北

■始皇13年(前234年)の趙侵攻の要図

桓齮は趙の平陽を攻め、敵将・扈輒を撃破。首級10万を取る

桓齮はこの戦いで敵将の扈輒を殺し、さらに10万もの首級を上げたとされる。『キングダム』で描かれているように非情かつ残酷な一面を持つ将だったのだろうか。

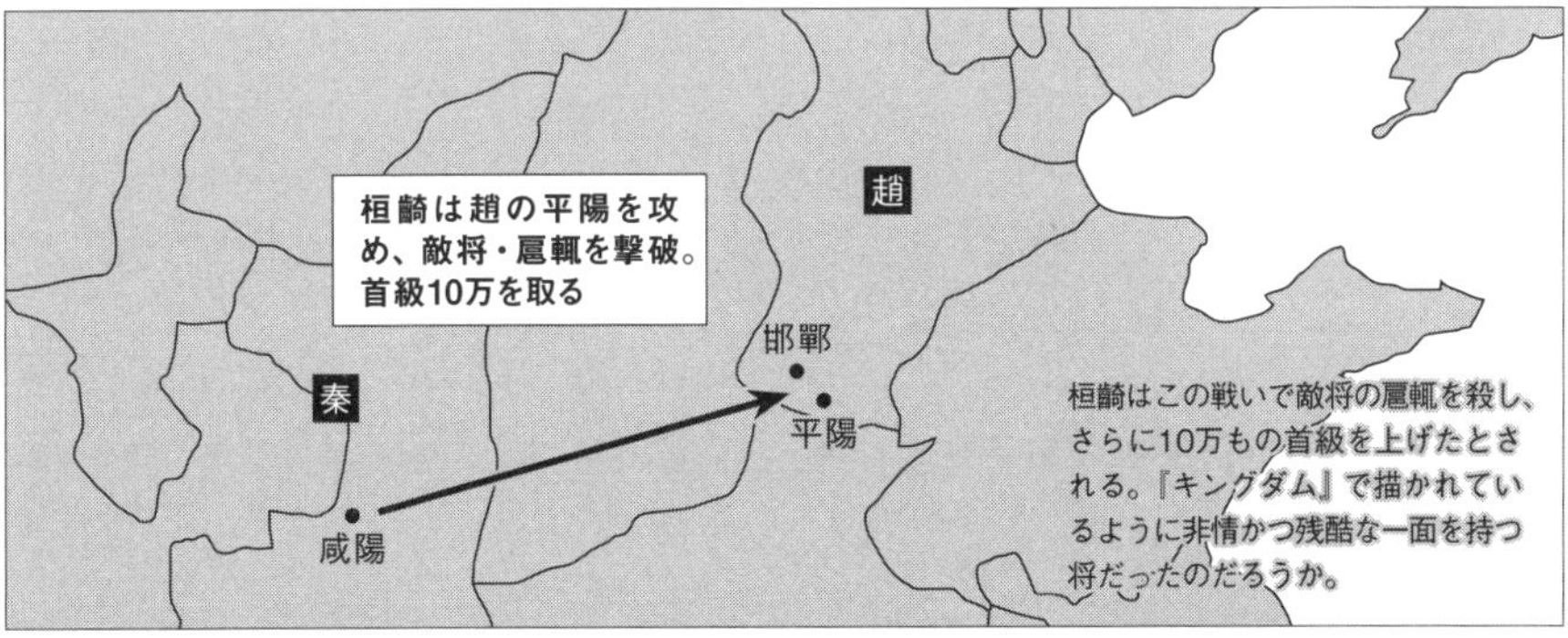

破竹の勢いの桓齮を 名将・李牧率いる趙軍が破る

李牧はもともと趙の北方で騎馬民族の匈奴に対する防衛を任されていた。無駄な戦いは避けるべきとする合理的な考えの持ち主で、対匈奴戦でも防衛第一を徹底。間諜を多くはなつなどして情報を集める一方、兵たちに勝手に討って出ることを禁じた。

こうした姿勢から卑怯者と思われ、一度は趙王に罷免されるが、匈奴による趙の被害が甚大化したため再任。敗走を装って敵兵を誘い込むという計略を用いて、趙に攻め入った匈奴10万人余を討ち取るという大勝をおさめた。以降、匈奴は趙の周辺にはまったく近づかなくなったという。さらに李牧は始皇４年（前２４３年）に燕侵攻の将を任され、武《ぶ》遂《すい》・方城《ほうじょう》といった地を奪取。これらの功績が認められて中央に復帰したのであった。

話を桓齮との戦いに戻そう。宜安を攻めた桓齮率いる秦軍を李牧は肥下《ひか》という地で迎撃。秦軍を散々に打ち破り、桓齮を敗走させたのである。ちなみに戦国策では「殺秦将桓齮」、つまりこの戦いの際に桓齮を殺したとしているが、『史記』の廉頗藺相如《れんぱりんしょうじょ》列伝《れつでん》では「敗走させた」、趙世家では「退けた」とのみ書かれており、その生死は不明となっている。

戦後、李牧はこの戦いの功績により武安君《ぶあんくん》に封じられた。そして、その後も秦軍の前に立ちはだかり、彼らを悩ませることになる。まさに機略縦横の知将で、『史記』の著者である司馬遷《しばせん》も「守戦の名将」と称賛している。

一方、桓齮はこの戦いを最後に完全に歴史から姿を消す。そして燕に亡命し、秦王暗殺未遂事件に関わったことで知られる樊於期となったという俗説が生まれたのは紹介したとおりだ（87ページ参照）。桓齮が敗北した次の年に秦王暗殺計画を主導した太子丹が燕に帰国しており、樊於期が歴史に登場する時期とほぼ一致することから、こうした説が生まれたのだろう。秦王暗殺計画において、樊於期がどのような働きをしたのかは１１６ページで解説する。

七国統一の戦い④桓齮の趙侵攻と敗北

桓齮、宜安にて李牧率いる趙軍と激突

■始皇14年（前233年）の趙侵攻の要図

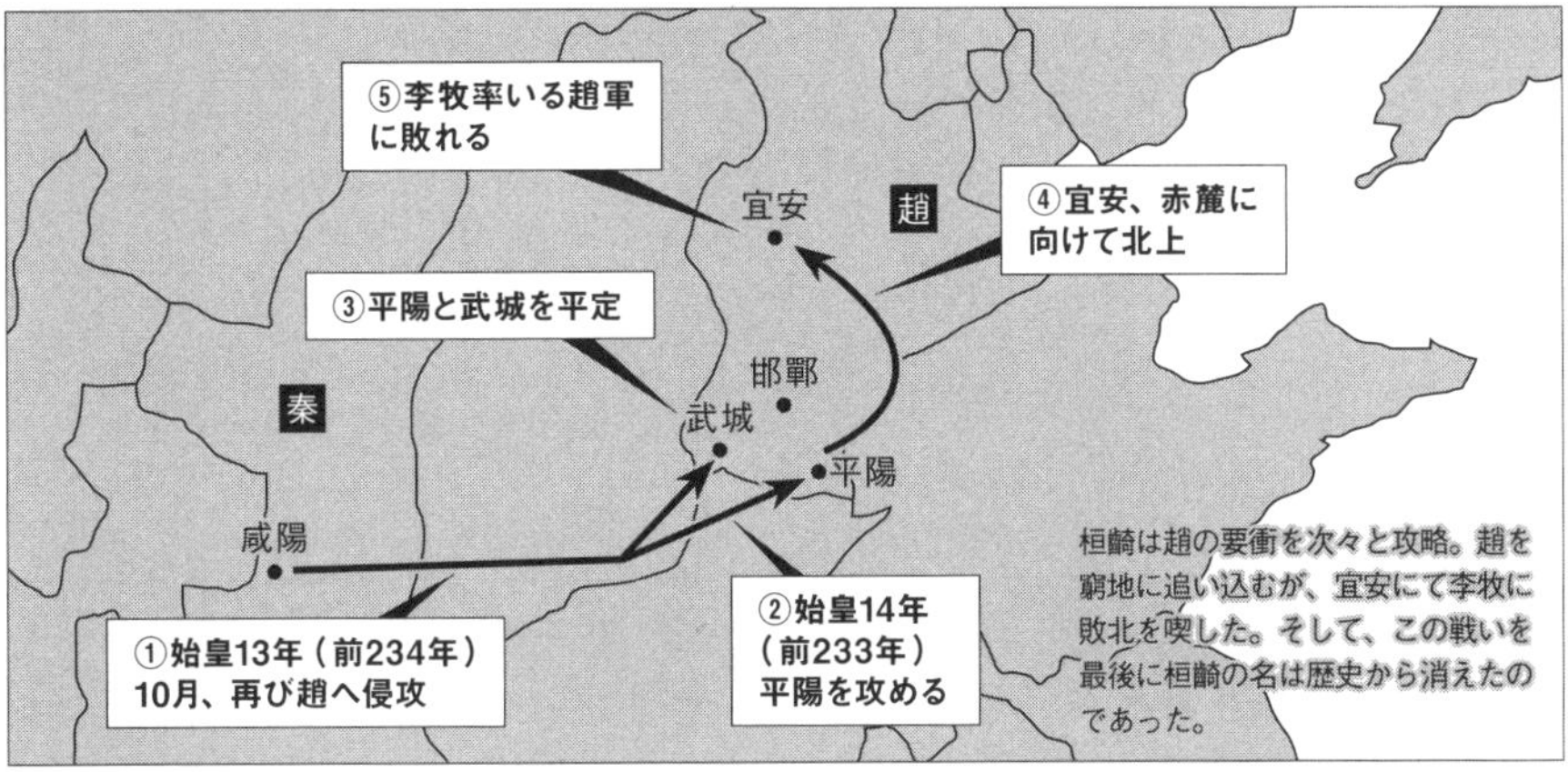
⑤李牧率いる趙軍に敗れる
宜安
趙
④宜安、赤麓に向けて北上
③平陽と武城を平定
邯鄲
秦
武城
平陽
咸陽
①始皇13年（前234年）10月、再び趙へ侵攻
②始皇14年（前233年）平陽を攻める
桓齮は趙の要衝を次々と攻略。趙を窮地に追い込むが、宜安にて李牧に敗北を喫した。そして、この戦いを最後に桓齮の名は歴史から消えたのであった。

秦を苦しめたそのほかの趙の名将たち

領土的には大国とはいえない趙だが、軍事力は決して秦に引けを取ってはいなかった。藺相如、廉頗など李牧以外にもキラ星のごとき政治家・武将を多数輩出しており、六国の中でもっとも秦を悩ませた存在であった。

趙奢（ちょうしゃ）
藺相如、廉頗とともに恵文王に仕えた武将。閼与の戦いで秦軍に大勝したことで知られる。

龐煖（ほうけん）
前241年に燕の劇辛を撃破。翌年に起きた秦との戦いでは4ヵ国による合従軍を指揮した。

司馬尚（しばしょう）
王翦率いる秦軍を李牧とともに迎え撃つが、佞臣郭開の讒言により逃亡を余儀なくされた。

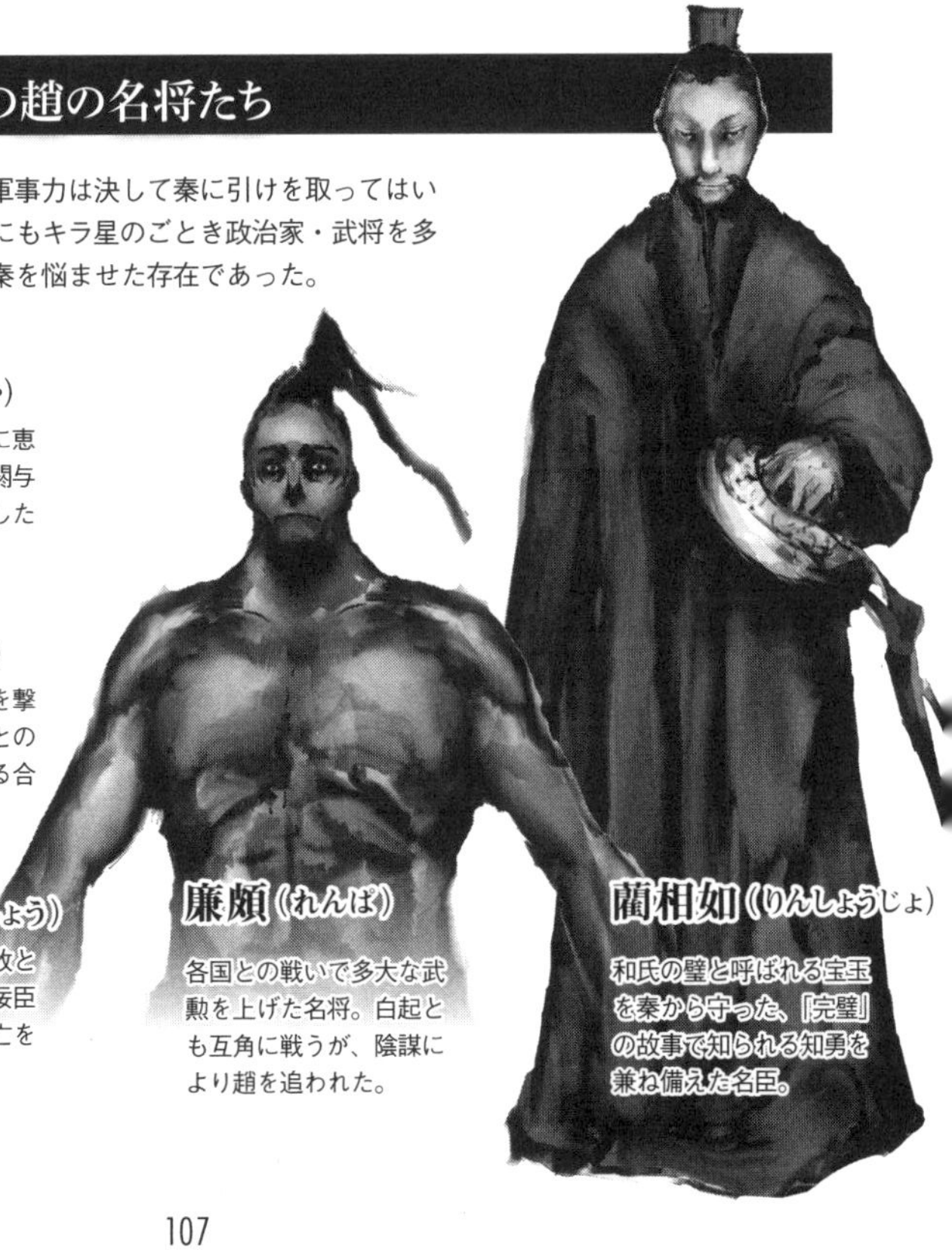

廉頗（れんぱ）
各国との戦いで多大な武勲を上げた名将。白起とも互角に戦うが、陰謀により趙を追われた。

藺相如（りんしょうじょ）
和氏の璧と呼ばれる宝玉を秦から守った、「完璧」の故事で知られる知勇を兼ね備えた名臣。

韓への侵攻と滅亡

・魏、趙とともに晋から独立した新興国
・建国以降、秦の脅威にさらされ続ける
・戦国七雄の中で最初に滅亡

趙、魏とともに独立するが秦の脅威にさらされ続ける

三晋のひとつに数えられる韓は春秋時代に大国として君臨した晋《しん》の公族を祖としていて、韓原《かんげん》という地に封じられたことから韓氏を称したとされる。その後、六卿《りくけい》と呼ばれる晋の有力氏族のひとつとなり、晋国内で勢力を振るうようになった。

やがて六卿同士の権力闘争が激化し、まず中行《ちゅうこう》氏と苑《えん》氏を国外に追放。さらに最大勢力を誇る智《ち》氏を趙氏、魏氏とともに滅ぼし、前４５３年に残る２氏とともに晋を３つに分割した。そして前４０３年に周王室より趙、魏とともに正式に諸侯と認められ、完全な独立国となったのである。いわば韓、魏、趙の３氏で主家の晋を乗っ取ったわけで、これが戦国時代の始まりとされている。

かくして下剋上を成し遂げた韓だったが、戦国七雄の中では最弱であった。名宰相として名高い申不害《しんふがい》の采配により国内が安定した時期もあったが、前３３７年に申不害が死去すると秦の圧力に押されるようになる。

宣恵王《せんけいおう》（前３３３～３１２年在位）の時代になると秦の攻勢はさらに強まり、前３１４年に国都にほど近い岸門《かんもん》を攻め破られ、太子を人質に差し出して講和。前３０７年にも西方の大都市である宜陽《ぎよう》を落とされ、６万人が斬首となっている。前２９３年には魏と組んで伊闕にて秦に戦いを挑むが、白起の前に大敗。秦はさらに東方へと勢力を伸ばし、その攻勢に韓はさらされ続けた。

そして前２６３年、白起が南陽に攻め込み、韓の

韓の歴史と秦との関わり

■三晋成立の流れ

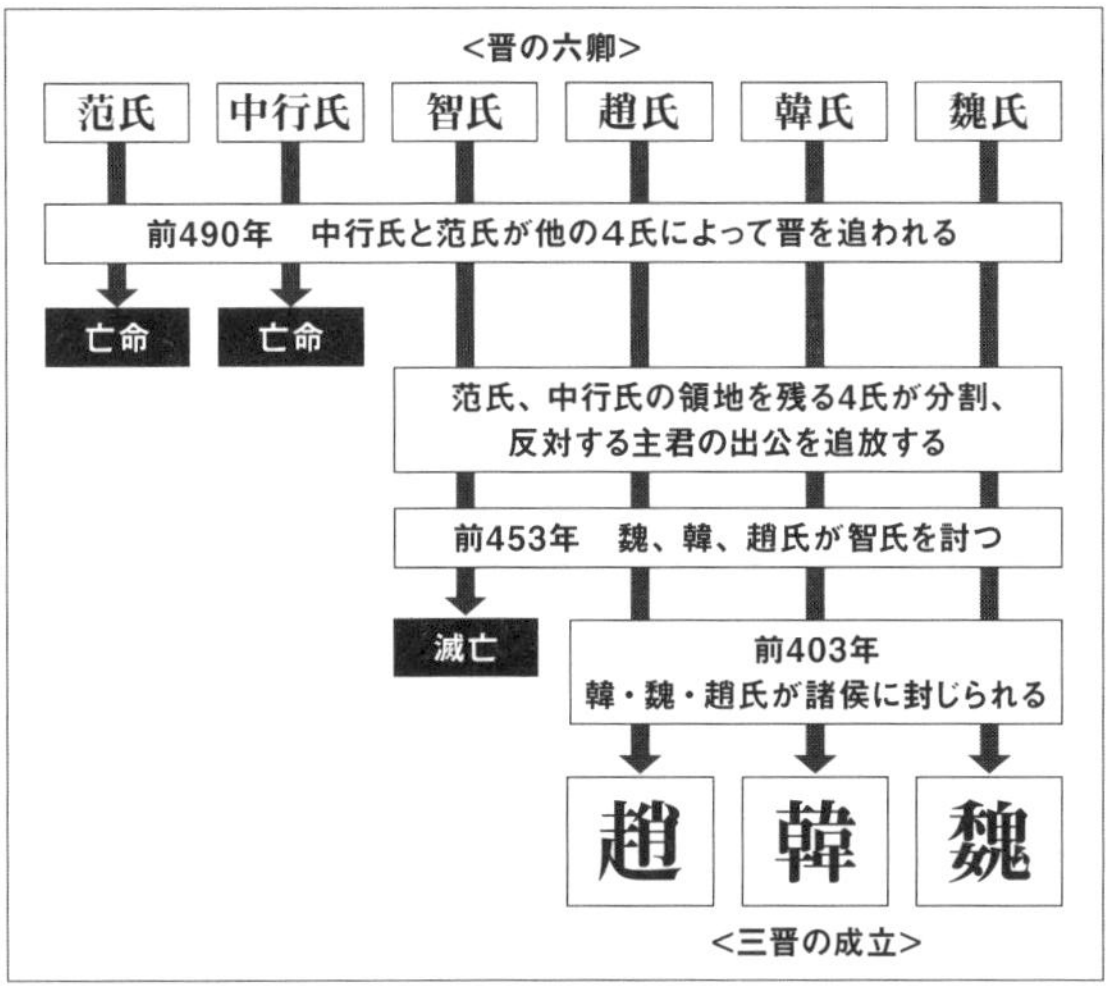

■韓の領域（前3世紀頃）

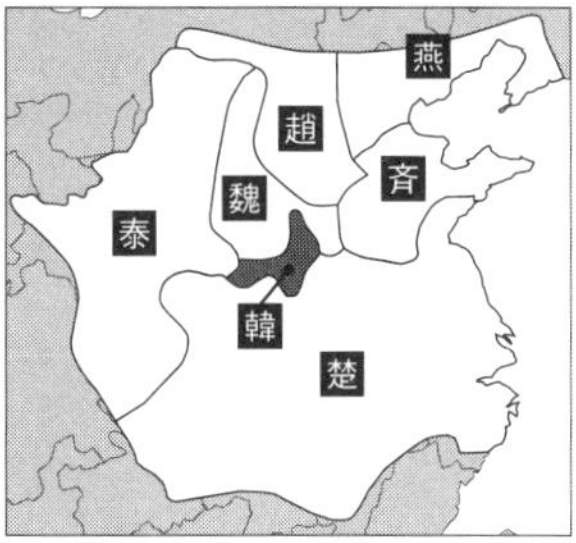

晋の六卿は国君を傀儡として権力を掌握。六卿同士の内部闘争に勝利した韓氏、魏氏、趙氏が晋を三分した。これを三晋の成立という。

覚えておきたい故事成語

士は己を知る者の為に死す

自分の価値を知る人のためなら命を投げうつという意味。六卿同士の抗争で智伯《ちはく》が趙襄子《ちょうじょうし》に滅ぼされた際、智伯に仕えていた豫譲《よじょう》が主君に報いるべく、この言葉を発した。

■韓の略年譜

前573年	韓厥が六卿となる
前453年	韓虎が趙氏、魏氏とともに智氏を滅ぼす
前403年	韓の景侯が魏、趙とともに周王室より諸侯に列せられる
前375年	哀侯が鄭を滅ぼし、新鄭に遷都
前355年	申不害が宰相となり、国内に安定をもたらす
前318年	魏、趙、楚、燕と合従して秦を攻めるが敗れる
前314年	秦に大敗し、太子を人質に差し出す
前307年	秦に宜陽を攻め取られる
前298年	斉、魏とともに秦を破り、函谷関にいたる
前293年	魏と連合し、秦の白起と伊闕で戦うが敗れる
前284年	楽毅が主導した五カ国連合軍に参加し、斉を攻める
前263年	白起に南陽を攻められ、北方の上党郡を失う
前247年	信陵君率いる5カ国連合軍に参加、河外で秦を破る
前241年	春申君率いる5カ国連合軍に参加、秦の函谷関を攻めるが敗れる
前233年	韓王安、韓非を使者として秦に派遣する
前231年	南陽を秦に割譲
前230年	内史騰率いる秦軍によって攻め滅ぼされる

※グレーの部分は秦と関わった出来事

韓は昭侯（前358～333年在位）の時代より秦に領土を浸食され続けてきた。

北方の領土である上党郡《じょうとうぐん》が孤立。これが長平の戦いの契機となり、韓は上党をも失うこととなった。その後も新鄭の周辺の都市を秦に奪われ続け、秦王・趙正が六国への侵攻を開始する頃には、国都のみをかろうじて維持している状態となっていた。すでに韓は滅亡寸前まで追い込まれていた。

中華統一を目指す秦の最初との標的となる

始皇10年（２３７年）、実権を握った秦王・趙正が「まず韓を取るべき」という李斯の進言を受け、韓を屈服させるべく動きだす。韓王安は事態を打開すべく、公族の韓非を使者として秦に派遣するが、韓非は同門の李斯の謀略にかかって投獄され自殺（詳細は82ページ）。完全な手詰まりとなってしまう。韓王安《ていこくきょ》はどうにか秦をなだめようと南陽の地を献上するが、もはや焼け石に水であった。

また、この時期に秦は鄭国渠と呼ばれる巨大な感概水路を建設しているが（詳細は68ページ）、この工事を主導した鄭国《ていこく》は韓出身で、一説によると間諜として秦に入り込んだとされる。大規模な事業を行わせて秦の国力を削ごうとしたとも言われるが、完成した鄭国渠は秦をさらに豊かな国にするという皮肉な結果となった。

始皇17年（前２３０年）、秦の内史騰が韓に侵攻。内史騰は魏の都・新鄭を落とし、韓王安を捕虜とした。そして、この地を潁川《えいせん》と改めて秦の統治下に置いたのである。こうして韓は七雄の中で最初に滅亡したのであった。その後、新鄭で反乱が起きるが、秦はこれをただちに鎮圧。韓王安は別の地に遷され、そこで死去したという。

ちなみに劉邦を補佐した三傑のひとりとして名高い張良《ちょうりょう》は韓の宰相を務めた家柄の出で、生国を滅ぼされた恨みから、のちに始皇帝暗殺を企てている。その後、反秦の兵を挙げた劉邦《りゅうほう》の軍師となるが、彼の韓への忠誠心は失われず、韓を再興するべく項梁《こうりょう》や劉邦に働きかけるなど最後まで故国に尽くした。

秦との和睦を模索するがかなわず

■韓非を使者として秦に向かわせる

秦への使者となった韓非は韓の延命を秦王に訴えようとするが、同門の李斯によって自殺を強いられる。

韓への侵攻と滅亡

秦　秦王・趙正
韓の討伐を命じる
影響を受ける
使者として謁見
内史騰
李斯
死に追い込む
韓へ侵攻、韓王安を捕虜とする
韓　韓王安（かんおうあん）
和睦の使者として秦へ派遣
韓非（かんぴ）

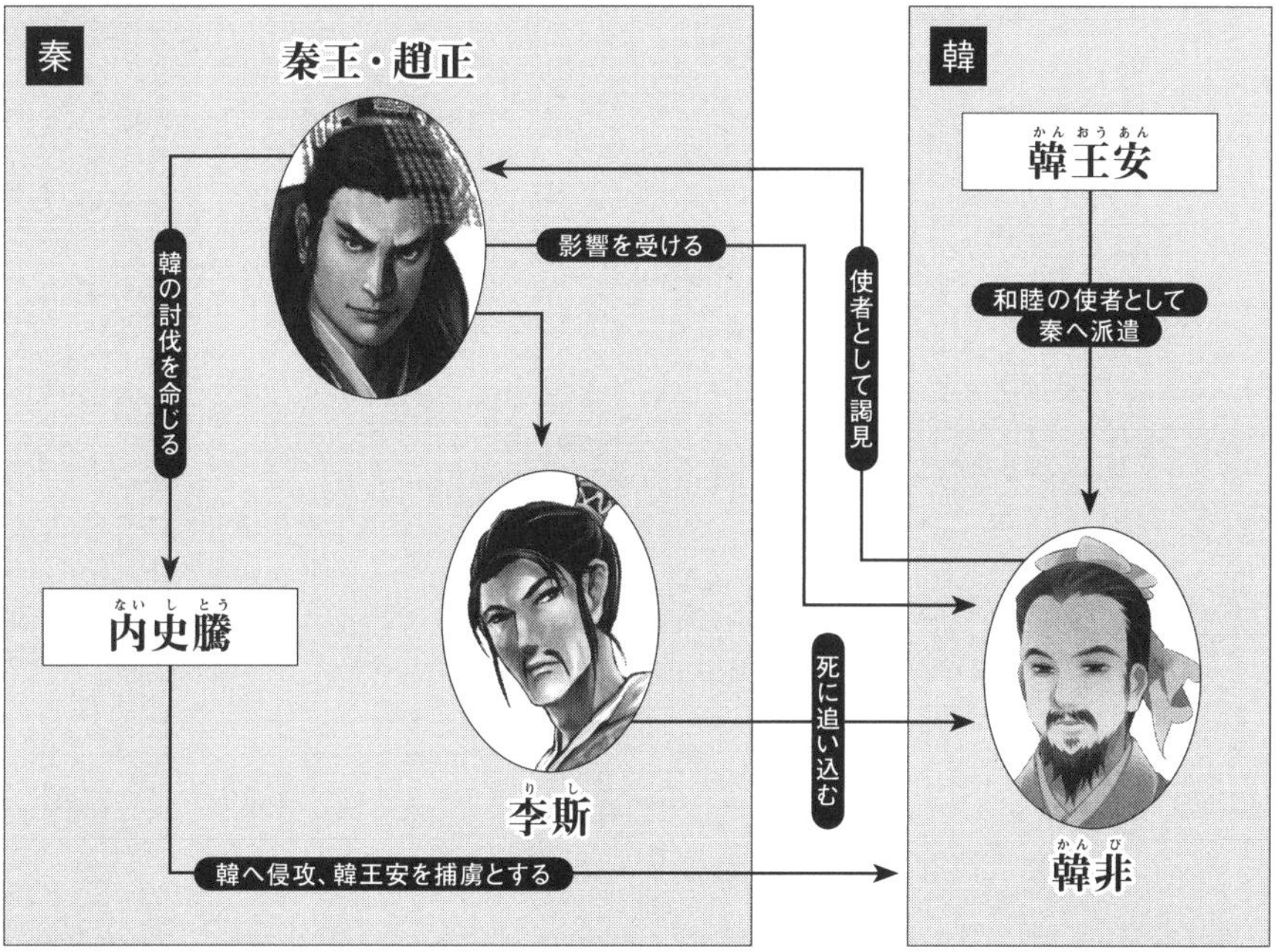

秦への復讐と韓の復興に尽くした張良

■韓滅亡後の張良の行動

張良は故国を滅ぼした始皇帝を激しく憎悪。彼の命を狙う一方、韓の再興のために尽くした。

張良（ちょうりょう）
劉邦の覇業を助けた神算鬼謀の名軍師として名高い。劉邦と項羽が争った楚漢戦争において数々の献策を行い、劉邦に天下を取らせた。

暗殺未遂 → 始皇帝
軍師として仕える → 劉邦
韓王として擁立

韓王成（かんおうせい）
張良が韓王として擁立した元韓の公族。項羽の不興を買い彭城で処刑された。

韓王信（かんおうしん）
韓王成のおい。劉邦のもとで楚漢戦争を戦い、韓王に封じられた。

趙への侵攻と滅亡

・趙を改革した武霊王《ぶれいおう》
・斜陽の趙を支えた李牧の抵抗
・正が自ら邯鄲に赴き、自身と母の仇敵を穴埋めに

秦と幾多の激闘を繰り広げた軍事強国

趙の王族は春秋五覇のひとりとして知られる晋の文公《ぶんこう》を支えた趙衰《ちょうすい》や趙盾《ちょうとん》などを輩出した一族として知られる。政争に巻き込まれて一時没落するが、有力氏族である六卿のひとつとなり熾烈な内部抗争に勝利。前403年に韓、魏とともに諸侯となった（詳細は109ページ）。

魏に首都の邯鄲を落とされるなど、当初はさほど強国ではなかったが、そんな趙を変えたのが武霊王《ぶれいおう》（前325～299年在位）だった。彼は北方の遊牧民族の戦闘法を大胆に取り入れた「胡服騎射《こふくきしゃ》」と呼ばれる軍制を導入。精強な騎馬部隊を創設し、前296年に中山国《ちゅうざんこく》を併合するなど目覚ましい戦果を上げたのであった。こうして実力を蓄えた趙は、やがて強大化した秦と幾多の死闘を繰り広げることになる。

東方に進出してきた秦の前に立ちはだかったのが名将として名高い藺相如《りんしょうじょ》だ。彼は秦を相手に名宝・和氏《かし》の璧《へき》を守り切り、秦との会談の席でも昭襄王との舌戦を制するなど外交戦で趙の威を示した。さらに藺相如との刎頸《ふんけい》の交わりで知られる猛将・廉頗《れんぱ》が活躍。趙奢《ちょうしゃ》も閼与《あつよ》の戦いで秦軍に勝利するなど秦の行く手を阻み続けた。

だが、前260年に起きた長平の戦いで趙は白起の率いる秦軍に大敗。これにより秦の優位は揺るぎないものとなった。さらに藺相如が病死し、廉頗も王の不興を買って亡命。趙は完全に弱体化し、同時に秦の攻勢にさらされることとなる。

趙の歴史と秦との関わり

胡服騎射（こふくきしゃ）

武霊王が行った軍事改革。動きやすい遊牧民の衣服を着て、馬上から弓で射る騎馬部隊を導入することにより、趙の軍事力は大幅に強化された。

■趙の領域（前3世紀頃）

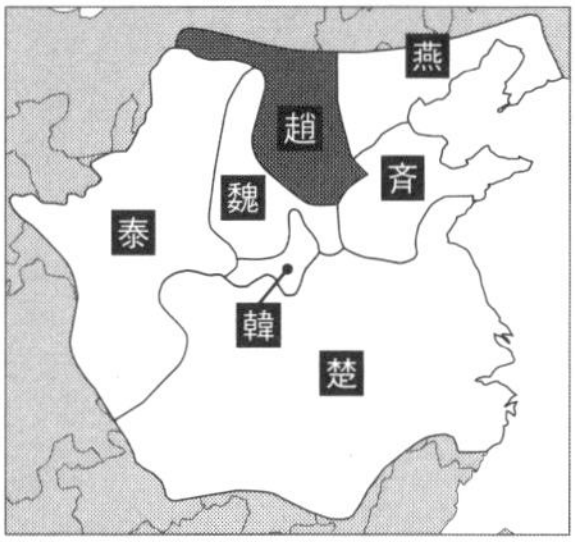

武霊王（ぶれいおう）

趙を軍事大国化した英邁な君主。中山を併合するなど北方に勢力を伸ばすが、息子たちに裏切られて悲惨な最期を遂げた。

覚えておきたい故事成語

刎頸《ふんけい》の交わり

当初、廉頗は藺相如を口だけの男と嫌っていた。だが、ふたりが争うことは趙を危うくするという藺相如の真意を知って謝罪。互いに相手のためなら首をはねられてもよいとするほどの固い友情を結んだという。

■趙の略年譜

前403年	韓、魏とともに周王室より諸侯に列せられる
前386年	趙が邯鄲に遷都
前353年	魏に邯鄲を落とされるが、斉に助けられる
前318年	魏、韓、楚、燕と合従して秦を攻めるが敗れる
前307年	武霊王が胡服騎射を採用
前296年	中山を併合する
前284年	楽毅の5カ国連合軍に参加し、斉を攻める
前283年	藺相如が秦への使者として立ち、和氏の璧を守って帰国
前279年	藺相如と廉頗が刎頸の交わりを結ぶ
前273年	魏とともに韓を攻めるが、華陽で秦の白起に敗れる
前270年	趙奢が閼与で秦軍を破る
前260年	長平で白起率いる秦軍に大敗を喫する
前258年	秦に邯鄲を囲まれる
前257年	信陵君の助けにより秦による邯鄲の包囲が解かれる
前251年	廉頗が趙に侵攻してきた燕軍を破る
前247年	信陵君率いる5カ国連合軍に参加。河外で秦を破る
前241年	春申君率いる5カ国連合軍に参加。秦の函谷関を攻めるが敗れる
前233年	李牧が桓齮率いる秦軍を破る
前232年	李牧が番吾に侵攻した秦軍を破る
前228年	秦の王翦らに邯鄲を攻められ滅亡

※グレーの部分は秦と関わった出来事

趙は秦の侵攻を何度も退けており、それだけに長平での大敗が悔やまれる。

李牧の活躍もむなしく秦軍の前に屈する

この斜陽化した趙を支えたのが名将・李牧である。すでに述べたとおり、李牧は北方の防備に当たっていたが、対匈奴戦で奇計を用いて勝利。この武功により中央に呼び戻され、対秦戦の将を任されることとなった。

　秦はこの李牧に何度も苦杯をなめさせられている。始皇14年（前２３３年）に桓齮を主将とする軍が、宜安にて李牧率いる趙軍に敗北したのはすでに述べたとおりだが（詳細は１０４ページ）、その翌年に秦はまたも大軍をもって趙に侵攻。一軍は鄴に向かい、もう一軍は太原《たいげん》を攻めて狼孟《ろうもう》を落とすなど、二方面から激しく趙を攻め立てた。さらに秦軍は北の番吾《はんご》を攻めるが、再び李牧の率いる趙軍に敗北。南から攻め入った韓と魏の兵も防がれたとあり、秦の完敗であったと見ていいだろう。

　それでも秦は趙侵攻の手を緩めなかった。始皇18年（前２２９年）、王翦を主将とする秦軍は北上して井陘《せいけい》という地を攻略。同時に楊端和が邯鄲を囲み、羌瘣が代《だい》を攻めるが、またも李牧が司馬尚《しばしょう》とともに彼らの前に立ちはだかったのである。恐らく王翦たちはかなり手を焼いたのだろう。ついに秦は趙の幽《ゆう》繆王《ぼくおう》の寵臣・郭開《かくかい》に賄賂を送り、王と李牧らとの離間を計った。この陰謀は成功し、幽繆王は李牧を罷免。命令を拒否した李牧は誅殺され、司馬尚も左遷されたのであった

　李牧のいない趙はもはや秦の敵ではなかった。始皇19年（前２２８年）、王翦と羌瘣は趙の地をことごとく平定し、幽繆王を捕虜とした。李牧の死から、わずか3カ月後のことだった。趙を制圧したのち、秦王・趙正は自ら邯鄲に赴き、人質時代に自分と母を虐げた者たちを捕え、すべて穴埋めに処したという。

　かくして趙は滅んだが、公子の嘉《か》が北方の代に逃亡。代王となり、燕とともに秦への抵抗を続けた。代王のその後については１３５ページで解説する。

秦の趙侵攻と李牧の抵抗

■始皇帝15年（前232年）の秦軍の趙攻略要図

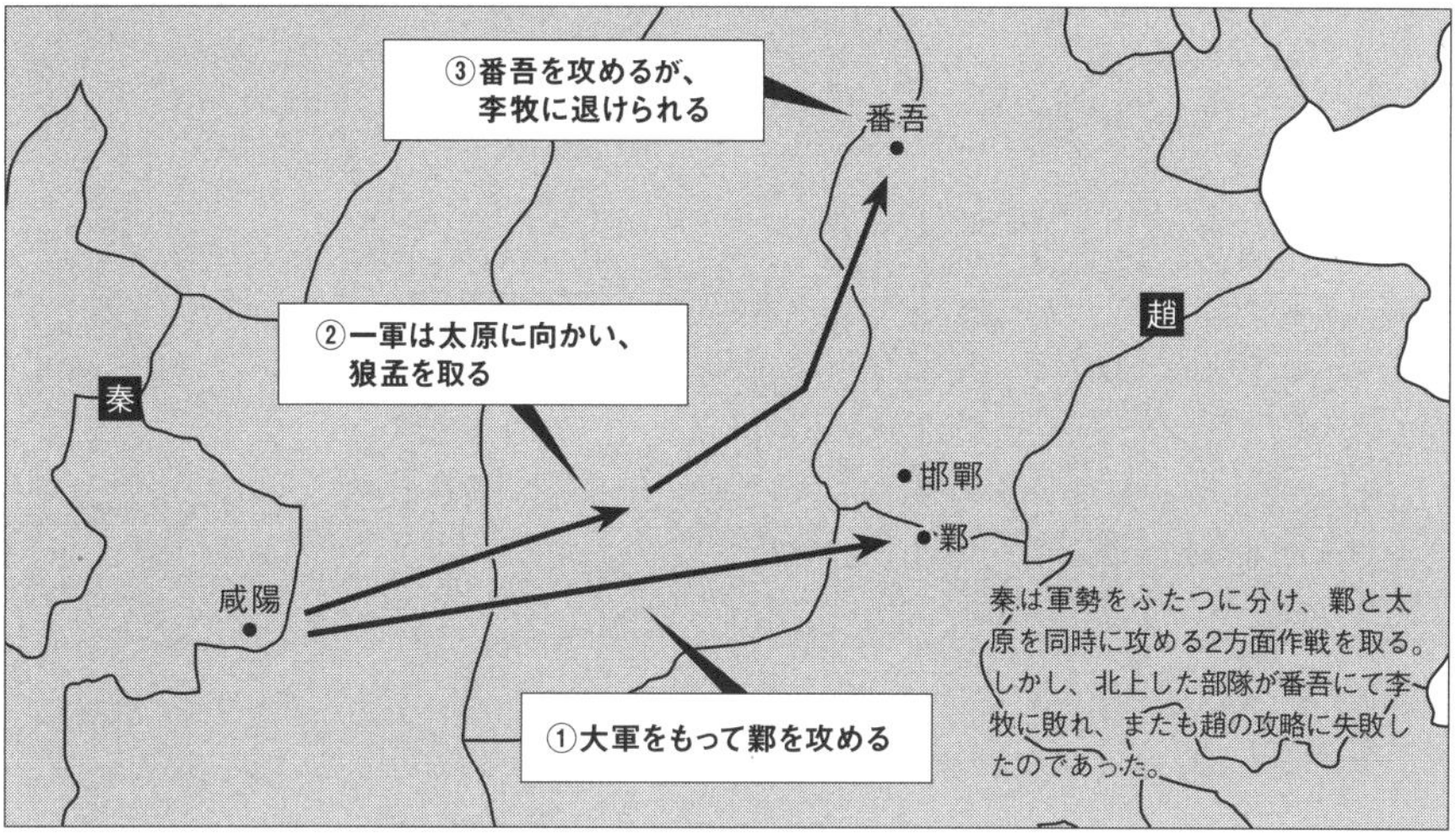

■始皇帝18、19年（前229、228年）の秦軍の趙攻略要図

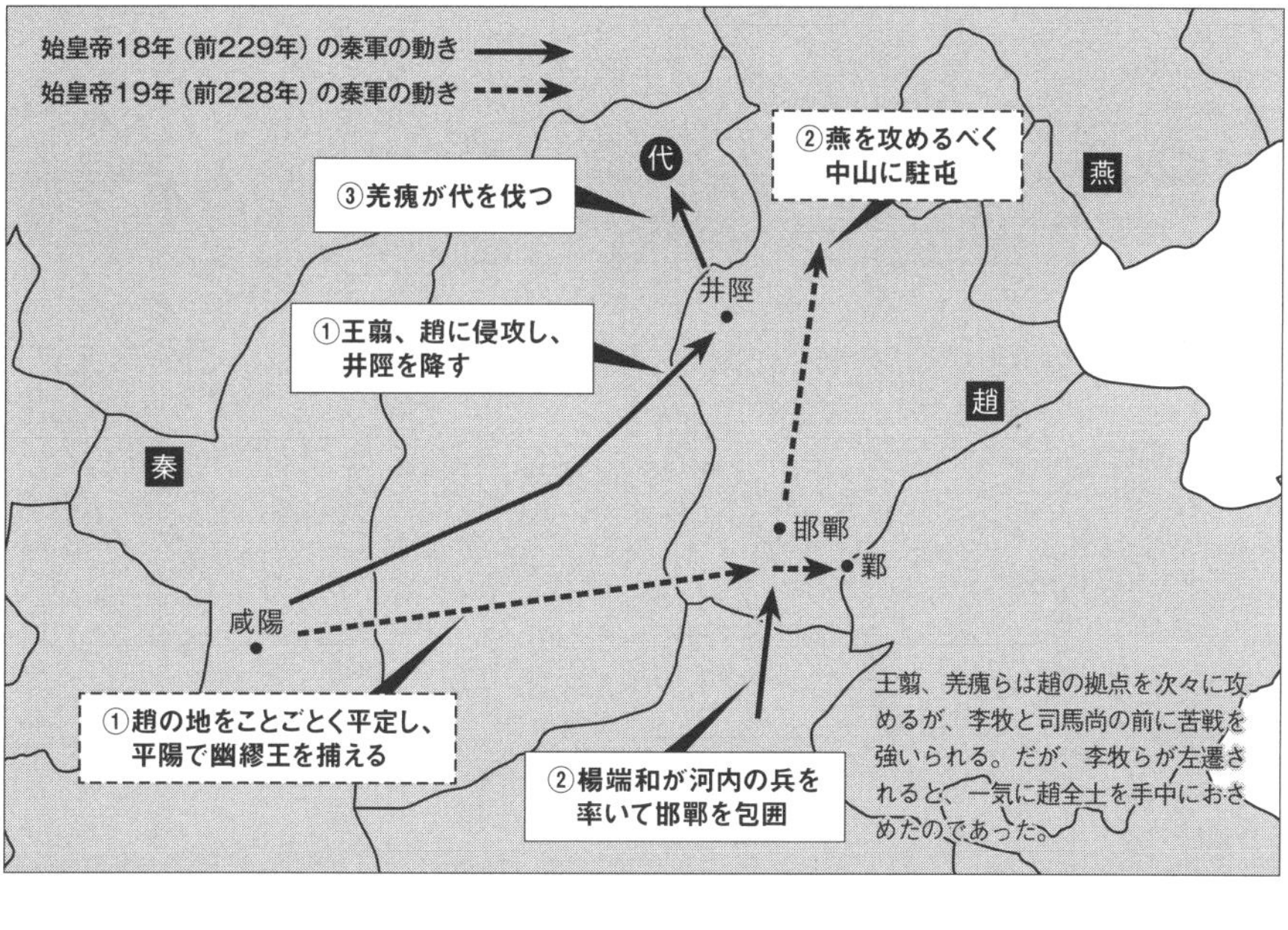

秦王暗殺計画

- 恨みに端を発した暗殺計画
- 荊軻《けいか》の行動から浮かび上がる外交家としての一面
- 荊軻らの真の目的は暗殺ではなく脅迫？

秦の脅威にさらされた燕が秦王・趙正の暗殺を目論む

始皇20年（前227年）、中華統一の道を突き進む秦王・趙正を最大の危機が襲った。荊軻《けいか》による暗殺未遂事件が起きたのでである。首謀者となったのは燕の太子丹だ。丹と秦王・趙正は幼少時代、ともに邯鄲で人質として過ごした旧友だった。だが、丹が秦への人質として差し出された際、正は彼に冷たくあたったという。丹は正の自分への態度を憎んだ。

帰国した丹は正への恨みを晴らし、秦の燕への侵攻を防ぐべく秦王暗殺計画を練った。そして、その刺客として選ばれたのが荊軻であった。

刺客となることを引き受けた荊軻だったが、秦王に近づくのは容易ではない。そこで彼は肥沃な地である督亢《とうごう》の地図と秦から亡命してきた武将・樊於期の首を所望した。これらを手土産にすれば、正との面会がかなえられると考えたのだ。樊於期は秦王への復讐のため、荊軻の要求を聞き入れ、自ら首をはねた。この樊於期が李牧に敗れた桓齮ではないかと言われている人物である。

暗殺の準備を整えた荊軻は喪服を着た人たちに見送られ、秦へと向かった。このとき荊軻が自身の悲壮な決意を詠った「風蕭々として易水《えきすい》寒し、壮士ひとたび去ってまた還らず」という詩句は非常によく知られている。

このように『史記』の刺客列伝は荊軻を英雄的な刺客として描いている。だが、彼の燕にいたるまでの行動をたどると、ただの暗殺者ではない、外交家・知識人の横顔が見えてくるのだ。

燕の秦王暗殺計画に関わったおもな人たち

■始皇帝暗殺未遂事件の人物相関図

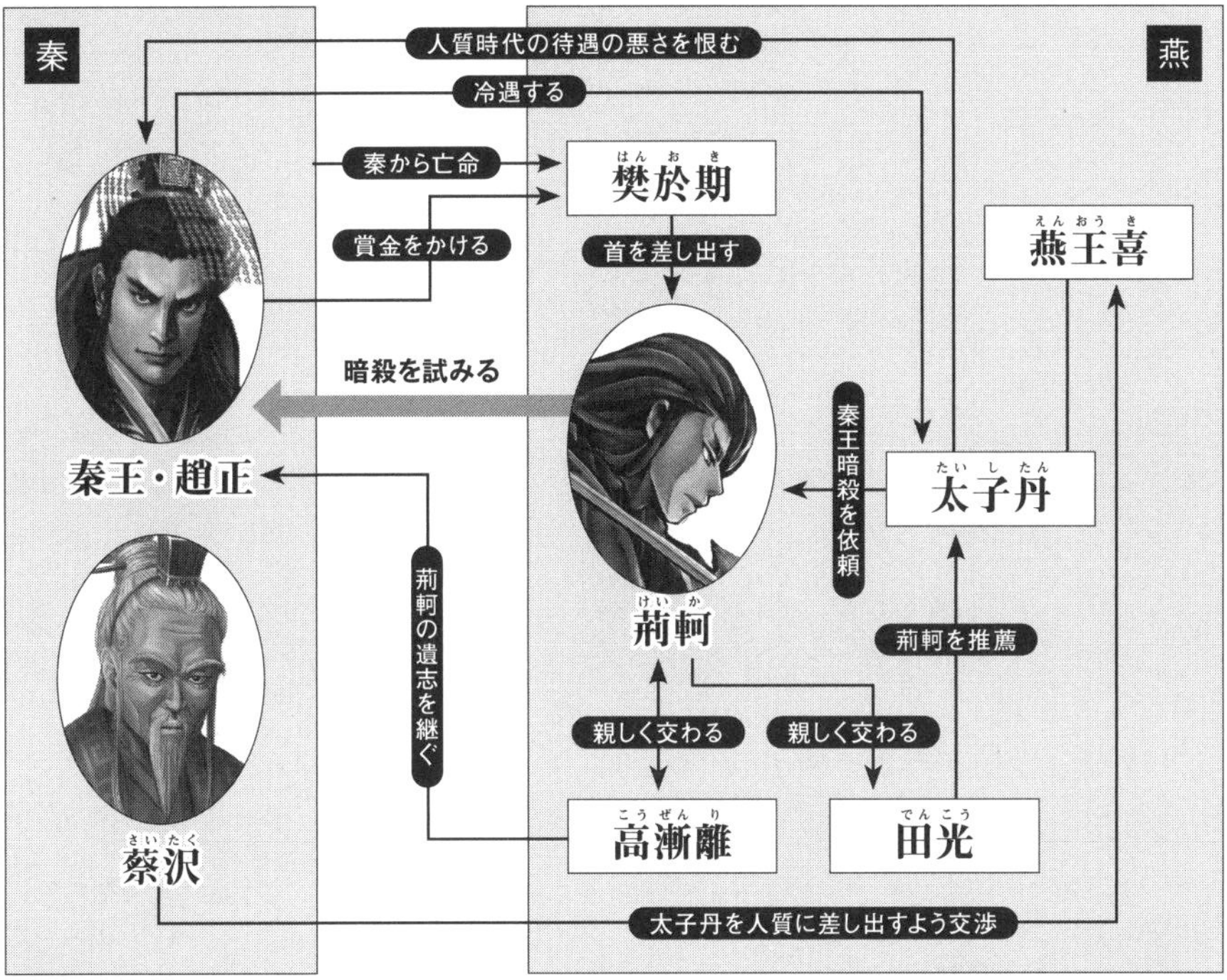

秦への手土産にした督亢《とくごう》の価値

すでに秦軍は燕を攻める易水の近くまで達していた。燕都である薊の南に位置する、この肥沃の地を献上するぐらいしなければ秦の信頼は得られないと荊軻らは考えたのだろう。

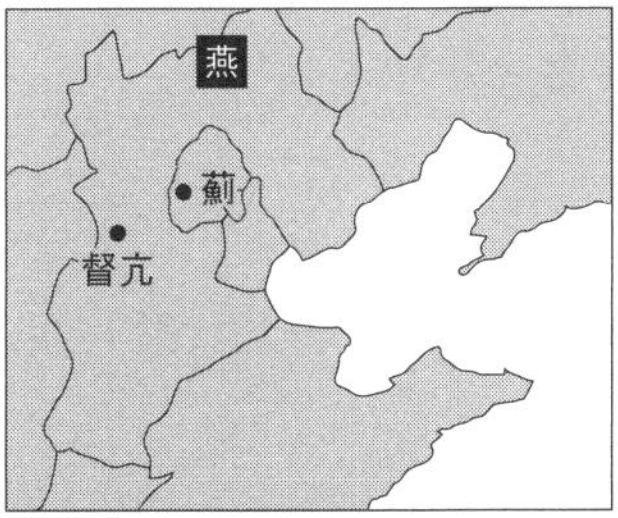

■燕都の目と鼻の先

督亢は燕の都の薊からかなり近く、この地を得ることは秦にとって破格のことだったに違いない。

■現在の易水

荊軻が旅立った易水は燕の副都である下都を流れる川で、燕の防衛の要衝であった。

荊軻の真の狙いは秦王の命ではなかった？

荊軻は衛という小国の出身で秦が占領した太原郡に近い楡次《ゆじ》に移り、さらに邯鄲を訪れ、その後に燕の都・薊《けい》にいたった。この衛、太原郡、邯鄲はいずれも秦が侵攻した地である。とくに彼の故国の衛は秦の東郡に組み込まれ、君主の元君《げんくん》が野王の地に追放となっており、荊軻が秦への怨みを募らせていたとしても不思議ではない。そして、秦軍の動きを追うことで、秦に対抗するための情報を集めていたと考えられるのだ。

ともあれ秦に向かった荊軻は正への謁見を許される。そこで荊軻は地図に隠し持っていた匕首を取ると、秦王の袖をつかみ匕首を胸に突きつけようとするが、袖が破れたため逃げられてしまう。その後の展開は左の図で紹介しているとおりで計画は失敗に終わった。秦王に斬られた荊軻は、秦王を生かして秦に奪われた地を還す約束をさせることができなかったと悔やんだという。

この言葉が示すように荊軻と太子丹の目的は、暗殺そのものではなかったのではないだろうか。つまり秦王に匕首を突きつけて、これまでに奪った地を還すという約束を取り付けようとしたと考えられるのである。

実は、これには先例がある。春秋時代に魯《ろ》の将軍曹沫《そうばつ》が和議の場で斉の桓公《かんこう》に刃物を突きつけ、和平の条件として斉に割譲した土地を返す約束をさせたという。桓公は怒るが丞相の管仲《かんちゅう》に「たとえ脅されての約束でも守るべき」と諭され、奪った地を魯に返還した。どんな形でも一度約束したならば、強者はそれを守らなければならない。それが春秋戦国時代の価値観であり、荊軻はこの故事にならい、強者である秦王を殺さずに脅すことで秦に一矢報いようとしたのかもしれない。

しかし、荊軻らの計画は失敗に終わり、怒った正は燕への侵攻を指示する。そして、王翦率いる秦軍が燕都の薊に向かって動き出すのである。

後一歩のところまで始皇帝を追いつめるが

荊軻が樊於期の首桶と地図の手箱を掲げて秦王の待つ壇上に上がる

↓

地図に隠していた匕首を取り、秦王の袖をつかんで刺そうとするが、袖が破れたため刺し損なう

↓

慌てた秦王は剣を抜くことができず、柱をめぐって逃げる

↓

侍医の夏無且《かむしょ》が薬袋を投げつけ、荊軻がひるだすきに左右の者が「王よ、剣を背負われよ」と叫んだ

↓

剣を抜いた秦王に左股を斬られた荊軻は倒れながら匕首を投げたが外れた

↓

計画失敗!!

荊軻は曹沫の故事の再現を狙った?

魯の曹沫の逸話は荊軻と同じく『史記』の刺客列伝の中に見られる。荊軻は失敗に終わったが、曹沫は斉から土地を奪い返すことに成功。脅迫を受けた斉の桓公もまた、信義を重んじる人物として諸侯の信用を得て、覇者の座へと大きく近づいたのであった。

■匕首1本で領土を取り返した曹沫

①斉に敗れた魯が領土献上を条件に和睦

↓

②魯《ろ》の曹沫《そうばつ》が和議の席でいきなり斉の桓公《かんこう》に匕首を突きつけ、割譲した領土を還せと脅す。桓公はやむなく領土の返還を約束する

↓

③桓公は怒るが、宰相の管仲《かんちゅう》に諌められ約束をどおり魯に土地を返還する

↓

④魯は領土を取り返し、桓公はどんな約束でも守る人物だと諸侯の信頼を得る

■荊軻の最期の言葉

「事所以不成者、以欲生劫之、必得約契以報太子也」

『史記』刺客列伝より

現代語訳

「事が成らなかったのは、王を生かしながら脅し、土地を返す約束をさせ、太子に報告したかったからだ」

魏への侵攻と滅亡

・文侯の改革により、いち早く強国となる
・信陵君の才能を活かすことができず
・王賁の水攻めにより陥落

有能の士を集め、いち早く強大化を果たす

『史記』によると魏王は周《しゅう》の文王《ぶんおう》の子孫で、晋の献公《けんこう》（春秋五覇のひとりである晋の文公の父）に仕えて、魏に封じられたことから魏氏を名乗るようになったという。春秋時代末期には六卿のひとつとして晋の国政を牛耳り、他の5氏との実権争いに勝利（詳細は109ページ）。韓氏、趙氏とともに晋を三分して独立国家となった。

戦国時代初期、文侯《ぶんこう》（前445～396年在位）の時代に李克《りこく》や西門豹《さいもんひょう》など多数の人材を集め、いち早く国政を改革。戦国七雄の中で、もっとも力を持つ国となり、東に版図を拡大していった。

文侯の死後も魏の東方進出は続くが、前353年に趙の邯鄲を攻め落とすも、救援に来た斉に敗北。さらに前341年に起きた馬陵《ばりょう》の戦いで斉軍を率いる孫臏《そんぴん》の策略にはまって大敗を喫し、国力を大きく減じた。以降、魏は商鞅の変法で力をつけた秦の攻勢を受けるようになる。

前330年、魏は秦の圧迫に耐えかね、河西《かせい》の地を秦に譲渡。昭王《しょうおう》（前296～277年在位）の時代には前293年に伊闕で白起に大敗し、前286年に旧都の安邑《あんゆう》を明け渡した。次の安釐王《あんきおう》（前276～243年在位）の代でも状況は変わらず、華陽にてまたも白起に惨敗するなど苦しい状態が続いた。

そんな魏の希望となったのが安釐王の弟の信陵君である。前247年、信陵君は5ヵ国による合従軍を率いて趙の邯鄲を包囲していた秦軍を撃破。秦を

魏の歴史と秦との関わり

■文侯が抜擢した人材たち

西門豹（さいもんひょう）
赴任した地で行われていた因習を改めさせ、その地を富ませたという逸話で知られる名官僚。

呉起（ごき）
優れた兵法家で文侯、武侯のもとで多数の軍功を上げるが、同僚に妬まれ楚に移った。

楽羊（がくよう）
中山国を攻め滅ぼした武将。殺された息子の肉が入った汁物を平然と飲み干した故事で知られる。

李克（りこく）
李悝とも呼ばれる。文侯に丞相として仕え、農業生産の向上や法律の整備などを推し進めた。

■魏の領域（前3世紀頃）

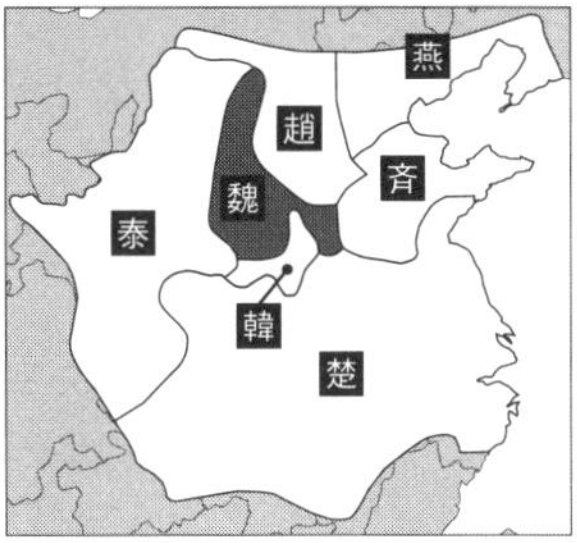

文侯（ぶんこう）
魏が韓氏、趙氏とともに諸侯に封じられたときの君主。さまざまな人材を集めて内政の充実や領土の拡大につとめ、魏の強国化をはかった。

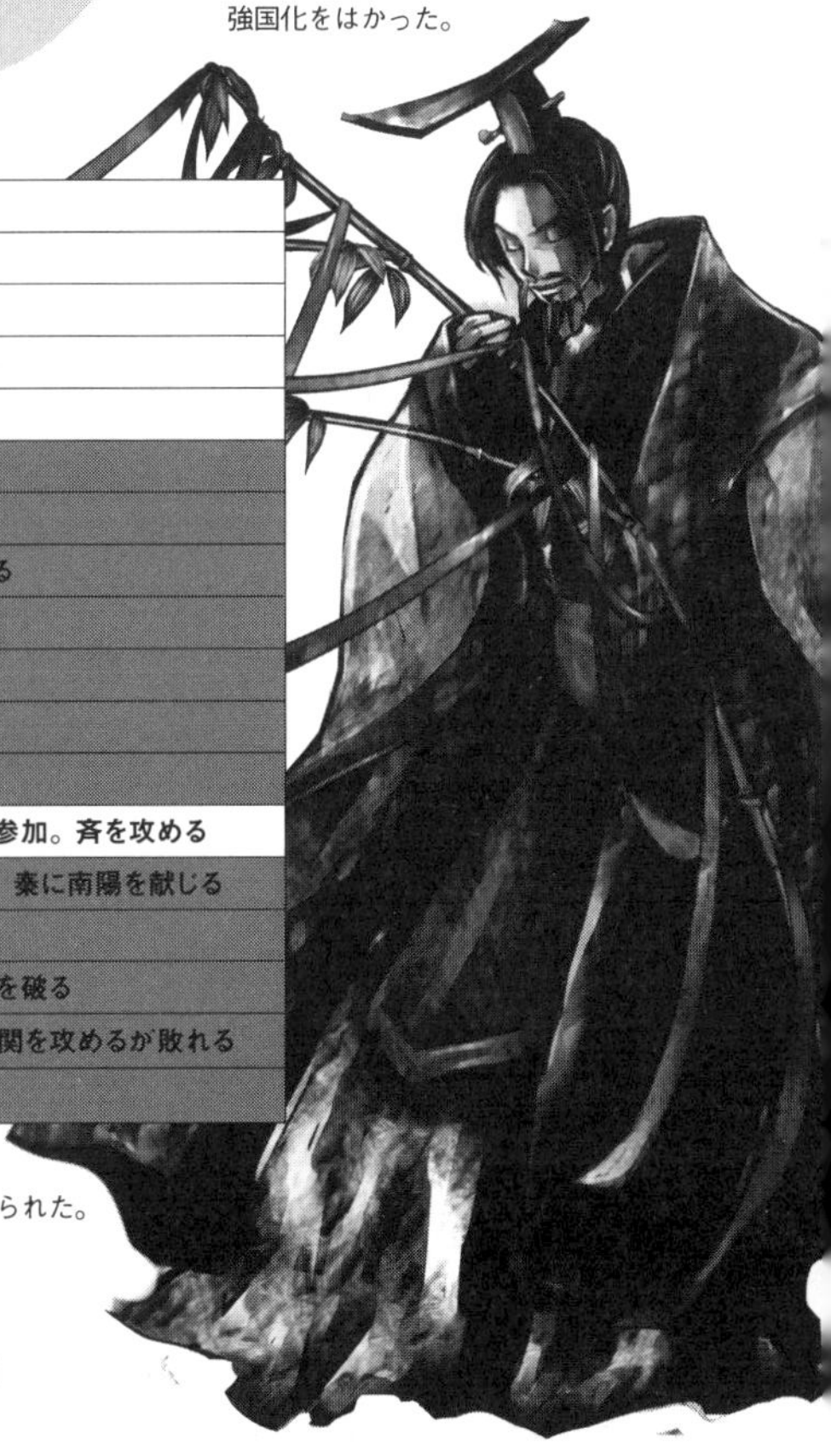

■魏の略年譜

前445年	文侯が即位
前403年	韓、趙とともに周王室より諸侯に列せられる
前361年	安邑から大梁に遷都
前353年	趙の邯鄲を攻め落とすが、桂陵で斉に敗れる
前341年	馬陵の戦いで斉の孫臏に敗れる
前340年	商鞅率いる秦軍に敗れる
前330年	秦に敗れ、河西の地を割譲
前318年	韓、趙、楚、燕と合従して秦を攻めるが敗れる
前314年	秦に攻められ、曲沃を奪われる
前297年	韓、斉とともに秦を破り、函谷関にいたる
前293年	秦の白起に伊闕で敗れる
前286年	秦に河内を攻められ、旧都・安邑を割譲
前284年	楽毅の燕、秦、趙、韓、魏の5ヵ国連合軍に参加。斉を攻める
前273年	趙とともに韓を攻めるが、白起に華陽で敗北。秦に南陽を献じる
前257年	信陵君が邯鄲城下で秦軍を破る
前247年	信陵君率いる5ヵ国連合軍に参加。河外で秦を破る
前241年	春申君率いる5ヵ国連合軍に参加。秦の函谷関を攻めるが敗れる
前225年	秦の王賁に攻め滅ぼされる

※グレーの部分は秦と関わった出来事

強国となった秦の攻勢に苦戦。とくに白起には辛酸をなめさせられた。

窮地に追い込むが、勝手に軍を動かしたことを兄王にとがめられ、帰国を余儀なくされた。以降、信陵君は酒びたりとなり、失意のうちに死去したという。信陵君の死後、魏は秦に対抗する手段を完全に失い、蒙驁率いる秦軍に酸棗や山陽城を攻め取られるなど次々に領土を喪失。魏王假《ぎおうか》が即位した頃には、もはや大梁周辺の地を保つのみで、滅亡は時間の問題となっていた。

王賁率いる秦軍に都を水攻めにされる

始皇22年（前225年）、王賁を主将とする秦軍が魏への攻撃を開始した。魏王らは都である大梁に立てこもったのだろう。そこで王賁は黄河から水を引き入れて大梁を水攻めにした。

この水攻めについて『史記』の魏世家は「河や溝の水を大梁に注ぎ入れた」と記録している。つまり城外を通る黄河からの感慨水路を決壊させ、都市に水を引き込んだのである。もっとも、この時代の黄河は大梁の北約70キロメートルのところを流れており、決して容易な作業ではなかっただろう。堤防が崩れるなどの事故が起きれば、自軍の兵にも被害が出る恐れがあり、これを成功させた王賁の手腕は見事というほかない。

かくして大梁は水没するが、それでも魏はよく耐え、秦は攻略に3ヵ月かかっている。それだけ魏も必死だったのだろう。しかし、秦を撃退する手段はなく、ついに大梁は陥落。魏王仮が捕虜となり、ここに魏は滅びたのであった。

魏の滅亡について、世の人は「信陵君を用いなかったからだ」と語ったという。だが、司馬遷はこうした意見を否定し、「天が秦に天下を平定させようとしていたのであって、どんな名宰相も魏を救うことはできなかった」と述べている。

この司馬遷の言葉どおり、秦の勢いはもはや留まるところを知らなかった。すでに北方の燕は滅亡寸前となっており（詳細は128ページ）、残るは南の楚と東の斉のみとなっていた。

王賁、魏の都・大梁を水攻めにする

■王賁の魏侵攻図

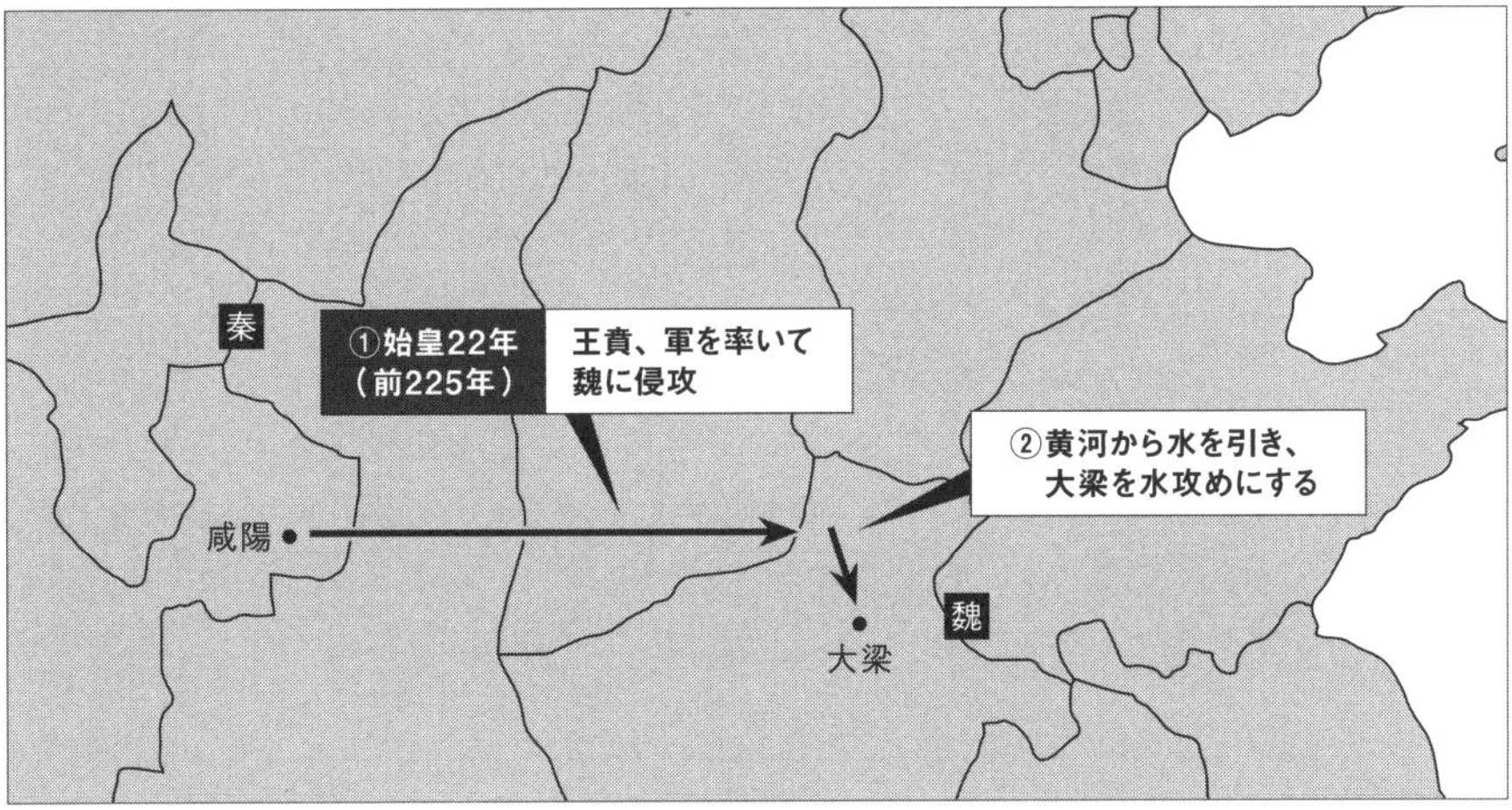

魏攻略の主将を任された王賁は水攻めという奇策を使った。『キングダム』では猛将タイプながら、たびたび戦術眼の確かさを見せているが、史実の王賁もそうした武将だったのかもしれない。

■中国第2の大河・黄河

中国文明の発祥の地である黄河。いわゆる中原と呼ばれる地域は、この黄河の中流から下流域にあり、中国の歴史における主要な舞台となった。

始皇帝豆知識

現在の大梁の行政区分

魏都の大梁は現在の河南省開封市の西北にあったとされる。開封市は宋の時代に東京開封府《とうけいかいほうふ》と呼ばれ、首都として栄えるなど、中国でもっとも歴史のある都市のひとつで西安《せいあん》、北京《ぺきん》、洛陽《らくよう》などとともに八大古都と呼ばれている。王賁が水攻めにしたという逸話から分かるように黄河がすぐ近くを流れており、たびたび氾濫したため、現在の町の下に北宋や明、清代など歴代の都市が積み重なって埋もれているという。

■河南省開封市《かなんしょうかいほうし》

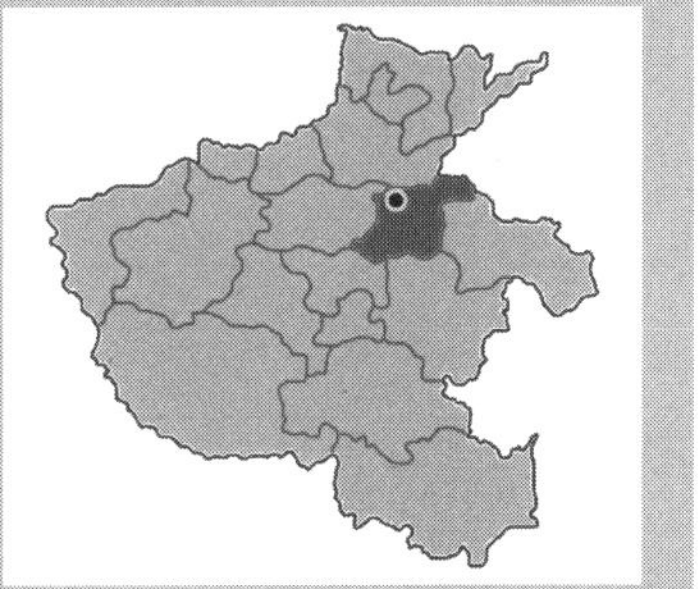

楚への侵攻と滅亡

・荘王《そうおう》の時代に最盛期を迎える
・外交、外征の両方で秦が楚を圧迫
・秦王・趙正は王翦に手玉に取られたのか?

春秋五覇のひとり、荘王《そうおう》を輩出した南方の強国

楚は長江《ちょうこう》流域を領土とする広大な国で、春秋時代の初期から南方の強国として君臨してきた。楚の荘王（前614～591年在位）の時代に最盛期を迎え、陳《ちん》、鄭《てい》などの国を属国化。洛陽《らくよう》の郊外まで兵を進め、周王朝に圧力をかけた。さらに荘王は北の強国・晋との争いに勝利し、覇権を確立。事実上の覇者となったのであった。

その後も晋との覇権争いが続くが、そんななか平王《へいおう》（前528～516年在位）に父と兄を殺された伍子胥《ごししょ》が呉に亡命するという事件が起きる。前506年、呉王闔廬《こうりょ》の臣となった伍子胥は呉の軍勢を率いて楚に侵攻。首都の郢《えい》を落とし、仇である平王の遺体を鞭で打ったという。かくして楚は滅亡寸前となるが、秦の援軍に助けられ、どうにか危機を脱したのであった。

戦国時代になると各国はさまざまな改革を実行。楚も魏から亡命してきた呉起が中央集権化を進めるが、反対派によって呉起が殺害されたため改革は不十分に終わった。やがて強国となった秦への対応を迫られるようになるが、楚の懐王《かいおう》（前328年～299年在位）が張儀の口車に乗せられ斉と断交するなど外交戦で完敗。さらに司馬錯に黔中《けんちゅう》を落とされ、白起の侵攻により首都の郢も陥落するなど破竹の勢いの秦を止めることはできなかった。春申君が盟主となった5カ国合従軍での秦への侵攻（詳細は98ページ）も失敗に終わり、ついに楚は秦の大攻勢を受けることになる。

楚の歴史と秦との関わり

■楚の領域（前3世紀頃）

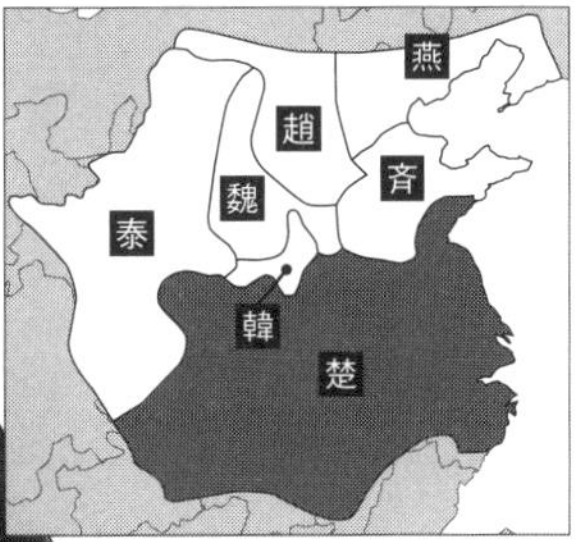

楚の荘王（そのしょうおう）

春秋五覇のひとりとして名高い名君。即位時は政治に興味を示さなかったが、これは周囲の人材の質を見極めるためで、命を賭して諫言した伍挙や蘇従を重臣に抜擢。国力の増大をはかる一方、庸や鄭などの周辺国を制圧して楚の武威を示した。

覚えておきたい故事成語

鼎《かなえ》の軽重を問う

楚の荘王が周王室の使者に周の宝である九鼎の軽重を問うたという故事。これは鼎を持って帰る、つまり周の権力を奪うという意味を含んでおり、転じて相手の権威や実力を疑い、その地位をくつがえそうとする意味で使われるようになった。

■楚の略年譜

前606年	荘王、周の都・洛陽に駐屯する
前597年	荘王、邲の戦いで晋に大勝する
前506年	柏挙にて呉軍に大敗し、首都を落とされる
前390年	呉起が楚の宰相となる
前349年	斉に侵攻するが、淳于髡の働きの前に戦わずして撤退
前333年	威王、徐州で斉を破る
前318年	韓、魏、趙、燕と合従して秦を攻めるが敗れる
前312年	丹陽で秦に敗れ、漢中の地を取られる
前306年	越を滅ぼす
前299年	懐王が欺かれて秦に抑留される
前280年	秦の司馬錯に攻め入られ、上庸、漢北の地を秦に献上
前278年	白起に首都郢を落とされ、陳に遷都
前258年	春申君が軍を率いて秦に攻められている趙を助ける
前256年	考烈王が魯を滅ぼす
前247年	信陵君率いる5カ国連合軍に参加。河外で秦を破る
前241年	春申君率いる5カ国連合軍が秦の函谷関を攻めるが敗れる
前224年	王翦率いる秦軍に寿春を落とされ滅亡

※グレーの部分は秦と関わった出来事

南の強国として君臨するが、戦国中期になると、秦の後手を踏むようになる

李信、蒙恬の侵攻は失敗するが
王翦の老練な采配で勝利

韓、魏、趙を滅ぼし、燕の都も落とした秦は楚への侵攻を開始する。『史記』の白起王翦列伝によると、対楚戦の主将となったのは李信で蒙恬が副将を務めたという。

秦軍は部隊を二手に分けて李信は平輿《へいよ》、蒙恬は寝《しん》丘《きゅう》を攻め、大いに楚軍を破った。ここで李信は引き返して西に向かい、城父という地で蒙恬と合流するが、そこに楚軍が奇襲をかけた。完全に不意を突かれたのだろう。李信らはなす術なく敗走し、多数の兵と将校を失う大敗を喫した。

李信らの敗北を知った正は引退していた王翦を復帰させ、楚侵攻の主将に任命した。蒙武とともに楚に攻め入った王翦は持久戦に持ち込み、退却しようとした楚軍の背後を急襲。蘄水《きすい》の南にて楚の将軍・項燕を討った。勢いに乗った秦軍は楚の都・寿春《じゅしゅん》を囲み、始皇24年（前２２３年）に楚王負芻を捕虜とした。そして、楚の地をことごとく平定し、秦の郡県としたのである。かくして南の大国・楚は滅びたのであった。

この楚侵攻の際、秦王・趙正に必要な兵数を問われた王翦が60万、李信が20万と答え、王翦は老いたと正はあなどったという。しかし、李信の惨敗を見て、王翦の要求通り60万の兵を与えたとされるが、これは統一後に行われた対匈奴戦の兵数の約2倍である。この時点で秦はすでに楚の旧都・郢を占領しており、本当にそれだけの軍勢を動員したのかは疑問が残る。

王翦が始皇帝の疑心を避けるため、出兵の際に何度も恩賞をねだって小物を装ったという逸話も有名だ。これらのエピソードは王翦の智謀と秦王・趙正の短慮さ、猜疑心の強さを描いた故事として知られるが、正が王翦の意図を読んだ上で、彼が安心できるよう取り計らったと読むことも可能だろう。これをもって王翦が正を手玉に取ったと見るのは早計ではないだろうか。

李信らを破るも王翦の前に屈する

■李信、王翦の楚侵攻図

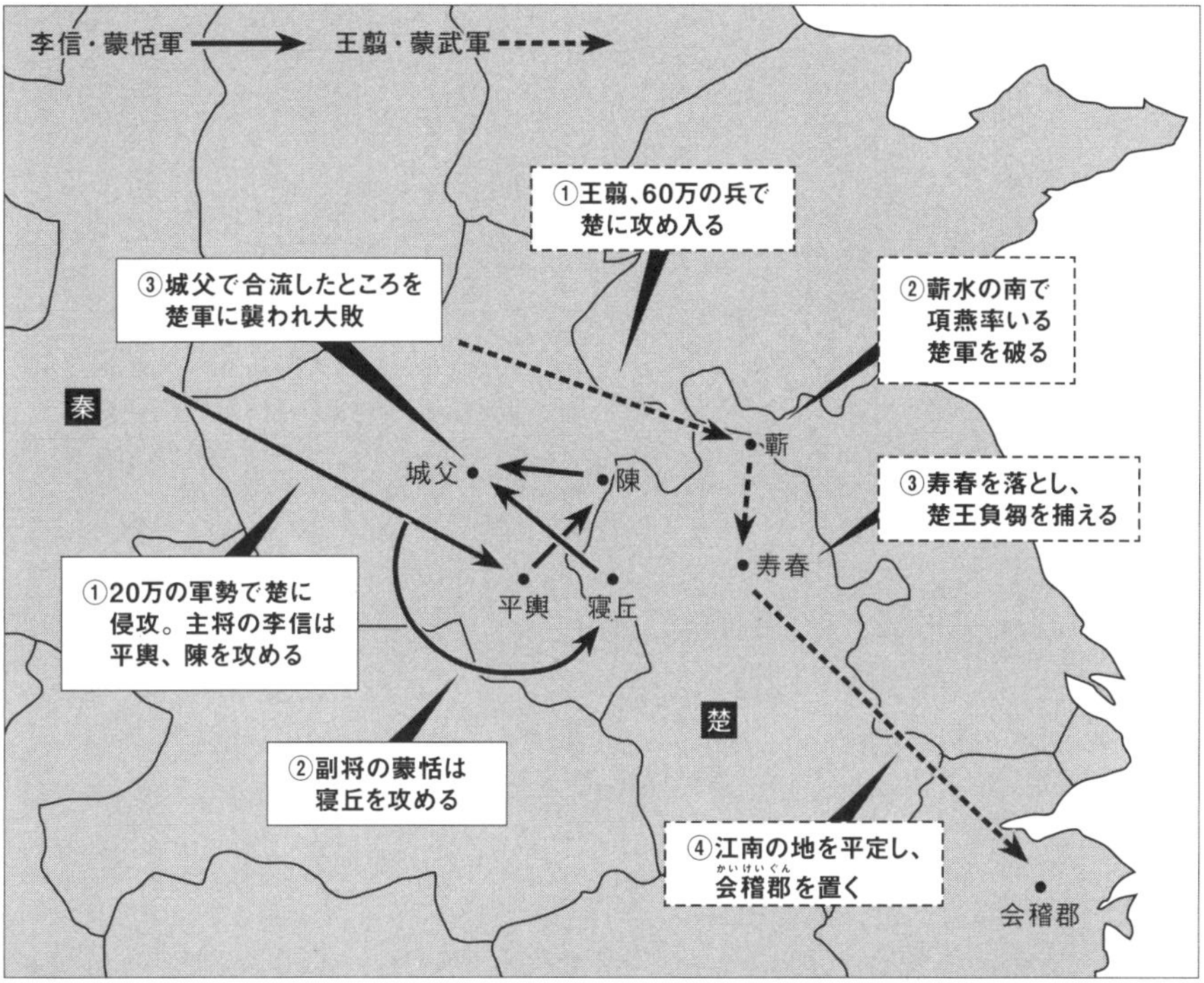

多くの楚人が秦を打倒すべく立ち上がる

始皇帝の死後、多くの楚人が楚への反乱を起こした。「三戸といえでも、秦を滅ぼすものは必ずや楚ならん」という言葉は有名だが、実際にそうした気概を持つ楚人が多かったのだろう。

項羽（こうう）

項燕の孫で叔父の項梁とともに挙兵。秦滅亡後、西楚の覇王を名乗り、劉邦と天下を争った。

劉邦（りゅうほう）

沛県の下級役人だったが項羽らとともに秦を打倒。項羽との戦いも制して天下を取った。

陳勝（ちんしょう）

始皇帝の死去後に仲間の呉広とともに農民を率いて挙兵。秦滅亡のきっかけを作った。

燕への侵攻と滅亡

・燕は最北端に位置する
・昭王の時代に斉を滅亡寸前まで追い込む
・荊軻の暗殺未遂事件が秦の侵攻を招く

昭王の時代に大きく飛躍 斉を滅亡寸前まで追いつめる

燕は最北端の国で、現在北京《ぺきん》のある河北省《かほくしょう》周辺に位置していた。北は異民族、南は強国の斉、晋と国境を接していたため、もっとも弱小の国で、しばしば滅亡の危機に瀕したという。春秋時代の記録はとぼしく、北方の異民族・山戎《さんじゅう》に侵入された際、斉の桓公の助けを借りて撃退したということなどがわかっているくらいだ。戦国時代には燕王噲《かい》が宰相の子之《しし》を盲信するあまり、彼に国政を譲ろうとした禅譲事件が発生。国内が混乱したところを斉につけ込まれ、燕は滅亡状態となった。

この国難を救ったのが昭王《しょうおう》（前312～279年在位）である。昭王は楽毅《がくき》ら多数の人材を集めて国力を増強。北方民族の東胡《とうこ》を討って長城を築き、上《じょう》谷《こく》、漁陽《ぎょよう》、右北平《うほくへい》、遼西《りょうせい》、遼東《りょうとう》の5郡を置くなど北方に領土を広げた。そして前284年、楽毅の率いる5ヵ国連合軍で斉都の臨淄《りんし》を落とし、莒《きょ》と即墨《そくぼく》を除く斉の都市をすべて占領。斉を滅亡寸前まで追い込んだのである。しかし、昭王が死去すると斉の離間策によって楽毅が趙に亡命。その後に起きた戦いで田単《でんたん》率いる斉軍に大敗し、奪った斉の都市もすべて失ったのであった。

その後は秦が精強となるが、燕は国境を接していなかったこともあり、直接的な被害はほとんど受けてはいなかった。ただ、秦の勢いを警戒してはいたのだろう。燕王喜は秦王の使者として燕を訪れた蔡沢の仲介で、息子の太子丹を人質として差し出し、秦と和を結んだ。

燕の歴史と秦との関わり

燕の昭王（えんのしょうおう）

人材登用と富国強兵につとめ、弱小国だった燕を、斉を破るほどの強国にした賢君として名高い。

楽毅（がくき）

戦国時代を代表する名将。昭王の招きで燕の将軍となり、斉を滅亡寸前まで追い込んだ。

■楚の領域（前3世紀頃）

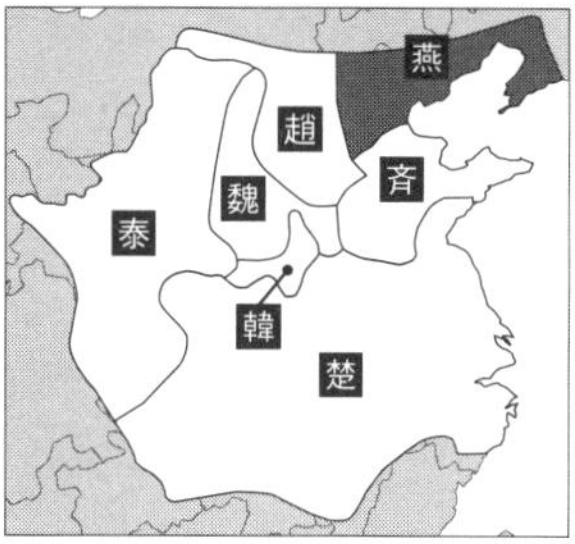

覚えておきたい故事成語

隗《かい》より始めよ

物事は言い出した者から始めよという意味。燕の昭王に賢者を求めるための策を聞かれた郭隗《かくかい》が「まず私を重く用いて下さい、そうすれば私より才能のある者たちが集まるでしょう」と答えた故事にちなむ。

■燕の略年譜

前323年	易王が王を称す
前318年	韓、魏、趙、楚と合従して秦を攻めるが敗れる
前314年	内乱状態となり斉の介入を許す
前311年	楽毅、鄒衍、劇辛らが昭王のもとに赴く
前284年	楽毅が5ヵ国連合軍を率いて斉の都・臨淄を陥落させる
前279年	昭王が死に、楽器が失脚。即墨で田単率いる斉軍に敗れる
前251年	趙を攻めるが廉頗率いる趙軍に敗れる
前247年	信陵君率いる5カ国連合軍が河外で秦を破る
前241年	春申君率いる5カ国連合軍に参加。秦の函谷関を攻めるが敗れる
前227年	太子丹が荊軻を刺客として秦に送り込むが失敗
前226年	王翦率いる秦軍に攻められ燕の都・薊が落ちる
前222年	王賁率いる秦軍に攻められ滅亡

※グレーの部分は秦と関わった出来事

国境を接する趙にたびたび攻められており李牧や龐煖の侵攻も受けている。

始皇帝豆知識

現在の薊の行政区分

春秋戦国時代に燕の都が置かれた薊は現在の中国の首都・北京市にあたる。天安門広場や故宮《こきゅう》（紫禁城）、北京原人遺跡など有名な史跡が多く、薊城があったとされる薊城記念柱や瑠璃河《るりがい》遺跡といった燕に関する遺構も見ることができる。

▼北京猿人遺跡

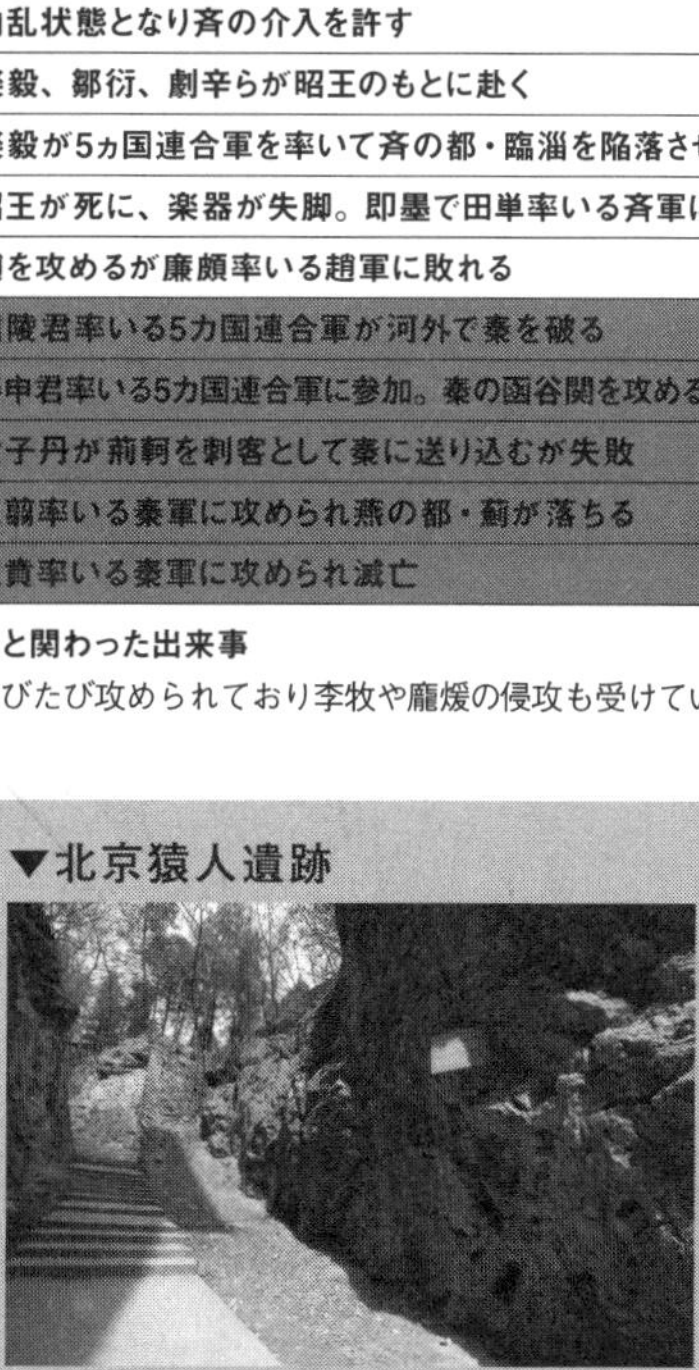

周口店の北京原人遺跡は世界遺産に登録されている。

しかし、韓と趙を滅ぼした秦軍が燕に攻め込む姿勢を見せると動揺。燕に戻っていた太子丹は秦王・趙正の侵略を阻止するべく荊軻を刺客として秦に送り込むが失敗に終わった（詳細は116ページ）。この事件で燕は秦王・趙正の怒りを買い、秦の猛攻にさらされることになる。

王翦率いる秦軍が燕都を落とし、燕王喜を遼東に追う

始皇20年（前227年）、王翦と辛勝の率いる秦軍が燕への侵攻を開始した。燕は元趙の公子である代王嘉と連合して迎え撃つが、王翦らは易水の西で燕・代連合軍を撃破。始皇21年（前226年）に王翦の息子の王賁が燕都の薊を落とした。さらに遼東に逃れた燕王喜と太子丹を李信が激しく追い、ついに丹を捕えたという。ただ、燕王喜が秦王・趙正の怒りを解くため、丹を斬って秦に献じたとする記述もあり、刺客列伝では代王嘉の進言によるものだったとしている。

このとき秦軍は燕王喜の身柄にはこだわらなかったようで、燕はかろうじて命脈を保った。しかし、もはや燕に挽回する力は残ってはいなかった。

ちなみに、この燕攻略戦のあと、王翦が老病を理由に将軍職を辞して隠居している。白起王翦列伝では秦王・趙正に楚を攻めるのに必要な兵数を聞かれた際、自身の意見が容れられなかったため病と称して隠居したとあり、事実なら秦が遼東に立てこもった燕王喜をひとまず見逃したのは、楚への侵攻をにらんでのことだったのかもしれない。

始皇24年（前223年）に王翦らの活躍によって楚を滅ぼした秦は、その翌年に大軍を興し、王賁を主将として遼東に攻め込んだ。もはや燕に抵抗する手段はなかった。王賁は燕王喜を捕え、ここに燕は滅んだのであった。さらに王賁は兵を返し、燕と連合していた代に侵攻。代王嘉を捕虜とし、趙の残党がこもる代も滅ぼした。かくして秦王・趙正は5ヵ国を滅ぼし、ついに中華統一に王手をかけたのであった。

秦王暗殺計画が滅亡の呼び水に

■秦軍の燕侵攻図

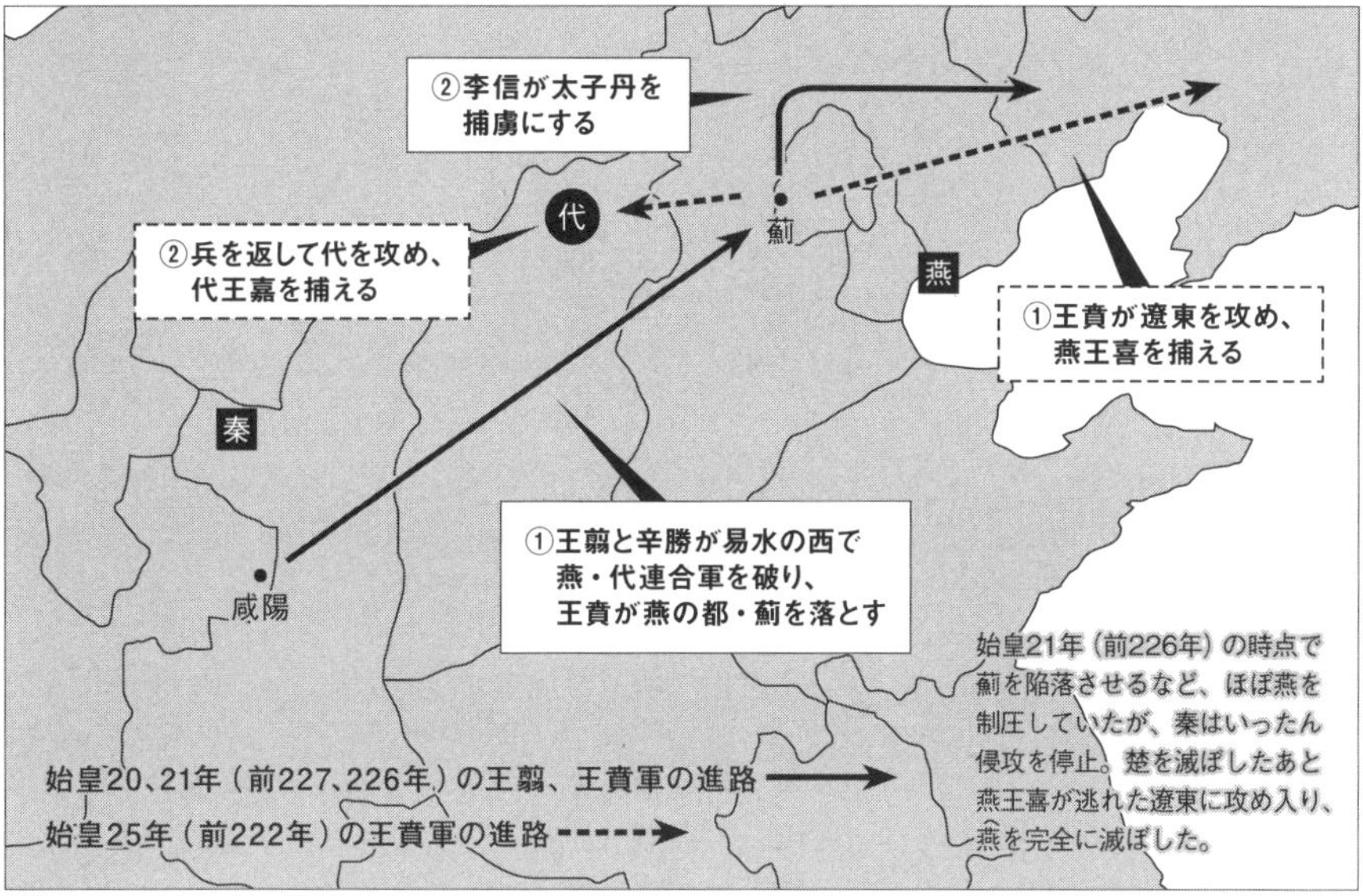

最後まで秦に抵抗し続けた代王嘉

代王嘉（だいおうか）

悼襄王の嫡子だったが、父王が寵愛する女性の生んだ子を後継に望んだため廃嫡となった。弟の幽繆王が降伏したあとも代で秦に抵抗。6年にわたって戦い続けるが、王賁に敗れ捕虜となった。

■趙滅亡後の代王嘉の行動

始皇19年（前228年）	代に逃れて代王を名乗る
始皇20年（前227年）	燕王喜と結び、易水で秦軍を迎え撃つが敗れる
始皇21年（前226年）	燕王喜に太子丹の首を秦に差し出すよう勧める
始皇25年（前222年）	王賁率いる秦軍に敗れ、捕虜となる

始皇帝豆知識

漢成立後、劉邦の家臣の盧綰《ろわん》が燕王に

秦の滅亡後、元燕の将で項羽の配下の臧荼《ぞうと》が燕王として立てられた。臧荼は漢に帰順するが、楚漢戦争後に反乱を起こして敗死。その後、劉邦の幼なじみとして知られる功臣の盧綰が燕王に封じられるが、彼もまた謀反の疑いをかけられ匈奴に亡命している。

斉への侵攻と滅亡

・太公望呂尚《たいこうぼうりょしょう》を開祖とする斉
・燕の楽毅に敗れ国力が後退
・秦の中華統一を助けた斉との同盟

春秋時代から東方の強国として君臨

斉は『封神演義』で有名な太公望呂尚《たいこうぼうりょしょう》を開祖とする国である。呂尚の末裔が国主だった時代は呂尚の姓が姜《きょう》であることから姜斉《きょうせい》、後述する田氏《でんし》が諸侯となって以降は田斉《でんせい》とも呼ばれている。

春秋時代には桓公が名宰相として名高い管仲の補佐のもと国力を増強。周王朝に代わって諸侯を取りまとめる最初の覇者となった。以降も晏嬰《あんえい》や司馬《しば》穰《じょう》苴《しょ》といった名臣が活躍するが、すでに君主の力が弱まり始めており、晏嬰はいずれ田氏に簒奪されるだろうと予言していた。

晏嬰の言葉通り、その後有力氏族の田氏が台頭。宰相として実権を握ると、前３８６年に姜斉を滅ぼし、自らが君主となった。田斉がもっとも栄えたのは威王《いおう》（前３５６～３２０年在位）のときで兵法家の孫臏らを登用し、当時最強を誇っていた馬陵の戦いで撃破。その後も勢力を伸ばし、東の強国として西の秦と並び立つ存在になる。しかし、前２８４年に燕の楽毅を総大将とする５カ国連合軍に大敗。斉都の臨淄が落とされ、莒と即墨以外のすべての城を失う事態となった。

この国家存亡の危機を救ったのが田単である。田単は斉侵攻を主導した燕の昭王が死去すると、後を継いだ恵王《けいおう》が楽毅を疑うよう仕向けた。これが功を奏して楽毅は趙へ亡命。田単は楽毅の抜けた燕軍を打ち破り、失った都市を奪回したのであった。だが、この燕の侵攻で受けた痛手は大きく、以降の斉は下り坂の一途をたどることになる。

斉の歴史と秦との関わり

■田斉成立までの流れ

一 晏孺子《あんじゅし》元年（前489年）
田乞《でんきつ》が景公の遺言を無視して公子陽生を擁立

二 簡公《かんこう》4年（前481年）
田常《でんじょう》（田恒《でんこう》）が簡公を殺害。平公を立て、その宰相となる

三 康公《こうこう》14年（前391年）
田和《でんわ》が康公を追放、自ら斉公を名乗る

四 康公《こうこう》19年（前386年）
田和《でんわ》が周王室に諸侯と認められる（田斉の始まり）

田氏は田乞《でんきつ》のときに勢力を広げた。田乞《でんきつ》の子の田常《でんじょう》（田恒《でんこう》）は君主の簡公を殺害して実権を掌握。この田常《でんじょう》から4代あとの田和《でんわ》が周王室に認められ、姜姓呂氏に代わって諸侯となったのである。

■斉の領域（前3世紀頃）

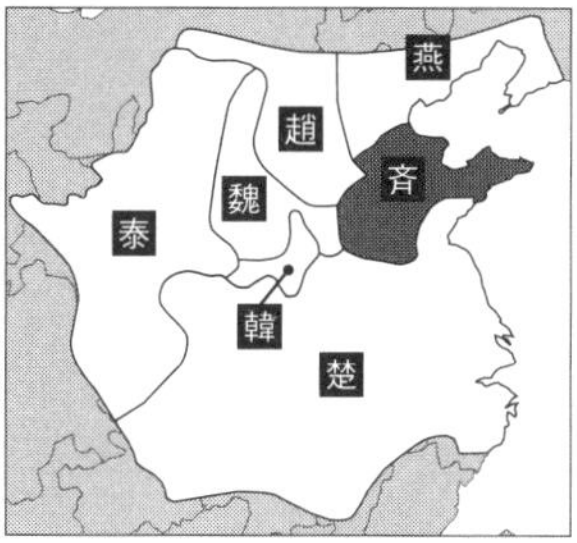

■斉の略年譜

前685年	桓公が管仲を宰相とする
前679年	桓公が諸侯と盟を結び、最初の覇者となる
前481年	田恒が国君の簡公を殺害
前386年	田和が周王室より諸侯と認められる
前356年	威王が即位
前353年	趙の邯鄲を落とした魏を桂陵にて破る
前341年	馬陵の戦いで魏を破る
前298年	孟嘗君が秦から斉に帰国
前297年	韓、魏とともに秦を破り、函谷関にいたる
前288年	湣王が東帝を称する
前286年	宋を滅ぼす
前284年	楽毅率いる5カ国連合軍に攻められ首都・臨淄が陥落
前279年	田単が即墨で燕軍を破り、旧領70城余りを回復
前221年	王賁率いる秦軍に攻められ滅亡

※グレーの部分は秦と関わった出来事
楽毅の侵攻によって弱体化したため秦と天下を争うことができなかった。

孫臏（そんぴん）
『孫臏兵法』の作者として知られる兵法家。魏で同門の龐涓に謀られ両脚を切断されるが脱出。斉の威王に軍師として仕え、馬陵の戦いで龐涓率いる魏軍を相手に大勝をおさめた。

始皇帝豆知識

『キングダム』で斉の影が薄い理由

次ページのとおり、秦は斉と戦わない方針を取っていた。ゆえに『キングダム』では斉が登場する場面がほとんどなく、影が薄い存在となっている。マンガでは秦を訪れた斉の王建が秦王の中華統一を支持する約束をしているが、その後はどうなるのだろうか。

約束を違えて敵対行為を取った斉に秦王・趙正が大軍を差し向ける

一方、統一に向かって動き出した秦王・趙正は遠方の斉とは戦わず、外交で動きを抑える方針を取った。秦は宰相の后勝《こうしょう》に賄賂を贈り、斉の賓客を多数入国させた。そして、この賓客たちを買収して、斉王建《けん》にほかの5国と合従せず、秦と和を結ぶよう勧めさせたのである。この策略が功を奏し、斉王建は秦と5国への介入を避け続けた。

しかし、ほかの5国が滅びたのを見て疑心暗鬼にとらわれたのだろうか。建と后勝は兵を出して突然秦側にあたる西の防御を固め、秦との連絡を絶ったのである。

秦王・趙正は斉のこの行動を秦への裏切り行為とみなした。始皇26年（前221年）、秦は燕に駐留していた王賁、李信らを南下させ斉に侵攻し、斉都の臨淄を包囲した。これを見た斉王建は戦わず降伏。斉王は捕虜となり、東方の雄・斉はここに滅んだのであった。

秦王・趙正は統一後に6国を討伐した理由を上げており、斉に関しては「斉王は后勝の計を用いて秦と絶ち、乱をなそうとした」と、彼らの約束違反を責めている。斉が国境を封鎖などしなければ、正は何らかの形で斉を残していたのではないだろうか。実際、斉が5ヵ国と合従する策を取っていたら、秦の中華統一はもっと時間がかかったことは確かで、秦にとって斉王健の果たした役割は決して小さくなかったと言える。

こうしたことから斉の人々は秦と結んで抵抗しようとしなかった斉王を憎み「松《しょう》なるか、柏《はく》なるか、建を共《きょう》に住まわせたのは客のためか」と歌った。共というのは降伏した斉王が移された地で、そんな結果になったのは買収された賓客たちの言いなりになったからだと揶揄したのである。

かくして6国はすべて滅ぼされ、ついに中華はひとつになった。そして、始皇帝となった正の統一事業が始まるのである。

あまりにあっけないかった斉の最後

■秦軍の燕侵攻図

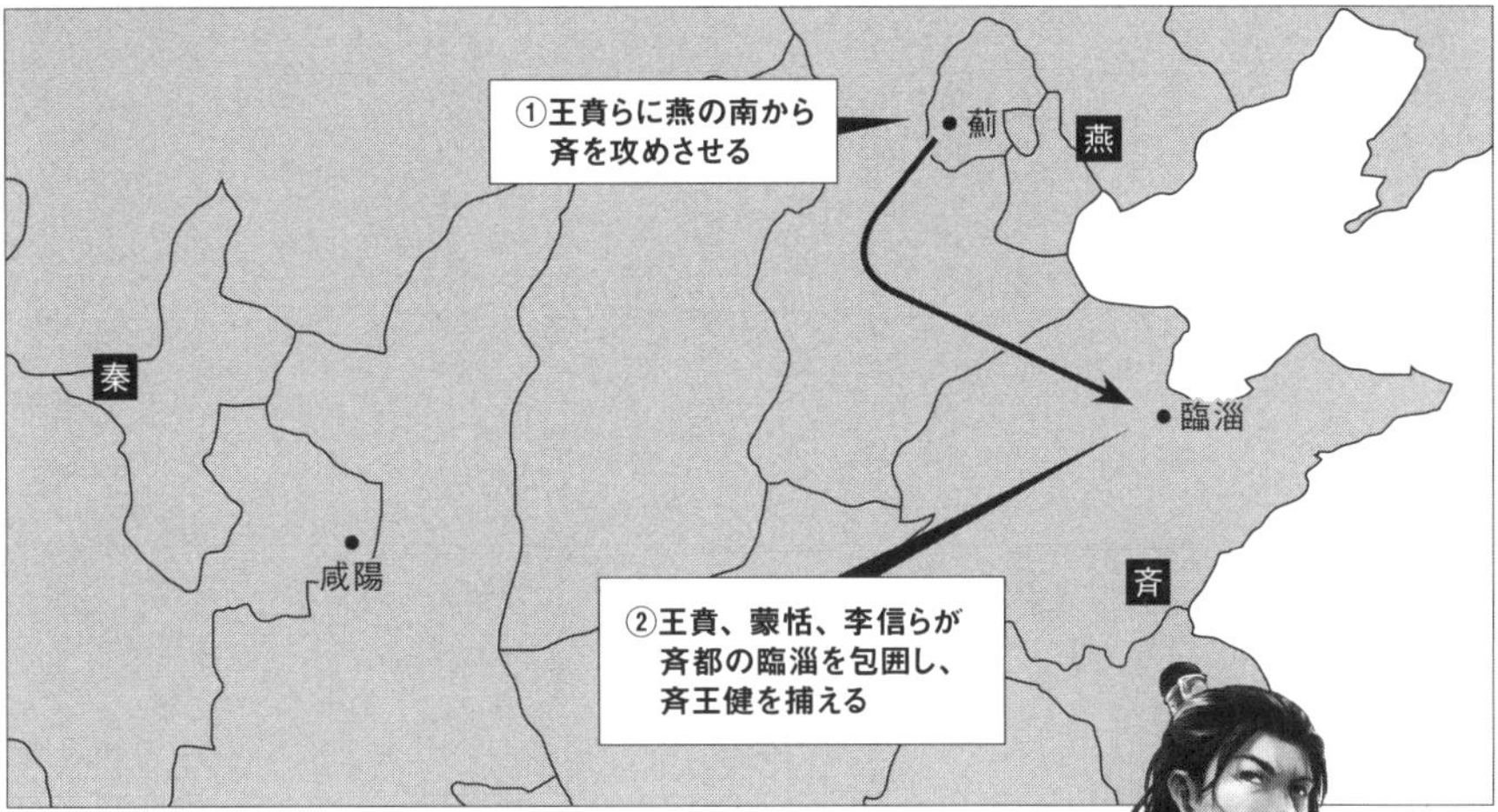
①王賁らに燕の南から
斉を攻めさせる
薊
燕
秦
臨淄
咸陽
斉
②王賁、蒙恬、李信らが
斉都の臨淄を包囲し、
斉王健を捕える

■田斉のその後と楚漢戦争時の斉

①田氏の後裔の田儋《でんたん》が陳勝呉広の乱に呼応して蜂起
②田儋が討たれたため、田栄《でんえい》が田儋の子の田市《でんふつ》を擁立
③秦滅亡後、項羽によって斉が三分割される
④項羽の処置に不満の田栄が反旗を翻す
⑤劉邦麾下の韓信が斉を制圧、斉王となる
⑥韓信の楚王移封にともない劉邦の子・劉肥《りゅうは》が斉王に

田氏一族の生き残りが陳勝呉広の乱に乗じて蜂起。田斉を再興するが項羽との対立や内紛などにより、その後完全に滅亡している。

韓信（かんしん）
劉邦の覇業を助けた稀代の名将。楚漢戦争時に別働隊を率いて次々に諸国を制圧。斉を平定したのち劉邦に願って斉王となった。

覚えておきたい世界史

ハンニバルがカルタゴ軍司令官となる

秦が斉を滅ぼした前221年、カルタゴでは将軍ハシュドゥルバルが暗殺されるという事件が起きている。これによりカルタゴはハンニバルを新司令官に指名。このあとに起きた第2次ポエニ戦争で、ハンニバルは冬のアルプス山脈を越えてイタリア半島に侵攻し、ローマに衝撃を与えることになる。

▼カルタゴ

北アフリカのチェニジアに今も残るカルタゴ遺跡。

9年という短期間での中華統一

・わずか9年で中華を統一
・捕虜とした六王たちを生かす選択をする
・虐殺行為を行ったのは邯鄲のみ

次々に6国を滅ぼすが、決して非情ではなかった秦王

始皇26年（前221年）、39歳となった秦王・趙正はついに中華統一を成し遂げた。韓を滅ぼした始皇17年（前230年）から、わずか9年という驚くべき速さの偉業達成であった。

始皇帝となった正は第3回の巡行の際、顕彰した刻石に「六王を禽滅《きんめつ》した」と、かなり強い言葉を使っている。だが、実際には左のページで紹介しているように捕虜とした六王たちを生かす選択をしており、この時点では秦に属する諸侯の王として臣従させることも考えていたようだ。

たとえば韓王安は韓滅亡の4年後に新鄭で反乱が起きたため別の地に移され、そこで死去しているが、それまでの4年間は生存していたことがわかっている。趙の幽繆王も捕虜となったあと湖北省武当山《こほくしょうぶとうざん》に流され、その地で余生を過ごしたようだ。斉王建も共の地に移されたとあるのみで、いずれも処刑されてはいない。もちろん、6国の旧臣や民衆を無駄に刺激しないようにという政治的思惑もあっただろうが、だが、のちに秦帝国を滅ぼした項羽が子嬰を一族もろとも処刑したのに比べると、はるかに寛容だったと言えるのではないだろうか。

6国侵攻の過程でも残虐行為はほとんど行っていないが、数少ない例外のひとつが人質時代を過ごした趙の都・邯鄲である。正は王翦らが攻略した邯鄲に乗り込み、母の家に仇怨のあった者をすべて穴埋めにしたという。事実であれば、幼少期の邯鄲での日々は正にとってよほど過酷だったのだろう。

秦の中華統一の軌跡を振り返る

■中華統一までの道のり

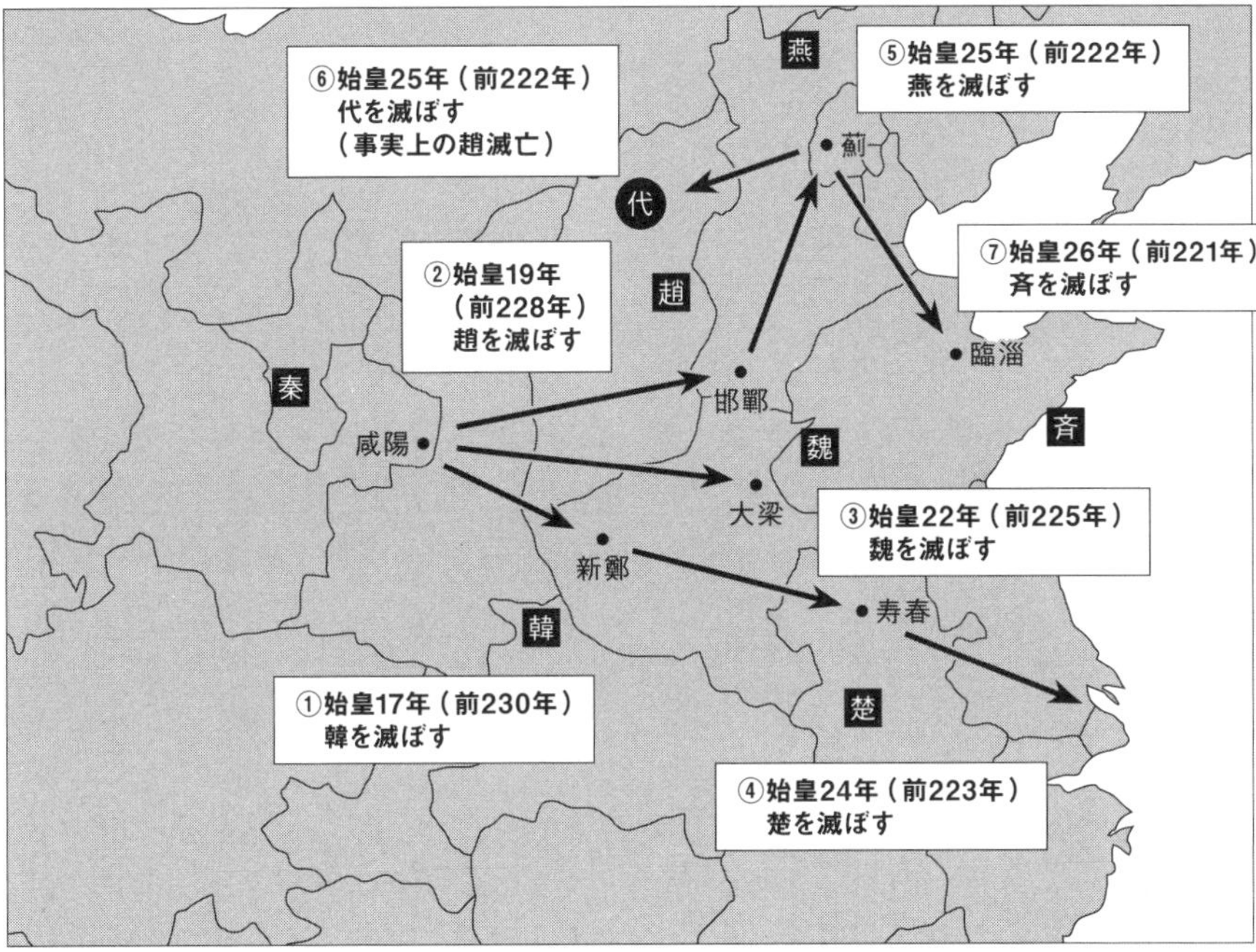

■6国の王たちのその後

韓王安（かんおうあん）
別の地に遷され、始皇21年（前226年）に死去

幽繆王（ゆうぼくおう）（趙王遷（ちょうおうせん）とも）
捕虜となったあと、湖北省武当山の房陵に流される

魏王仮（ぎおうか）
魏都・大梁陥落後に捕虜となる

楚王負芻（そおうふすう）
楚都・寿春の陥落時に捕虜となる

燕王喜（えんおうき）
遼東に逃亡するが捕虜となる

斉王健（せいおうけん）
陥落時に捕虜となり、河内郡の共の地に遷される

ここでは紹介していないが、代で秦に抵抗した元趙の公子の代王嘉も、捕虜となったとされるのみで生死には言及されていない。これらのことから王の生死は国家の滅亡とは関わりがなく、王が捕虜となって退位させられることが、その国の滅亡を意味していたことがわかる。それは始皇帝死後の秦帝国も同じで、子嬰の死ではなく彼が劉邦に降伏した時点で秦の滅亡とされている。

第4章
始皇帝の統一事業

イラスト：趙高（もか）

イラスト：李斯（武彦）

皇帝を号する

- 初めて「皇帝」を名乗る
- 「皇」は、光り輝くという意味がある
- 「帝」は、神話の五帝に由来する

称号に込められた統一の意思

13歳で即位した時、正《せい》の称号は「王」であった。しかし、その名前は、各国を支配していた人物を表しているにすぎない。周辺の国を倒し、中国全土を統治する立場となった正は、新たな称号を作ることにし、丞相の王綰《おうわん》、御史大夫《ぎょしたいふ》の馮劫《ふうこう》、廷尉の李斯《りし》らとともに御前会議を開いた。

これを受け、大臣たちは、博士たちの知恵も借り、古典の中から探し出し、「天皇《てんこう》」「地皇《ちこう》」「泰皇《たいこう》」という案を作り、その中で、最も尊いとされる「泰皇」を提出した。

しかし、正はこれに納得せず、自ら、光り輝くという意味を持つ「皇」の字と、古代中国の神話伝説に残る「五帝」から取った「帝」の字を合わせて、「皇帝」と名乗るのである。

その時、皇帝の自称である「朕《ちん》」や、その命令を表す「詔《しょう》」という言葉も作られ、その後長く使われることになる。

始皇帝の「始」とは、もちろん最初のという意味である。始皇帝は、自分の後継者に、「二世皇帝」「三世皇帝」というように名乗らせようと考えていたようだ。実際には、3代目となる子嬰《しえい》が、反乱により全土を支配することができなかったため、秦の皇帝は2代までとなった。

この「皇帝」という称号は、その後、漢の時代以降も引き継がれ、ラストエンペラーと呼ばれた清の皇帝、愛新覚羅《あいしんかくら》溥儀《ふぎ》まで、2000年に渡り使われ続けた。

歴史に残る始皇帝の称号

■王自ら「皇帝」とした

大臣たちの案

天皇　地皇

泰皇

「泰皇」を選ぶも…
王は納得せず、「皇帝」に

■「皇帝」の文字には歴史が込められている

皇　帝

大臣たちが出した「泰皇」「地皇」「天皇」より

千里を支配した、いにしえの五帝より

始皇帝（しこうてい）

天下統一を果たし、初めて「皇帝」を名乗った。その名には、伝説の三皇五帝を超えるという強い意志が感じられる。

■現在、始皇帝陵の石碑にもその称号は刻まれている

「皇帝」の名の元になった「五帝」は中国神話の帝王。『史記』によれば、「黄帝《こうてい》」「顓頊《せんぎょく》」「嚳《こく》」「堯《ぎょう》」「舜《しゅん》」とされる。

封建制《ほうけんせい》から郡県制《ぐんけんせい》へ

・封建制は、各地を諸侯に治めさせる
・郡県制は、中央から派遣された官吏が統治
・全国を36の郡に分けた

歴史上初の中央集権国家の誕生

始皇帝による統一前、中国でとられていた体制は「封建制」であった。

封建制は、国内の地域をそれぞれの諸侯に治めさせ、その対価として、諸侯は貢納や軍事奉仕などの義務を負うものだ。

一方の郡県制は、郡と県の2段階で地域が作られ、それぞれを中央から派遣された官吏が統治するやり方である。

封建制は、それまでの歴史上、地方の力が強くなり、諸侯による反乱の原因になると考えた始皇帝は、郡県制による中央集権体制を強力に推し進めたのである。

実は、臣下の中では従来の封建制との併用を求める声が多かった。しかし、李斯《りし》が、それではかえって政治的な混乱を招くと訴え、それが採用された。

始皇帝のこの政策により、国内が36の郡に分けられた。それぞれの郡には、行政を担当する守《しゅ》、軍事を管轄する尉《い》、監察を担当したと言われる監《かん》が置かれ、それらは世襲することはなく、転任も行われた。

なお、その時置かれたという36郡については、正確な内訳がわかっているわけではない。後の学者たちにより、さまざまな推測がなされている。

その後の中国では、郡、県に加え、州や道などの行政区分が作られ、現在では、23の省、5つの自治区、4つの直轄市に分かれている。また、下部の行政区分として、県も残されている。

封建制から郡県制へ

■封建制と郡県制の違い

封建制

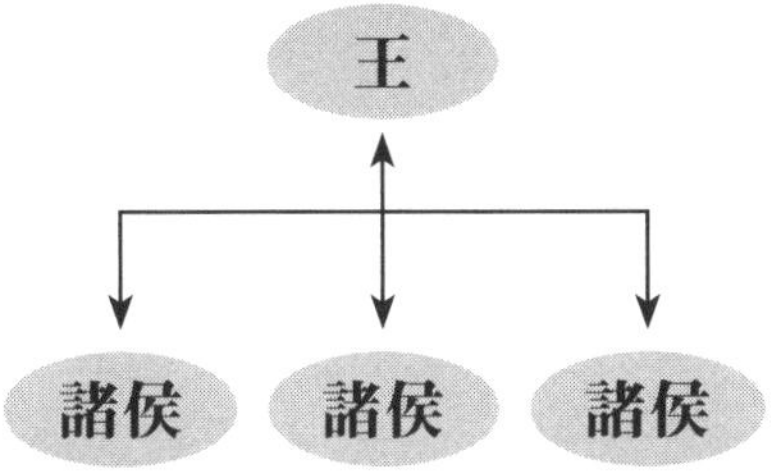

封建制は、王の下にいる諸侯たちがそれぞれの地を治める。基本的に世襲となる。諸侯の力が強まると、独立や反乱の原因となり国家の存在が危ぶまれる。

郡県制

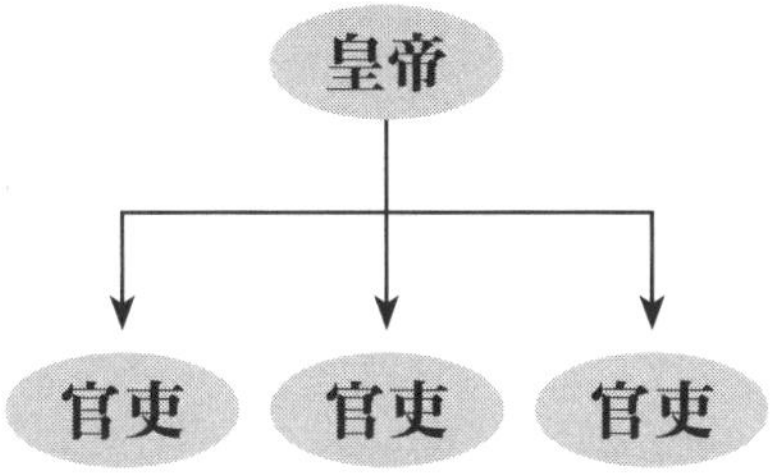

郡県制では、中央から派遣された官吏によって統治が行われる。世襲ではなく、能力を基準に人材が登用されたため、反乱は起こりにくいと考えられた。

■郡・県の主な役職

区分	長官	警察	その他
郡	郡守	郡尉	郡監（監察担当）
県	令/長	県尉	県丞《けんじょう》（県令の補佐役）

郡・県と呼ばれる区分は、春秋時代の末期から晋、秦、楚などで施行されていた。当初は直轄地を県、辺境地域を郡としたようであり、中央から王の任命する官吏を派遣して統治していた。

覚えておきたい世界史

現在の中国の行政区分

現在の中国では、日本の県にあたる区分として、23の省、5つの自治区、4つの直轄市が設けられ、その下に、地級市、県、郷などがある。1997年にイギリスから返還された香港と、1999年にポルトガルから返還されたマカオは、特別行政区とされ、省などと同等に扱われている。

文字の統一・度量衡《どりょうこう》・車軌《しゃき》

・文字を篆書体《てんしょたい》に統一した
・長さ、重さ、容積の度量衡を統一した
・荷車の車幅である車軌を統一した

始皇帝は、インフラの統一を図った

始皇帝は、政治を行っていく上でのインフラの統一にも着手した。

まずは、それまでバラバラに使われていた書体を小篆《しょうてん》に統一した。小篆は、漢字の古書体の一つである大篆《だいてん》を簡略化したものと言われており、始皇帝が李斯に命じて作らせた。

統一された書体であった小篆だが、実務に当たる下層の役人の間では、複雑で書きづらいものだった。そうして、小篆は単純化され隷書《れいしょ》が生まれたのである。

長さ、重さ、容積の基準である度量衡も統一され、基準となる標準器が各地に配られた。この施策は、公益や税の徴収に大きく関わるものであり、違反を犯すと厳罰に処された。

国内で使われる通貨も統一した。当時、斉《せい》や燕《えん》の東方ではナイフ形の刀銭、黄河中流域の諸国では鍬形の布銭《ふせん》などが使われていたが、円形で真ん中に四角い穴の空いた円形方孔の半両銭《はんりょうせん》に統一された。

そして、全国の交通をよりスムーズにするために行われたのが車軌の統一だ。戦国時代、各国の荷車の車幅はまちまちであった。当時は土の道路であったため、そこに残る轍の幅が違うと、その輸送力に大きな影響が出てしまう。これを解消するために行われたのである。

これらの政策の背景には、秦が「統一された法治国家」であることと、始皇帝の権力を示す意味合いも大きかった。

統治に関わるさまざまなものを統一

■文字の統一

篆書（小篆）　隷書

小篆は、戦国時代に使われていた書体・大篆を簡略化して作られたと言われている。隷書は、その小篆を使いやすいようにさらに簡略化したものである。

■度量衡の統一

度 → 長さ（ものさし）

量 → 体積（ます）

衡 → 重量（はかり）

度量衡では、長さの単位の一歩を6尺と定め、量をはかる「ます」と重さをはかる「はかり」の標準器を製造して全国に配布した。

■車軸の幅の統一

戦国時代、各国の車の車輪の幅は、それぞれ異なっていた。それには、他国の戦車を自国に侵入させない目的もあった。

始皇帝（しこうてい）

始皇帝が統一したのは、さまざまな「社会インフラ」であった。これにより、国内での物資の流通がスムーズになった。

刀狩り

・秦国内の武器を没収した
・武器は鋳つぶされ、鐘と金人《きんじん》にされた
・武力勢力が現れるのを防ぐ狙いがあった

刀狩りの本当の目的とは？

始皇帝は、統一された秦の国内から、武器を没収し、咸陽《かんよう》に集めさせた。各地方においても武器の所有は禁止で、その徹底ぶりは、猟師が仕事上に必要な弓の所有さえ認められなかったほどだという。

集められた武器は鋳つぶされ、鐘鐻《しょうきょ》と12体の金人に鋳直されたのち、宮廷に並べられた。

鐘鐻の「鐘」は、セットになった釣り鐘のことで、それを吊り下げる台座の部分を「鐻」という。金人は、人形の形をした釣り鐘スタンドの支柱であったのではないかと考えられる。

金人のサイズは、一体の重さが1000石（約31トン）で、『漢書《かんじょ》』五行志《ごぎょうし》によると、高さが5丈（約15メートル）、足のサイズは6尺（約183センチメートル）にもなったという。鎌倉の大仏の高さが約11メートルであることを考えると、いかに大きな像であったかがわかるだろう。

当時の武器は青銅でできていたため、これらの像も青銅製であったと思われる。この「金人」については、10体が、後漢《ごかん》の武将、董卓《とうたく》によって破壊され、残り2体は、五胡十六国《ごこじゅうろっこく》時代の前秦君主、苻堅《ふけん》が溶かしたと言われている。作られてから、実に400年あまりが経ってからのことだった。

もちろん、この刀狩りは、単に金人を作るためのものではない。真の目的は、秦が征服した旧6国の富豪たちを中心に形成されていた、地方の武力と経済力をなくし、国の安定を図るためのものだったのである。

一切の武器を持つことが許されなかった

■古代中国の青銅器

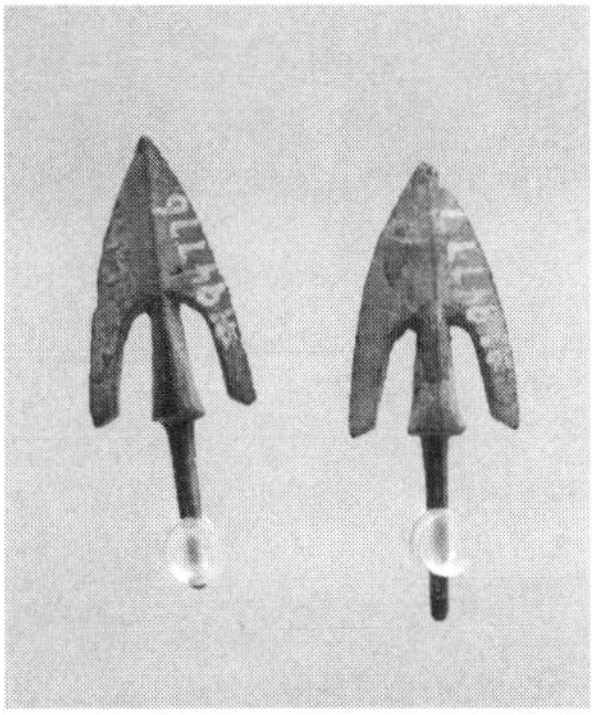

秦の時代、中国ではすでに製鉄の技術があったが、武器としては、耐久性のある青銅器が使われた。刀狩りによって集められたのも青銅製のものであった。

Photo by ©Tomo.Yun(http://www.yunphoto.net)

■刀狩りで集めた青銅で、釣り鐘の台座になった人形（金人）を作ったとされる

「金人」は、セットになった釣り鐘のスタンドの中で、その支柱の役割をはたしていたとの説が有力である。

■金人の大きさ比較

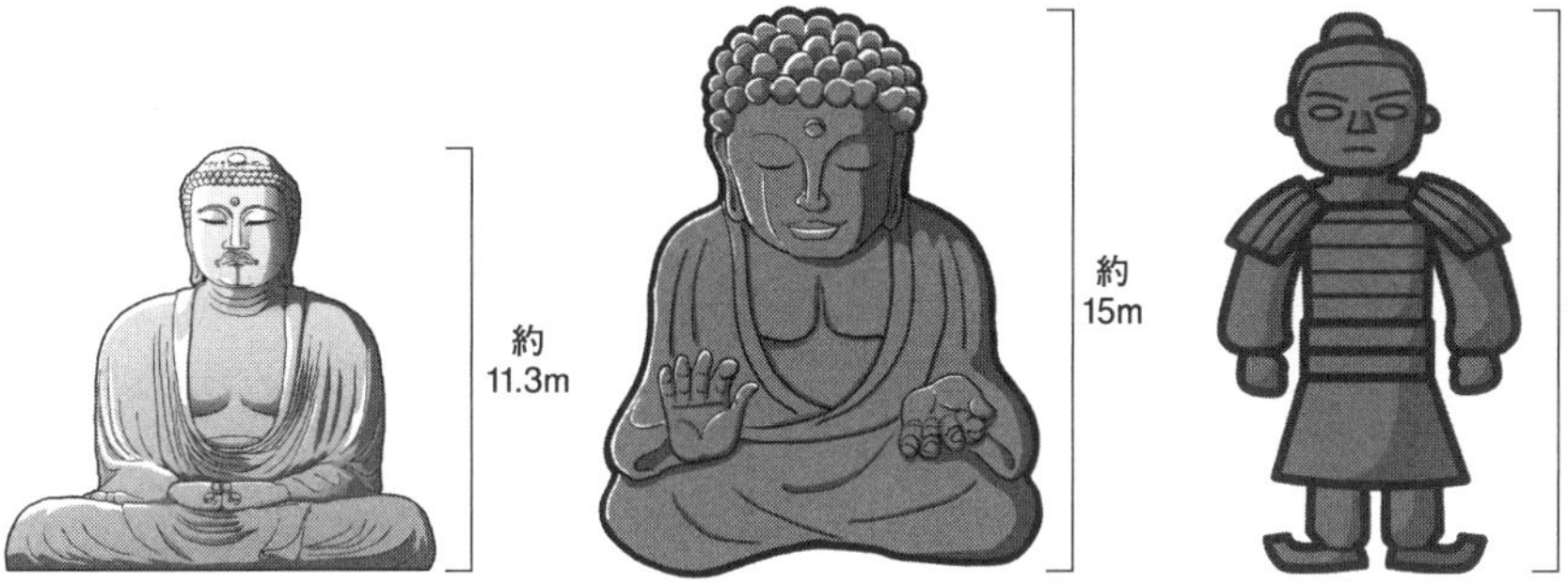

始皇帝豆知識

日本の刀狩りとの共通点・相違点

豊臣秀吉が1588年に出した刀狩り令では、同じように治安の維持と大仏造営を目的として武器が没収されたが、当時の刀は鉄製であった。また秦の時代の対象者は主に富豪であったのに対し、日本では農民が対象だったことも相違点である。

巨大な土木事業

・各地の富豪を首都・咸陽《かんよう》に移住させ、新都市、長城、道路、運河などを建設した
・大規模な工事は民衆の生活を圧迫した

次々と作られる巨大建築物

始皇帝は、地方に残っていた財力を衰えさせる目的で、各地の富豪たち12万戸を首都・咸陽に移住させた。

また、滅ぼした国からは、娼妓《しょうぎ》などの女性も集めたため、首都の人口は増加していった。手狭になった首都の対策として、麗邑《りゆう》という都市を作り、３万戸を移住させた。また、咸陽の北に位置する雲陽《うんよう》という街には、５万戸を移した。

このように首都の規模を拡大するとともに、大規模な土木事業も各地で行われた。

まず、北の匈奴《きょうど》対策として、オルドスの地を囲むように長城が整備された。一方、南の百越《ひゃくえつ》に対しては、砦の拠点を築き上げた。

国内の交通網も大きく発展した。軍事用の大規模道路で、長城にも繋がる直道《ちょくどう》を整備したほか、巡行に使われた馳道《ちどう》、長さ３４ｋｍにも及ぶ巨大運河・霊渠《れいきょ》も作られた。

さらに、増築を繰り返してもなお人が増え、手狭になった咸陽城の代わりに新しい宮殿である阿房宮《あぼうきゅう》の建設に着手する。また、自身の墓陵である驪山陵《りざんりょう》も建築が進められていた。始皇帝の晩年には、それらの建築に徒刑者70万人が動員されたという記録も残っている。

これらの大規模工事は、主に軍事的な面において国の力を高めるためのものだったが、民衆を強制的に徴用したこともあり、国内での不満は高まっていった。

数多くの土木事業が行われた

■首都咸陽の拡大

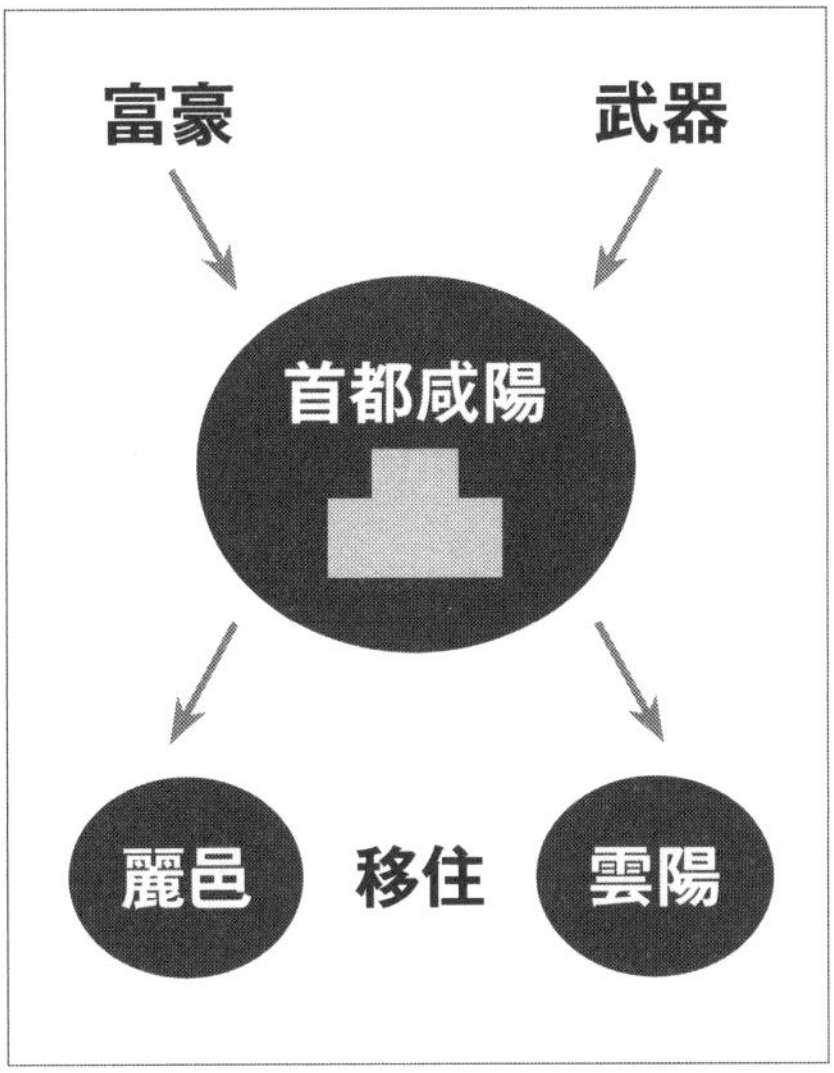

■国内各地での土木事業

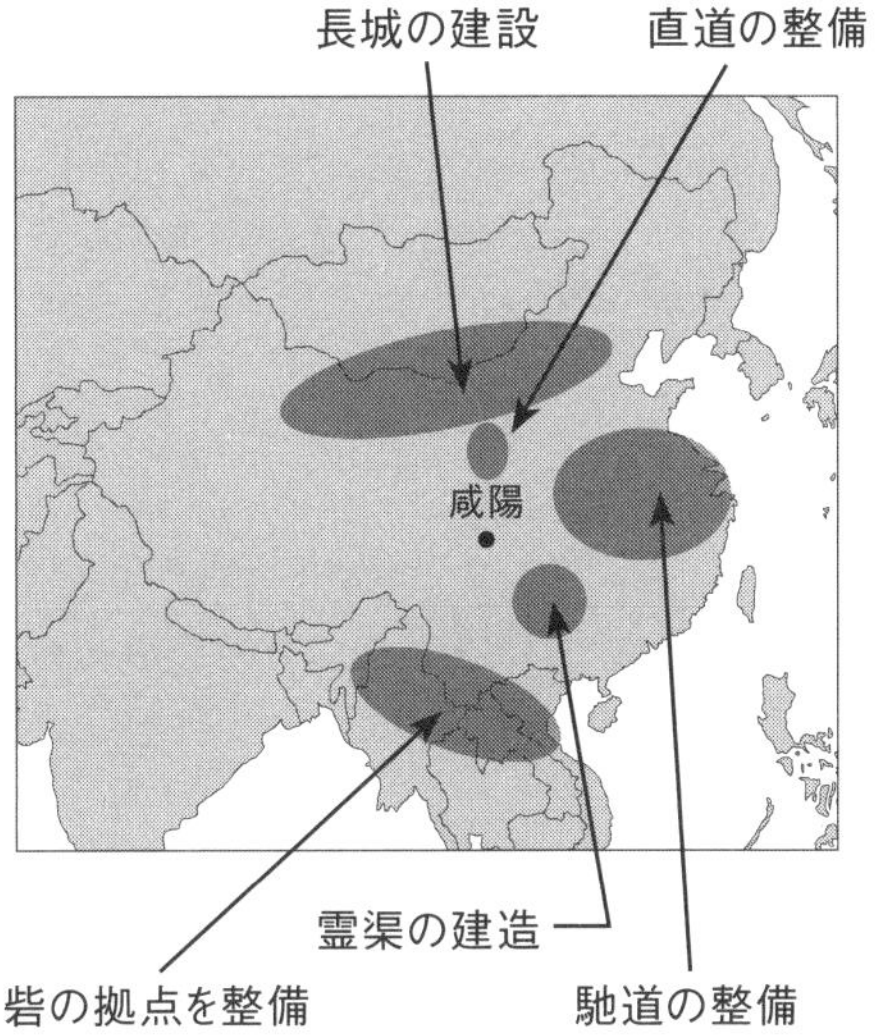

■巨大土木作業とその目的

長城、砦の拠点の整備
→北方の匈奴、南方の百越に対する備え

運河、霊渠の建築 → 軍事物資の運搬

国内の施道、直動の整備 → 軍事用、自身の巡行用

阿房宮の建設→ 手狭になった咸陽城の拡張

しかし!

巨大な権力と
威光の象徴

民衆を疲弊させた

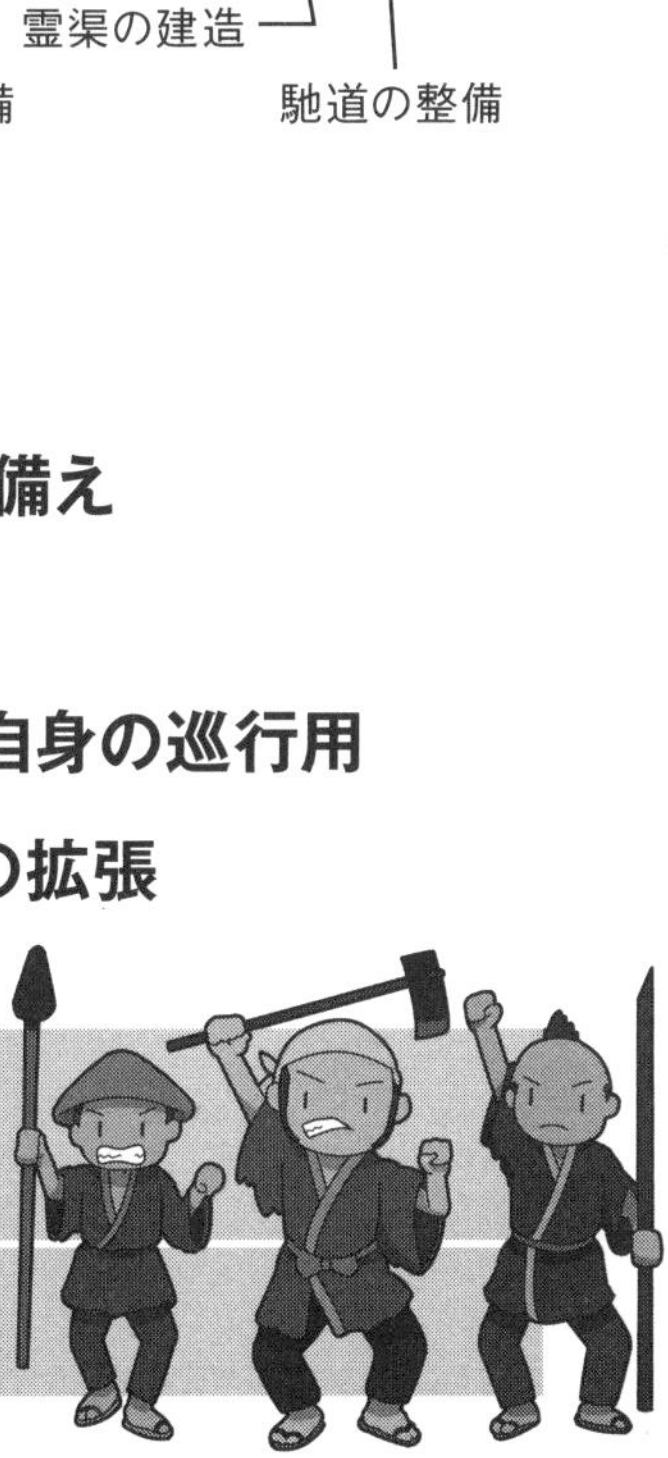

泰山《たいざん》で行われた封禅《ほうぜん》の儀《ぎ》

・始皇帝は、中国随一の霊山である泰山で封禅という儀式を行った
・封禅とは、天命を受けた人が行う儀式である

神秘に包まれた封禅の儀式

前219年、始皇帝は、東方の地を回る巡行に出発し、その途中の泰山で封禅の儀式を執り行った。

泰山は、現在の山東省泰安市《さんとうしょうたいあんし》にある山で、高さは1524メートル。古くより中国随一の霊山として崇められていた。

封禅は、中国古代の祭祀の一つで、伝説の時代には72人の帝王がこの儀式を行ったとされている。しかし、当時実際に行ったものを見た人は誰一人としていなかった。前650年頃、斉の君主であった桓公《かんこう》が行おうとしたが、宰相の管仲《かんちゅう》に諫められたという伝承もあるほどだ。

封禅の内容については、儒学者を集め調べさせても、どのように行うかが全くわからなかったため、始皇帝は南麓より、頂上を目指して登り始めた。そして、山頂に段をしつらえて天を祀り、石に自身の徳を称えた文章を刻んだ。この石は、泰山刻石《たいざんこくせき》と呼ばれ、文字の一部は剥げ落ちているものの、現在も残されている。

続いて、始皇帝は北側に下山し、地を祀る儀式を行った。

この山頂での儀式が「封」、山の下で行ったものが「禅」である。当時、儀式の詳細は明らかにされなかった。そのことにより、神秘性が高まり、始皇帝が神格化されていったとも考えられる。

その後も封禅の儀式は中国の皇帝の間で受け継がれ、二世皇帝である胡亥《こがい》や、前漢の武帝《ぶてい》など、十数人が行ったとされている。

封禅の儀の内容は秘密にされていた

■現在の泰山の様子

泰山に登る道は急角度となっており、現在は石段で登ることができる。始皇帝の封禅の際には、頂上まで車道が引かれたという説もある。

■封禅の意味

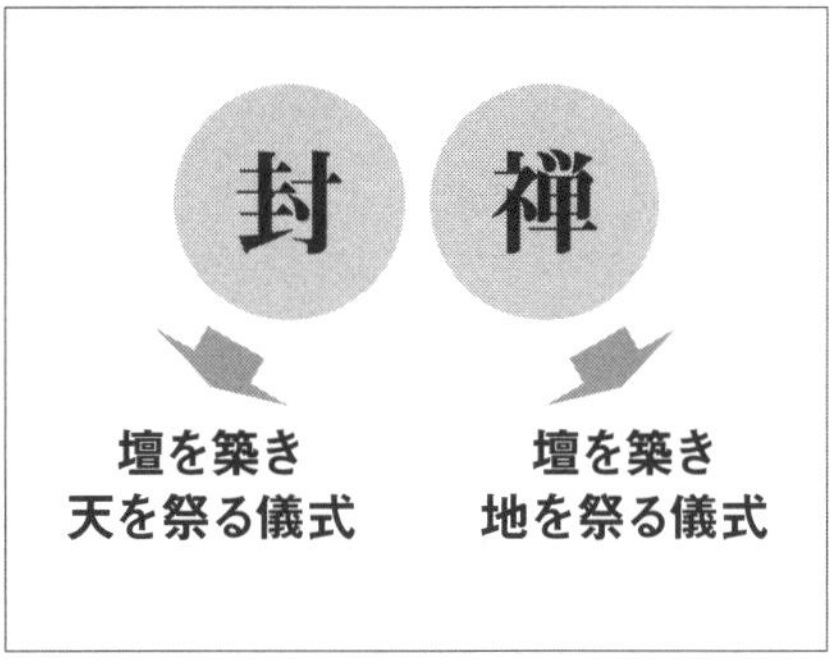
封
禅
壇を築き
天を祭る儀式
壇を築き
地を祭る儀式

■泰山封禅の経路

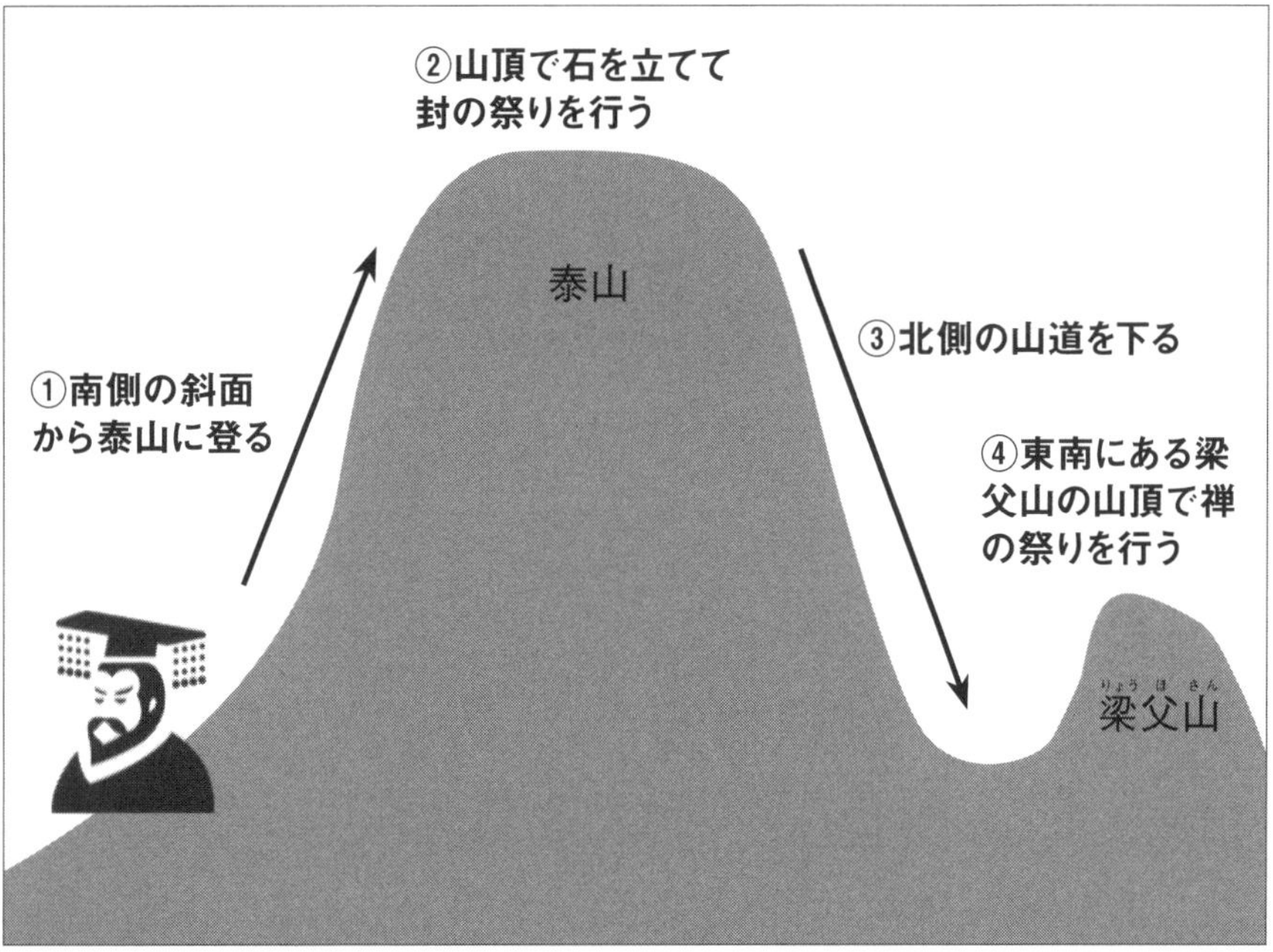
②山頂で石を立てて
封の祭りを行う
泰山
①南側の斜面
から泰山に登る
③北側の山道を下る
④東南にある梁
父山の山頂で禅
の祭りを行う
梁父山《りょうほさん》

広大なる街道整備

・主に巡行用の馳道《ちどう》と、匈奴対策で北に向かった直道《ちょくどう》が作られた
・どちらも戦車が走れる軍用道路だった

全国に整備された大規模な交通網

始皇帝は、国の統一後、5回に渡り国内を巡行していたが、その際に使われたのが、全国に整備された「馳道」だった。

馳道は、幅が約70メートルもあり、中央には皇帝専用の通路が作られていた。また、その表層は金属製の槌で叩いて固めてあり、ことが起きたときには戦車も通れるようになっていたという。

始皇帝が整備した道路は12000キロメートルにも及ぶが、その半分は馳道であったという。

一方、北方の匈奴対策のために、首都・咸陽《かんよう》から、北の九原《きゅうげん》（現在の内モンゴル自治区包頭市《ほうとうし》）まで作られたのが直道だ。

直道は、全長700キロメートルで、北側では長城と直結されていた。匈奴との戦いでオルドス地方を奪う功績を挙げた蒙恬《もうてん》が建築に携わった。

『史記』によれば、「山を崩し、谷を埋める」といった工事で、ほぼ真北へ一直線に延びている。こちらも軍用を目的としており、人や馬の足に負担がかからないよう、石畳ではなく、土で突き固められていた。

実際に、始皇帝がこの直道を使ったのは、自身の死後、棺に入れられて通過したのみだったという。

この時代には、咸陽から、墓所である驪山陵までは、甬道《ようどう》という道で結ばれた。甬道とは、両側に壁を設けた道で、始皇帝が通るのを外部に見せないようにしていた。さらに、新しい宮殿である阿房宮の北側には、復道《ふくどう》という二層建ての通路も作られた。

全国に伸びた交通網

■始皇帝が整備した馳道と直道

咸陽から北に延びる直道

主に咸陽から東に延びる馳道

広大なる街道整備

■馳道と直道

名称	総延長	道幅	目的
馳道	約6000km	69m	始皇帝の巡行用
直道	約700km	30m	北方への軍事用

■直道は北側で長城と直結された

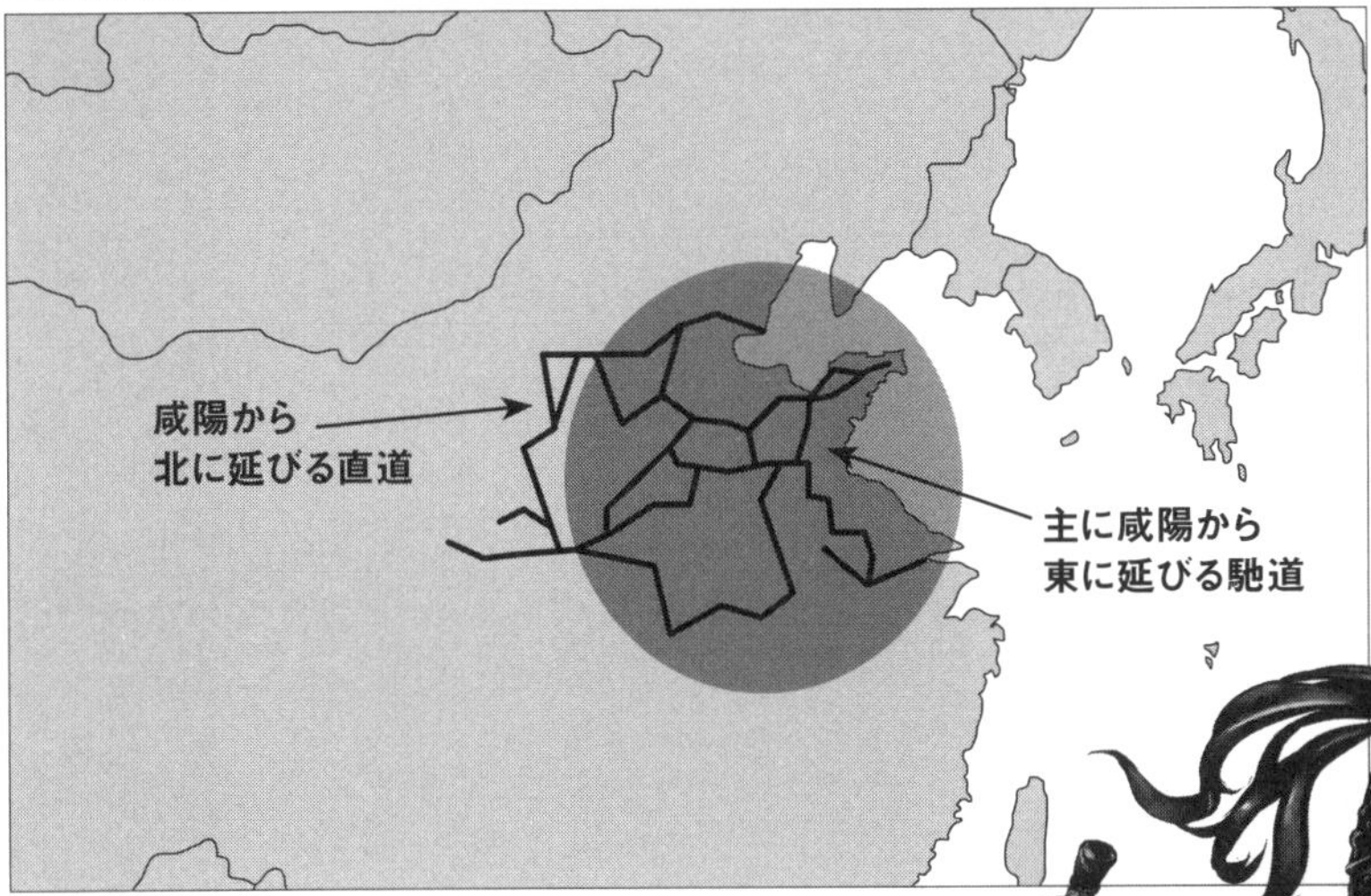

蒙恬（もうてん）
蒙恬は、将軍として匈奴と戦いオルドス地方を制圧した。後に長城や直道の建設を担当した。

阿《あ》房《ぼう》宮《きゅう》と建築事業

・始皇帝は新たな宮殿「阿房宮」を造営する
・1万人が座ることのできる規模だった
・造営は未完に終わった

始皇帝が夢見た新たな宮殿

中国統一時、始皇帝の暮らしていた咸陽城《かんようじょう》は、戦国時代の君主・孝公《こうこう》によって作られてから140年あまりが経っていた。また、地方の有力者などを咸陽に移住させたこともあり、首都は手狭になっていった。そのため、前212年、新たな宮殿の造営を開始する。

選ばれた場所は、咸陽から、黄河の支流である渭《い》水《すい》を挟んだ南東側・阿房《あぼう》であった。その地の名前から阿房宮と言われた宮殿（前殿）は、規模について諸説あるものの、東西約690メートル、南北約115メートルで、2階の殿上に1万人が座れるスペースが作られ、階下には11．5メートルの高さの軍旗が立てられるほどの大きさであったという。

咸陽宮から阿房宮に至る宮殿は復道によって連結され、渭水を天の川に見立てて天極をかたどった。

阿房宮の建築にあたっては、驪山陵と合わせて約70万人の罪人が駆り出され、始皇帝の死後も工事は続けられた。二世皇帝胡亥が引き継いだが、民衆の反乱などで、秦の滅亡とともに阿房宮の計画も消えたのである。

『史記』の項羽本紀《こううほんぎ》に、秦の宮室は焼き払われたとの記述があることから、この時阿房宮も消失したと見られていたが、後の研究により、漢王朝でも使用されていた可能性も出てきている。

現在は、版築の土台が残っており、付近には阿房宮を再現したテーマパークが作られ、観光地となっている。

歴史に残された阿房宮の姿

■清代中期の画家・袁耀《えんよう》による「阿房宮図」

■計画された阿房宮の規模

大きさ	東西690m、南北115m
正殿の広さ	一万人が座れる面積
堂下の高さ	11.5mの旗を立てることができる
咸陽との間	2階建ての屋根付き道（復道）で結ぶ
場所	天体になぞらえて配置

■阿房宮と咸陽、西安の位置関係

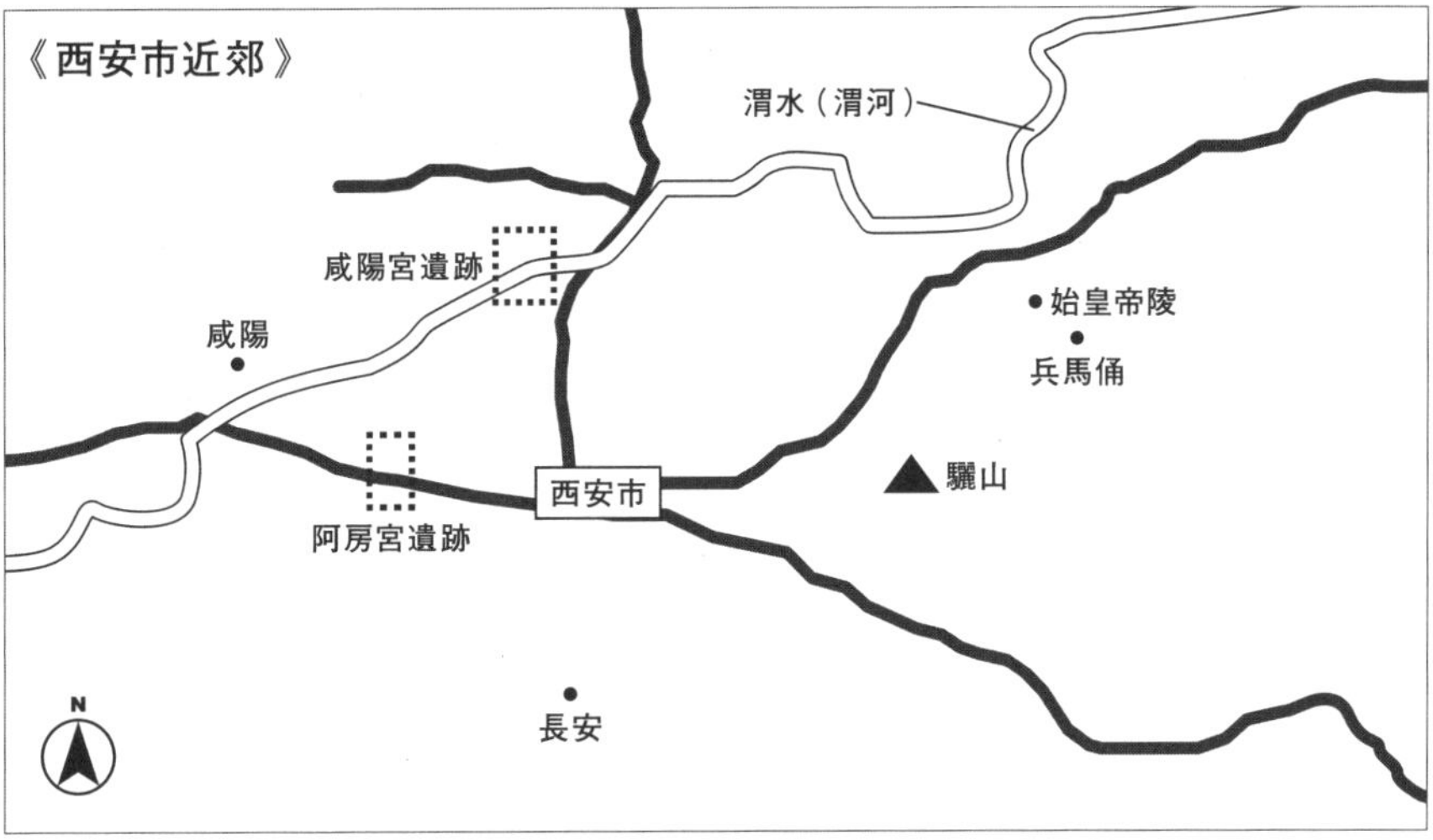

咸陽宮から阿房宮までは、2階建ての復道によって繋がれる計画であった。また、間に流れる渭水にも、屋根付きの橋が渡される予定だった。その配置は天空を模したものと言われている。

巨大な運河を築く

・百越征服のため、約34キロメートルに及ぶ運河・霊渠《れいきょ》を築いた
・現在も灌漑《かんがい》施設として利用されている

百越征服の力となった巨大運河

北方の匈奴と、南方の百越は、秦にとって警戒しなければならない存在であった。その百越対策として、始皇帝が行ったのが、霊渠とよばれる巨大運河の建設である。

霊渠は、揚子江の支流である湘水《しょうすい》と、広東地方の西江へと流れる灕水《りすい》を結ぶ運河で、現在の広西《こうせい》チワン族自治区《ぞくじちく》桂林市《けいりんし》興安県《こうあんけん》にある。漓水からは海に繋がっているため、その重要度は大きい。

前２２１年に郡監の禄《ろく》という人物によって建築が開始され、前２１４年に完成した。

全長は約34キロメートルにもおよぶ巨大なもので、36もの水門が作られ、それによって水位を調節するという、高度な技術が使われていた。

それまで、南部にあたる嶺南《れいなん》地方は、山が険しく、道のりも遠いため食料や物資の輸送が思うようにいかず、攻略は困難を極めていた。しかし、霊渠の完成によって、南へ軍隊と軍糧を送ることができるようになり、嶺南地方を平定することができたのである。

霊渠はその後２０００年以上にわたり嶺南地方と中原地方《ちゅうげんちほう》をつなぐ交通の要衝となり、古代シルクロードの重要な中継点とされた。

自動車道路と鉄道の出現により次第に水運機能としての役目を終えたが、12世紀頃からは、灌漑用としても利用され始め、現在の農地面積は、ポンプ運用用地も含め、約２６９０ヘクタールにまで拡大している。

時代によって変遷する運河の役割

■霊渠は湘水と離水を結ぶ
ために作られた

■運河のしくみ

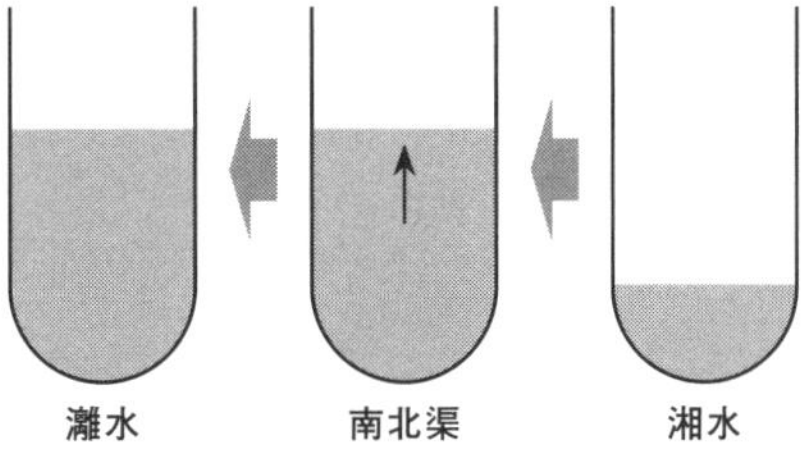

堰と水門で水面を上昇させる

霊渠の始点では、湘水の流れを三分して中央に堰を置き、南北に北渠と南渠を開いた。

■中国の河川

戦争時、川は軍隊と軍糧の運搬に重要な社会インフラであった。秦以降の時代にも、中国では各地に大運河が築かれた。

■霊渠建設の経緯

南部の山岳地帯にいた百越討伐のため嶺南地方を攻める

その際、郡監の禄という人物に霊渠を築かせ、軍隊や食料を運搬した

当初、現地の住民を虐殺したことなどから大きな抵抗を受けたが、戦いの末、南部を平定するに至った

始皇帝の巡行

・始皇帝は5度に渡り巡行を行った
・全国に皇帝の権威を示すことと不老不死の薬を探すことが目的だった

全国を回った巡行の概要

始皇帝は、その在位期間中に5度の巡行を行っている。巡行とは、皇帝が国内各地を見回って歩くことで、一番の目的は、その威信を全国に示すことであった。

また、始皇帝には、巡行の中で不老不死の薬を探すという目的もあったと思われる。

巡行の際には、主に、馳道と呼ばれる始皇帝専用の道路を使った。これは全国統一後、整備されたものである。

第1回の巡行は、前220年に行われた。隴西《ろうせい》から北地《ほくち》、西の鶏頭山《けいとうざん》に出て、回中《かいちゅう》を通るルートで、5度の巡航中唯一の西行だった。これらの地域は、秦にとってゆかりの深い場所であるため、祖霊に対して天下統一を報告する旅だったと考えられる。その一方、北部に勢力を拡大していた匈奴に対する威嚇の意味もあったと思われる。

翌前219年に行われた巡行は、東方の郡県を回り、南下していった。泰山で封禅を行ったのは、この時である。また、この巡行中に、始皇帝は斉国の方士・徐福《じょふく》と出会い、彼に仙人を探すよう命じている。

3回目の巡行は、前218年に行われた。咸陽《かんよう》から東に進み、之罘山《しふさん》で頌徳碑《しょうとくひ》を刻んだ後、琅邪《ろうや》、上《じょう》党《とう》と回って咸陽に戻った。この巡行中、博狼沙《はくろうさ》で、始皇帝一行に重さ120キログラムの鉄槌が投げ込まれるという暗殺未遂に遭っている。後に、秦を滅ぼす劉邦《りゅうほう》の軍師となる張良《ちょうりょう》が計画したものだった。

第1回～第3回の巡行ルート

■第1回巡行

5度の巡行中、唯一の西行だった。西方に権威を示し、匈奴に対する威嚇の意味もあった。

■巡行の目的

- 地方の様子を把握する
- 自らの権威を示す
- 全国の山川の祭祀をする
- 不老不死の薬を探す

留守中の政治は…

都に残った右丞相に任せながら、旅先からも行った

■第2回巡行

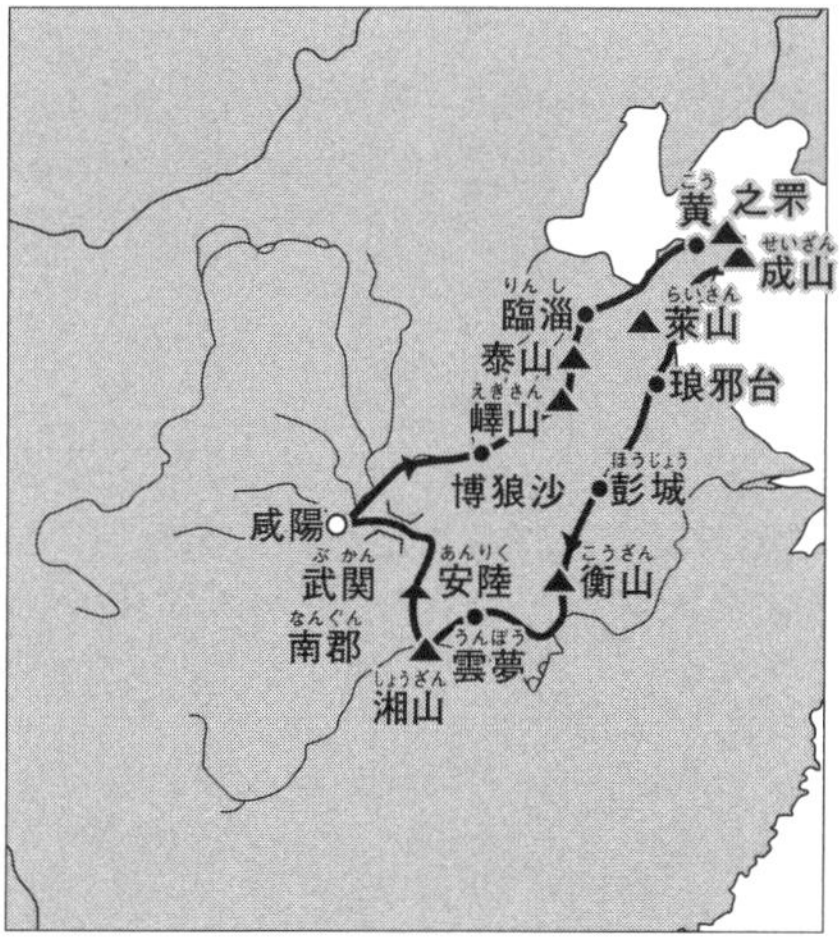

初めての東方への巡行。途中で泰山に登り、封禅の儀式を行った。方士・徐福と出会ったのもこの時である。

■第3回巡行

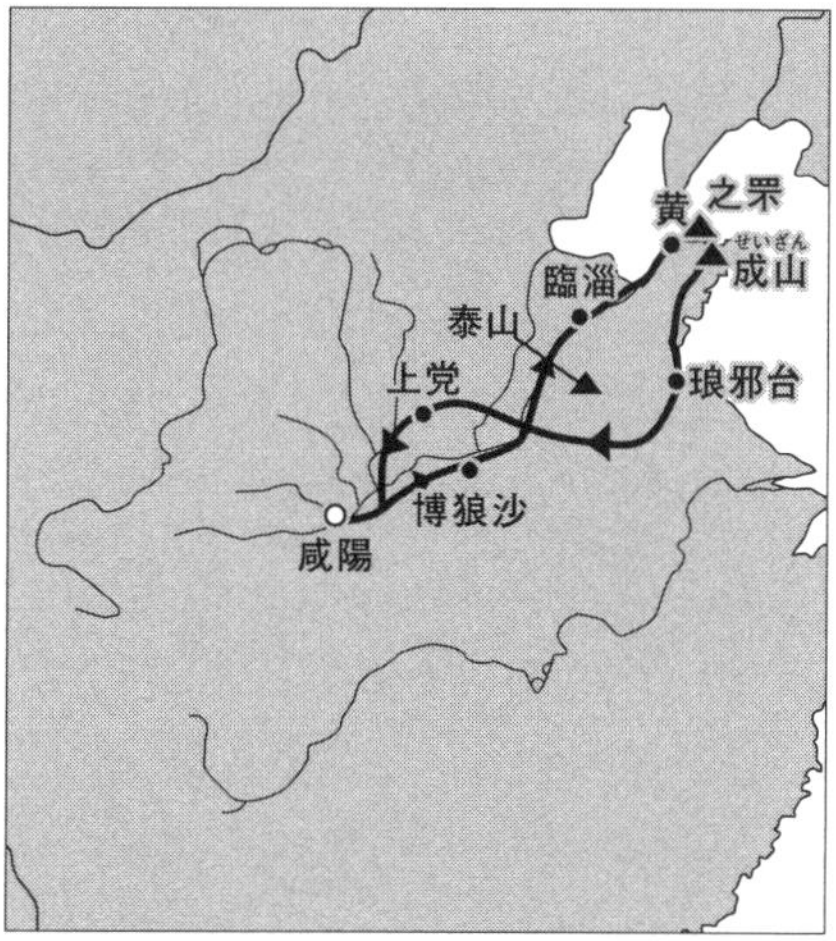

前回に続いて東方へと向かった。張良によって始皇帝の暗殺が計画されるが、失敗に終わった。

始皇帝の死により終わった巡行

4回目の巡行は3年後で、東北地方を巡った。碣《けつ》石《せき》から上郡《じょうぐん》を回り、咸陽に戻っている。

『三斉略記《さんせいりゃくき》』によれば、この際、碣石で始皇帝が海神に出会ったとされている。この地で海に石橋をかけたところ、海神が力を貸してくれた。始皇帝は会見を申し込み、海神は醜悪な自らの姿を絵に描かないことを条件に許可した。ところが、臣下の中にいた画工が、足を使って筆写しているのを海神が見破り、怒って石橋を崩してしまった。始皇帝は崩れていく石橋を馬で逃げ助かったが、画工は死んでしまったという。

また、燕の方士・盧生《ろせい》に仙人の羨門《せんもん》、高誓《こうせい》を探すよう命じ、同じく方士の韓終《かんしゅう》・侯公《こうこう》・石生《せきせい》に不死の薬を探させたのもこの巡行の時である。

最後の巡行となったのは、4年後、前210年のことだ。その間、秦帝国は、南方に進軍して3つの郡を設置、焚書坑儒を行うなど激動の時期であった。それだけ間が空いていたということもあり、後に二世皇帝となる末子の胡亥《こがい》と左丞相の李斯《りし》を伴った巡行は、過去最大規模のものとなった。1年間ほど咸陽を留守にする予定であったが、その間は、右丞相が都を守った。

今回は、第2回の時とは逆に、左回りのルートをとった。これは、天空上の星座の動きを意識したのではないかと考えられている。

巡行では、東南の地、雲夢に行って、長江を下り、丹陽《たんよう》へ。そこから銭唐《せんとう》を通って会稽山《かいけいざん》に登って北上する。さらに琅邪から労山《ろうざん》・成山まで行った後、平《へい》原津《げんしん》に戻ったところで、始皇帝は病に倒れる。そして7月に、沙丘平台《さきゅうへいだい》でその生涯を終えるのだ。

これらの巡行については、長い間、『史記』の記述によって伝えられてきた。その後、1975年に、雲夢にある古代遺跡から竹簡に、始皇帝が始皇28年（前219年）にその地を通過したとの記録が発見され、巡行の貴重な裏付けとなった。

始皇帝の死により終わった巡行

■第4回巡行

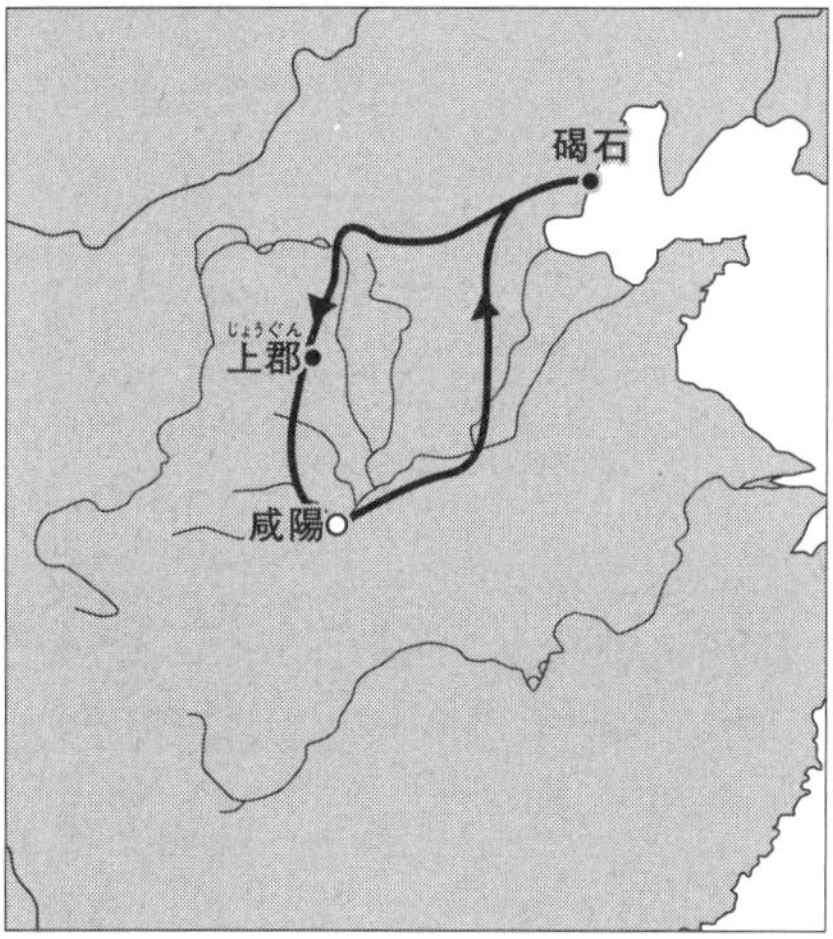

4回目は主に東北地方を回った。中国北辺の碣石で、海神に会ったという伝説が伝えられている。

■第5回巡行

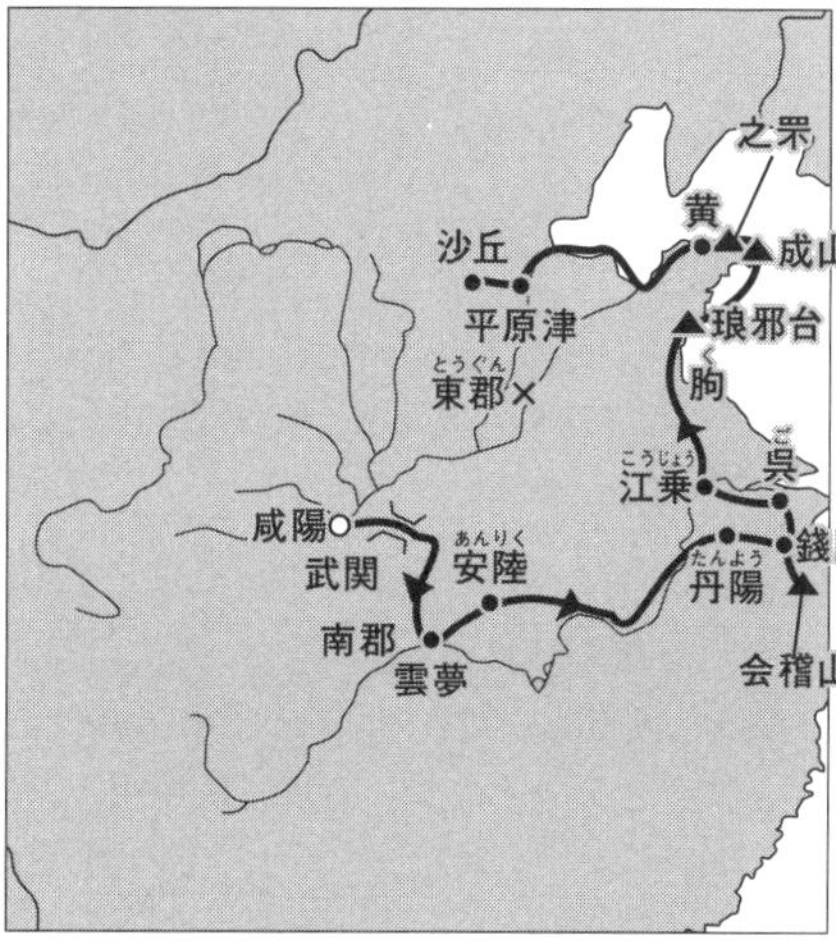

始皇帝にとって最後の巡行となる。過去最大規模のもので、１年もの間都を空けることとなっていた。

■巡行の際に作られたという刻石

泰山刻石

琅邪台刻石

写真提供：
鶴間和幸

始皇帝の巡行では、東方の山と海に「始皇七刻石《しこうしちこくせき》」と言われる顕彰碑が作られた。祭祀の時に自然石を建て、その後に文字を刻んだと考えられている。現在は２基が残っている。

万里の長城

・長城は秦統一以前から作られており、始皇帝は、各国の長城を整備した
・現在の万里の長城の大部分は明代《みんだい》に作られたもの

長城の歴史と始皇帝による整備

始皇帝によって建造されたと思われがちな長城であるが、もともとの壁が初めて作られた時期は紀元前7世紀頃と考えられている。

統一前の秦や、趙《ちょう》、燕《えん》においても、北からの遊牧民の南下を恐れて長城を築いていた。長城のことを塞《さい》とも言うが、長城を越えることを越塞《えっさい》と言い、その行為は内からも外からも厳しく罰せられた。

戦国時代に生まれた騎馬軍団に対しては、高さも幅も2メートル程度の壁で十分に侵入を阻止することができた。その頃の長城は、土壌が豊かな地域では版築《はんちく》と呼ばれる、土を建材にした方法で作られ、土壌の少ない乾燥した草原地帯では、石積みで作られていた。

前２１４年、始皇帝は、長城建築に着手する。この時、すでに統一から7年が経過していた。地域としても、秦帝国の北辺全体ではなく、オルドスの河南という局地的なものであった。つまり、着手時の長城建設は、統一事業として大々的に行われたのではなく、匈奴との戦時体制として行われたと考えられる。

やがて、長城建設の事業は西の臨洮《りんとう》から東の遼《りょう》東《とう》まで、約６０００キロメートルに及ぶものとなり、これが万里の長城と呼ばれるのである。

秦はこの時に全ての長城を作ったわけではなく、その東の部分は趙と燕のものを踏襲している。もちろん、最も力を入れたのは、オルドスを守るため、黄河と陰山山脈《いんざんさんみゃく》の間に築いた石の長城だった。

始皇帝時代の万里の長城

■万里の長城の位置

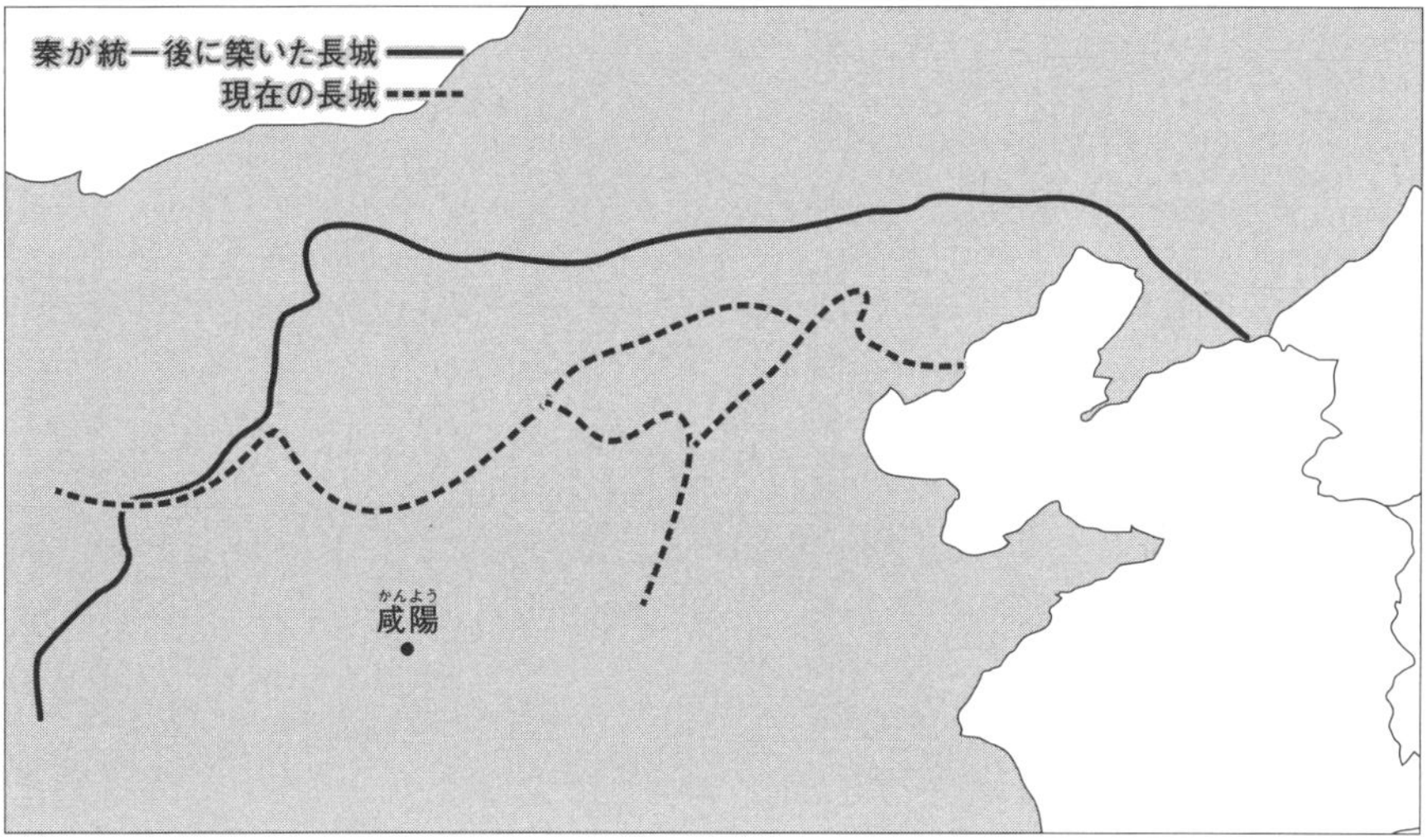
秦が統一後に築いた長城
現在の長城
咸陽《かんよう》

秦代の万里の長城は、現在のものより北方に作られていた。また、その大きさも、騎兵の侵入を防止するため、幅・高さとも２メートル程度であった。現在残っている史跡でも、いつの時代に作られたか不明なものも多い。

■明代に作られた長城の写真

■内モンゴル自治区にある秦長城

陰山山脈の丘陵の稜線に沿って作られた石の長城。一枚ずつ平たい石片を積み重ね、その石の上からの重みで固定されている。

写真提供：鶴間和幸

この長城によって、蛮夷《ばんい》と中華の境は明確になった。

万里の長城を築いた目的は、匈奴を牽制するということの他に、始皇帝が自身の権威を示すという意味合いもあったようだ。

万里の長城にまつわる伝説と長城の現在

始皇帝の時代の万里の長城建築は、10年あまりの歳月をかけ、関わった労働者は50万人とも100万人とも言われている。これだけ大規模な工事の現場は過酷であったようで、労働環境の厳しさや事故によって命を落とした人も大勢いたと見られる。

そんな厳しさを後世に伝える伝説も生まれた。それが孟姜女《もうきょうじょ》の逸話である。

瓜から生まれた女性である孟姜女は、范喜良《はんきりょう》という男性と結婚する。しかし、范喜良は万里の長城つくりの人夫として徴用されてしまう。孟姜女は夫の後を追うが、范喜良は過酷な労働に耐えられず、命を落としてしまっていた。悲しみにくれた孟姜女が慟哭すると、万里の長城が数里に渡って崩壊し、長城に埋め込まれていた夫の亡骸を発見する、というストーリーだ。

これは、秦代のものではなく、後世の人が始皇帝政治の過酷さを伝えたものであるが、人力のみで巨大な壁を作ることの厳しさは想像に難くない。

その後、長城は前漢の武帝《ぶてい》の時代に西へと延長され、さらに北側にも2本増設された。これにより、長城の総延長は約2000里に達した。この頃の長城は、すべての長城の中で最も長く、西は現在の甘《かん》粛省《しゅくしょう》西端から、東は朝鮮半島北部まで達していた。

新王朝から後漢《ごかん》、唐《とう》や宋《そう》王朝において、長城は何度か放棄される状態であったが、北方の勢力が強まるたびに歴代の王によって補修が繰り返された。まさに、長城は国家統一の象徴的な存在であった。

現在の長城は、主に明の時代に作られたものである。1987年には世界遺産にも登録され、多くの観光客が訪れている。

現在も残る万里の長城

■現在の万里の長城の様子

かつて「宇宙から肉眼で見える唯一の建造物」と言われていたが、実際には幅が細く、見ることは難しいとか。

明代の長城は、平均で高さは7．8メートル、底面の幅は6．5メートルとなっている。

■万里の長城の主な歴史

前8世紀～前221年	当時の主権者によって境界として作られる
前221～207年	秦による統一時代。 始皇帝によって中国北部の境界がひかれる
前206年～西暦220年	漢の時代。 武帝によって長城は西に広がり、玉門《ぎょくもん》まで延びる
1368年～1644年	明の時代、現在の長城が建設される。 レンガによる強固な長城へと変わっていった

蒙《もう》恬《てん》の匈奴《きょうど》討伐

・始皇帝は蒙恬将軍に北方の匈奴討伐を命じた
・蒙恬軍は勝利し、オルドスと呼ばれる草原地帯を手に入れた

匈奴に仕掛けた戦争のきっかけと目的

始皇帝が天下を統一して6年、新たな戦争が始まった。目指したのは北の匈奴が支配する辺境の地であった。

匈奴とは、秦の北方に存在した、遊牧民族を中心とした国家である。当時は頭曼単于《とうまんぜんう》という強いリーダーが治めていた。

匈奴に戦争を仕掛けたのには、いくつか理由が考えられる。まずは、統一した秦の国を北方の蛮夷から守るということ。しかし、この戦争は蛮夷を滅ぼして服属させようというものではなかった。始皇帝は、秦帝国の周囲に蛮夷を置くことで、中華の世界の威信を示し、その境界を明らかにしようと考えたのだ。

これらの対外戦争を積極的に推進したのは、丞相の李斯《りし》である。始皇帝の第4回の巡行で、初めて北辺を回るルートをとったのは、始皇帝が自ら匈奴の動きを察知し、攻撃をするきっかけを作らせようとしたのではないか。もちろん全て李斯の策略であったと思われる。

さらにきっかけとなったのは、燕の盧生という方士だった。盧生は、始皇帝に『録図書《ろくとしょ》』という予言書を差し出した。そこには、「秦を滅ぼす者は胡なり」と書かれていた。後の時代に、胡とは二世皇帝胡亥のことだという解釈もされたが、実際は単純に匈奴のことであり、それを理由として戦争を仕掛けた。

その時、匈奴攻撃の命を受けたのが蒙恬将軍だった。

匈奴との戦いと蒙恬

■秦時代の匈奴の位置

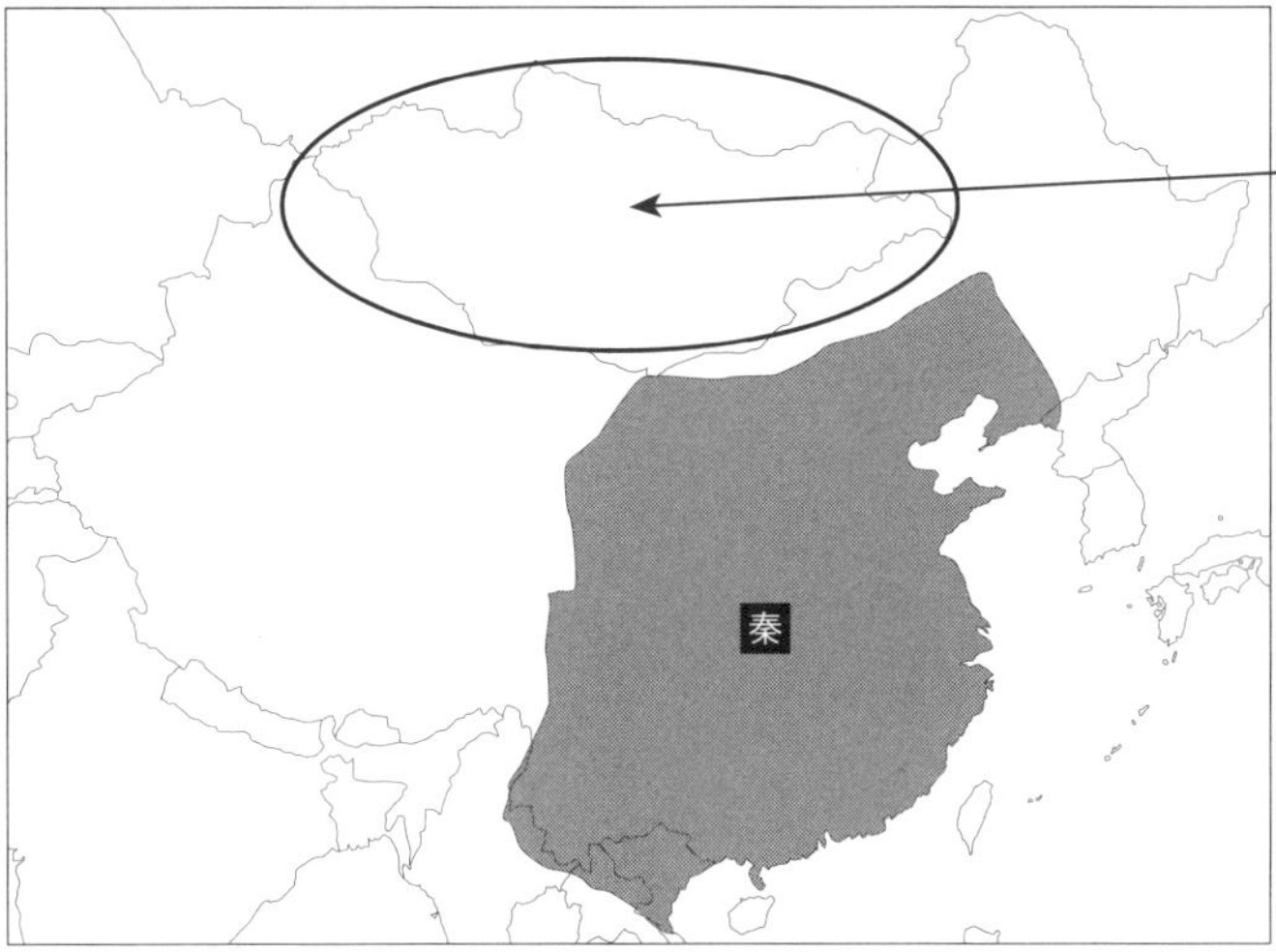

匈奴

匈奴は、紀元前4世紀頃から中央ユーラシアに存在していた。モンゴル高原を中心として一大国家を築いた。

■蒙恬家系図

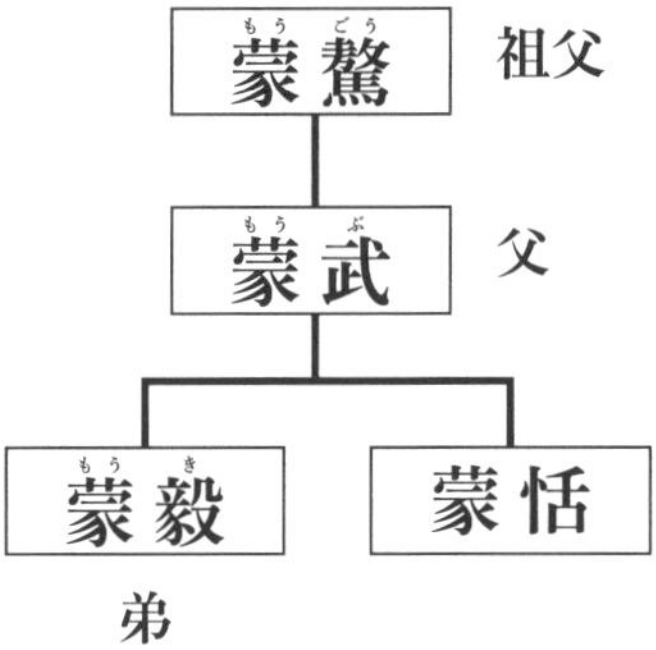

蒙恬（もうてん）

始皇帝に仕えた将軍。秦の統一前は、燕や斉との戦いで功績をあげた。オルドス征服後も北方で長城や直道の築造に携わった。

蒙恬の戦いとその後のオルドス地方

蒙恬は、かつて秦軍の将軍として韓《かん》や魏《ぎ》を攻めた蒙驁の孫である。父である蒙武も秦の将軍であったことから、始皇帝の信頼も厚かったようだ。当初は文官として宮廷に入り、裁判などに関わっていたが、後に父の跡を継いで将軍となり、数々の功績をあげていた。

前215年、蒙恬は30万の軍を率いて匈奴征伐のためオルドスに向かった。オルドスは、西・北・東が黄河に囲まれた豊かな草原地帯で、当時は河南《かなん》と言われていた。軍馬を養い、強力な軍事力を維持するためにもどうしても必要な地域だった。

蒙恬は作戦を成功させ、匈奴を北へと追いやり、オルドスの地を奪った。始皇帝はそこに犯罪者を移住させ、44の県を新設した。

その後蒙恬は、オルドスなどの辺境に陣し、匈奴対策の長城や、直道の整備などに従事する。これらの功績は始皇帝にも喜ばれ、弟である蒙毅も取り立てられることとなる。

蒙恬のいた辺境には、焚書令《ふんしょれい》に反対して、父・始皇帝の怒りを買った扶蘇《ふそ》もやってきて、蒙恬は扶蘇の元で匈奴対策にあたることになる。

一方、匈奴帝国はオルドスの一部を占領された後も勢いを止めることはなかった。モンゴル高原の草原に暮らす遊牧民を東西に組織し、大帝国を築いていった。その頃、匈奴の24人の長は数千から一万の騎馬を有して分散し、年に三回祭祀のために集まっていた。彼らのそうした集合場所は漠然としかわからない。匈奴の国に、秦のような城郭の都はなく、君主である単于の居所も庭といって、天幕を張った場所に住んでいた。始皇帝といえども、単于の庭までを攻撃する力はなかったのだ。

その後、頭曼単于は、始皇帝と蒙恬の死によって再び黄河を越え、オルドスの地を取り戻した。

秦が滅亡した後の前漢の時代、高祖劉邦は匈奴との戦いで追い込まれ、毎年年貢を送ることとなった。

匈奴の歴史とその後

■匈奴は遊牧騎馬民族であった

匈奴は文字を持たなかったため、自身の記録は残していない。戦になれば男は皆従軍し、女性も軍事行動と共に移動していた。

■戦いの舞台となったオルドス

写真提供：鶴間和幸

オルドス地方は、大部分が海抜1500メートル前後の高原で、一部はステップや砂漠などの地域がある。

■匈奴の主な歴史

前215年	蒙恬により討伐され、オルドス地方を奪われる
前3世紀末	冒頓単于《ぼくとつぜんう》が諸部族を統一して北アジア最初の遊牧国家を建設
前129年頃	漢の武帝により度重なる攻撃を受け、次第に衰退する
前60年頃	東西に分裂

百《ひゃく》越《えつ》の討伐

・始皇帝は、南方の百越を制圧し、桂林《けいりん》、象《しょう》、南海《なんかい》の三郡が設置された
・南海には、宝石などの物資が入手できた

南海の物資を求めて百越を制圧する

北方において匈奴と戦っていた始皇帝は、南方の百越の征服にも乗り出した。百越というのは単独の国家があったわけではなく、長江より南の地域に住んだ南方民族の総称である。

侵略の規模は、蒙恬《もうてん》の対匈奴軍が30万だったのに対し、こちらは50万もの軍隊が送られた。軍隊は5つに分けられて駐軍し、それぞれの場所を3年間占領し続けた。ここにあてられたのは、行き場のない逃亡者や働かない婿、商人らであった。そうして秦は、南方の地に桂林、象、南海の三郡を設置したのである。

北方の秦の人たちにとって、南方の地は高温多湿で、暮らしにくいものだったという。さらに、移住した人々は、先住民の越人《えつじん》と共存していかなければならなかった。それは容易なことではなく、移住者と先住民の間では、しばしば衝突が起こったようだ。派遣された役人は現地で政治を行っていたが、山岳地帯には、秦にくみしない人たちもいたのである。

それでは、始皇帝がここまで百越の地にこだわった理由はなんだろうか。それは、この地で入手できる数々の財宝であった。南海産の犀角《さいかく》、象牙《ぞうげ》、瑇瑁《たいまい》、翡翠《ひすい》、真珠、珊瑚《さんご》などがもたらされた。犀角はサイの角、粉末にして生薬や漢方薬にされた。象牙は象の牙、瑇瑁はウミガメのことで、甲は鼈甲《べっこう》として装飾品に使われる。翡翠、真珠、珊瑚は現在と同じように宝石や装飾品の材料となった。美しい南海の産物に、始皇帝もまた魅せられたことだろう。

秦による百越の支配

■百越がいたとされる地域

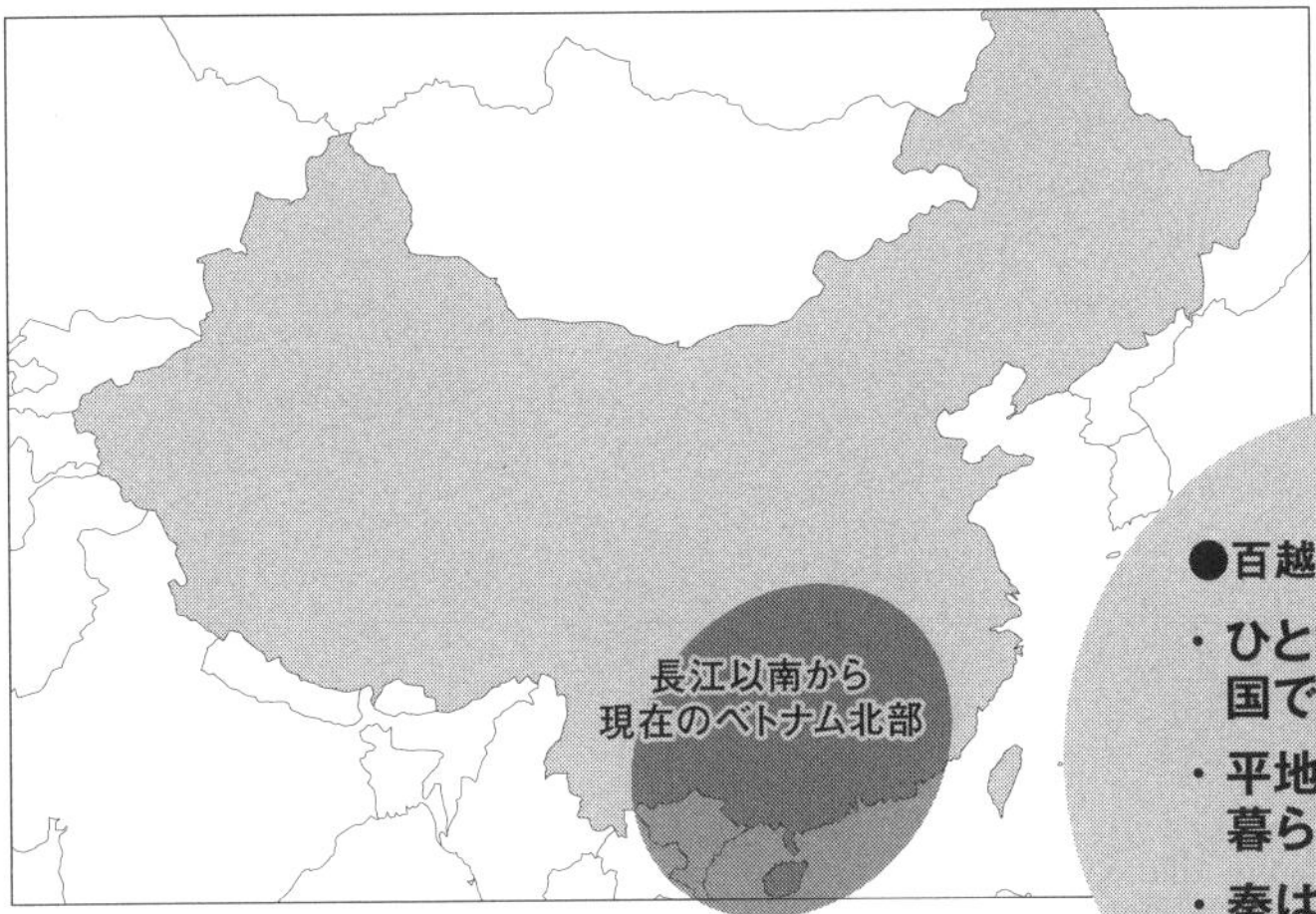
長江以南から
現在のベトナム北部

●百越は…

- ひとつにまとまった国ではない。
- 平地に点在して暮らした人々の総称
- 秦は50万人の兵をもって制圧した

■百越の一部、南海には、多くの貿易品がもたらされていた

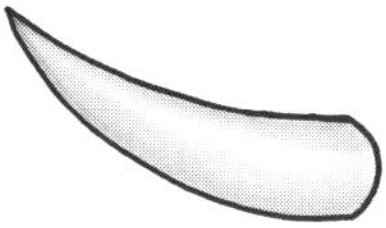

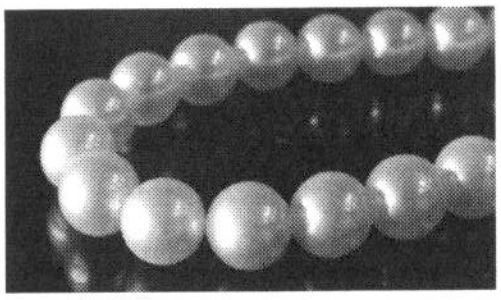

●南海で入手できたもの

犀角	動物のサイの角。 中国では薬として使われた
象牙	象の牙。印や装飾品に
珊瑚	海で採れる動物。宝石
瑇瑁	亀。鼈甲として装飾品に
翡翠	宝石。装飾品に

始皇帝と不老不死

・始皇帝は不老不死を求めて神仙思想《しんせんしそう》に傾倒した
・方士徐福《じょふく》は、不死の薬を求めて東方へ旅立ったが戻らなかった

不老不死を求め神仙思想に傾倒する

国の統一を果たし、全てを手に入れた始皇帝が次に望んだのは不老不死であった。この国を発展させるためにまだまだやることがある。そのためにも、永遠の命はどうしても必要であった。もちろん、どうしても逃れることのできない死への恐怖もあったことだろう。

始皇帝は、東方で活躍する方士たちと積極的に交流を持った。方士とは、瞑想や気功などの方術《ほうじゅつ》によって、不老不死や生き返りを実現しようとした修行者のことである。

そんな方士から伝えられたのが神仙思想である。神仙とは、法力と神通力を持ってる神たちのことで、肉体のぬけがらだけを地上に残して昇天する術、古い骨を新しい骨と取り替えて若返りをはかる術、鬼神との交感を行う術などを操ることで、その存在にたどり着くことができるという。

もちろん、現代の科学からしたら荒唐無稽な話である。実際、当時の方士の中にも、怪しげで調子のよい話をすることによって、権力者に迎合し、自分を売り込むことしか考えていない者も、少なからず存在したようだ。

しかし、始皇帝はそんな神仙思想にとりつかれていく。そんな始皇帝に対し、斉の方士である徐福は、東方の海にある、仙人が住むという蓬莱《ほうらい》・方丈《ほうじょう》・瀛《えい》州《しゅう》の三神山に行き、不老不死の霊薬を探してくると言って、資金の援助を申し出た。始皇帝はこれを許可し、徐福は船出した。

始皇帝が信じた神仙思想

■神仙思想の例

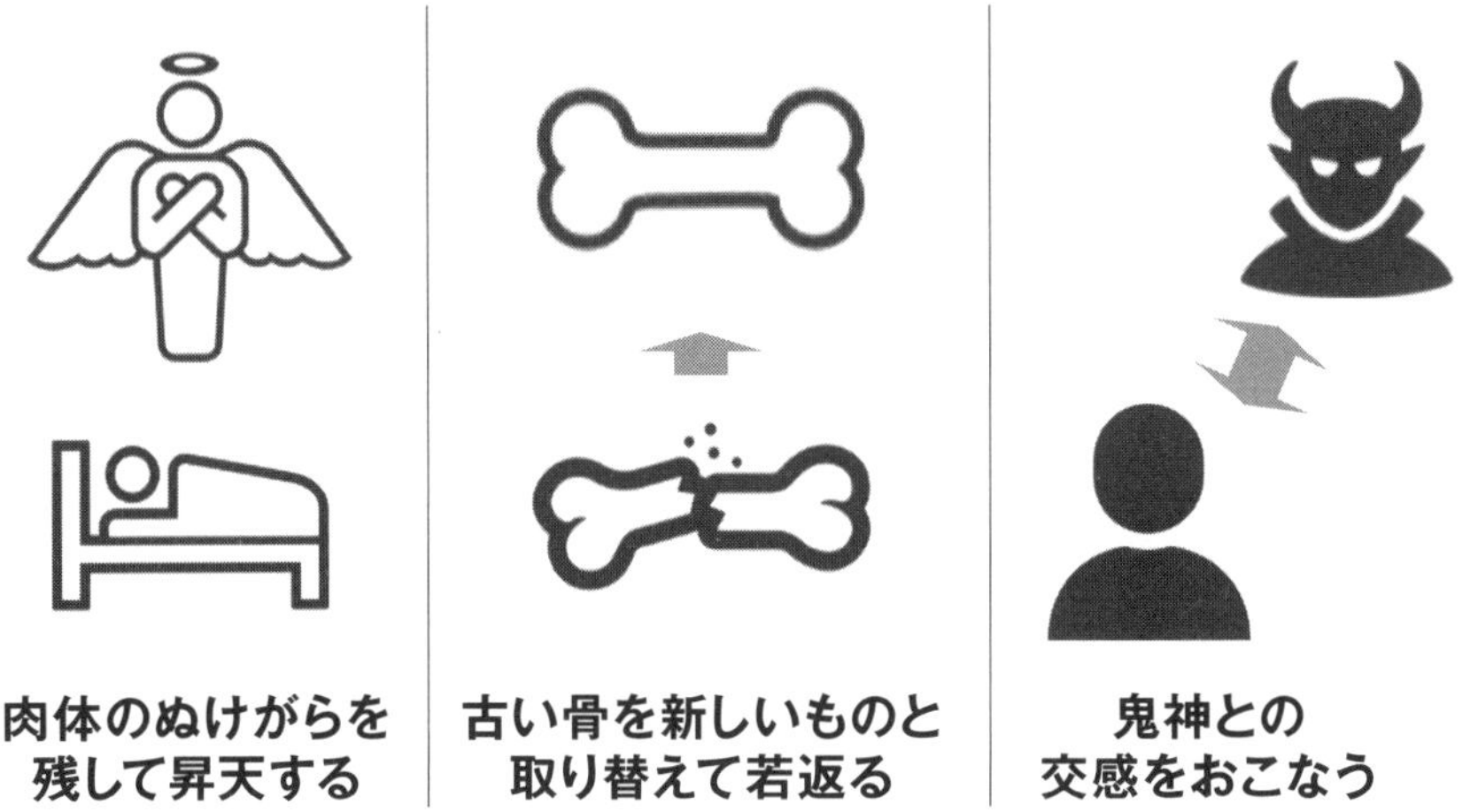
肉体のぬけがらを
残して昇天する
古い骨を新しいものと
取り替えて若返る
鬼神との
交感をおこなう

■不老不死を求めた結果

徐福	東方に船出したものの、薬は見つからず、秦にも戻らなかった
韓終、候公、石生の方士	始皇帝を批判し姿をくらます
諸生（学者）たち	始皇帝に批判的だったもの460人が生き埋めにされる
始皇帝	妙薬と信じて水銀を飲み、50歳で亡くなる

徐福との再会、そして再度の船出

船出をした徐福はなかなか戻らなかった。前後関係は不明だが、始皇帝は他の方士にも声をかけていたようだ。燕の方士・盧生には、仙人の探索を命じ、韓終、侯公、石生といった方士には不死の薬を探すよう指示していた。しかし、彼らもその命令に応えることはできず、逆に始皇帝を批判して姿をくらませてしまった。

そんな中、第5回の巡行中、始皇帝は徐福と再会する。もちろん不老不死の仙薬など入手できているはずがない。徐福は嘘の話をするしかなかった。

「蓬莱の薬は入手できるが、大鮫に苦しめられて行き着けない。どうか弓の名手と一緒に出かけ、連発の弩《いしゆみ》で射止めさせてほしい」と訴える徐福に、始皇帝は再度チャンスを与える。そうして、徐福は、若い男女3000人、多くの技術者、五穀の種、金銀財宝を積んだ大船団を率いて再び船出した。しかし、そのまま戻ってくることはなかったのである。

一説によれば、徐福はその後、平原広沢《へいげんこうたく》の地にたどり着き、そこで王となったとされる。平原広沢は、黄河、淮水《わいすい》、長江下流域の平原と、そこに点在する湖沼のことである。その地で五穀の栽培に専念したという。

また、別の説では、徐福がたどり着いたのは日本であるとも言われている。10世紀に書かれた仏教関係の類書『義楚六帖《ぎそろくじょう》』では日本について、「倭国といい東海中にあり、秦の時に徐福が五百人の童男と五百人の童女を連れてこの国に止まった」と記されている。

現在のところ、始皇帝の時代に徐福一行が日本に渡ったという確証はない、しかし、これらの記録を見ても、始皇帝の存在が後世の東アジア全体に大きな影響を与えていたことは間違いない。

いずれにせよ、始皇帝は不老不死の薬を手に入れることはできなかった。この時の方士への不信感や怒りが、後の坑儒・諸生らの穴埋めに繋がっていく。

不老不死の薬を求めて海に出た徐福

■航海に出る徐福の絵（歌川国芳《うたがわくによし》画）

徐福の出港地については諸説あるが、1回目は北東の河北省秦皇島《かほくしょうしんこうとう》市《し》、2回目は浙江省寧波市慈渓市《せっこうしょうねいはしじけいし》が有力とされている。

徐福（じょふく）

始皇帝に、不老不死の薬を探しに行くことを申し出た斉の方士。中国、日本、朝鮮半島に数々の伝説が残っている。

●徐福の船出

- 3000人の若い男女と多くの技術者を従えた
- 財宝や財産、五穀の種を持っていった
- 東方の三神山を目指すがたどり着けなかった

始皇帝豆知識

日本に残る徐福伝説

不老不死の薬を求めて日本にたどり着いたという伝説の残る徐福だが、その足跡は、佐賀、京都、長野など日本各地に見られる。有名なのは三重県熊野市のもので、波田須駅付近には徐福ノ宮があり、彼が持参したと伝わるすり鉢をご神体としている。また、近隣の和歌山県新宮市には、徐福の墓とされるものもあり、墓所を中心に徐福公園が造られている。

焚《ふん》書《しょ》坑《こう》儒《じゅ》

・焚書令は、特定の書物の焼却を命じたもので、違反者には厳しい罰則があった
・坑儒では、諸生ら460人以上を穴埋めにした

始皇帝による焚書令の内容とその目的

始皇帝の時代に行われた焚書坑儒を理解するためには、まず儒家《じゅか》と法家《ほうか》の違いを知る必要がある。

儒家とは、孔子を始祖とする思考・信条の体系であって、支配者はその徳によって天下を治めるべきとし、武力による支配を否定した。また、その信条の基本となるのは礼儀であり、国家間においても礼をもって友好親善すべきと説いた。

一方、法家は儒家の述べるような徳による統治ではなく、厳格な「法」という基準をもって国家を治めるべきという考え方である。

儒家の考えは、古代中国でも広く伝わり、多くの国の運営に影響を与えた。しかし、始皇帝による秦の支配時は、法による支配を徹底していたため、反対する思想も多くあった。

そのような状況の中、前213年に、丞相の李斯《りし》によって提案され、実行されたのが焚書令である。これは、秦の歴史の記録を除いて、史官にある文書を全て焼却させるというもので、民間に所蔵してある書経《しょきょう》、詩経《しきょう》、諸子百家《しょしひゃっか》も、全て郡守《ぐんしゅ》の下に差し出し、郡尉《ぐんい》にまとめて焼却させた。儒教の経典である六経《りくけい》のうちの『楽経《がっけい》』はこの時失われてしまい、漢の時代に五経《ごけい》として確立された。

李斯が恐れていたのは、過去の歴史を学んだ学者たちが政治的な発言をし、それによって現体制を批判されることだった。違反者に対する罰則も厳しく、詩、書について集団で論ずる者がいれば、死刑の上、死体を市中に晒し、過去の政治を理想として現体制

弾圧があったとされる儒教とは

■法家と儒家の違い

法家

- 法という基準で国家を治める
- 性悪説に基づいた考え
- 法律に従う者は褒美を与え、従わない者には厳罰を下す
- 始皇帝はこの考えを推し進めた

儒家

- 孔子を始祖とする思考体系
- 徳によって国家を治める
- 派によって性善説と性悪説に分かれる
- 仁義や礼儀を重んじる
- 漢では儒家を採用

■焚書坑儒の意味

焚書
特定の書物の焼却を命じた令

坑儒
儒家を含む諸生を穴埋めにして殺害した

孔子（こうし）
春秋時代の中国の思想家で、儒教の始祖。3000人の弟子がおり、その教えは秦の時代にも脈々と息づいていた。

を批判すれば一族が処刑されてしまった。また、官吏がそれを見逃した場合も同罪、禁書を30日以内に焼却しなければ、入れ墨をした上で、築城の労働刑に処された。

坑儒の実態と諸生たちへの不信感

焚書令の目的は、首都の秩序を乱す学者たちを取り締まることだった。そして、その取り締まりは、書物だけでなく、学者（諸生）や修行者である方士にもおよんだ。

始皇帝の中にあったのは、不老不死の薬を見つけることができなかった、徐福を始めとする方士たちへの不信感だったのではないだろうか。加えて方士や諸生たちの中に始皇帝の体制を批判し、民衆を惑わす行動に出る者がいたことも怒りの要因だろう。

前２１２年、始皇帝は咸陽《かんよう》の諸生ら、４６０人以上を穴埋めにして殺害する。これが世にいう坑儒である。

実際にこれを「坑儒」と呼んだのは、儒家が国家の学問の中心に置かれた時代の後漢の人々である。一般的には、始皇帝による儒学の弾圧と捉えられがちであるが、この時殺されたのは儒者だけではなかった。事実、その後も秦に仕えた儒者はおり、二世皇帝の胡亥は、陳勝《ちんしょう》・呉広《ごこう》の乱が起きた時、儒者の叔孫通《しゅくそんとう》に意見を求めている。

これらのことを考えると、「坑諸生」とでも名付けた方が適切だろう。諸生たちが罰せられたのは、儒学を信じていたからではなく、戦時体制下の人民を不安にしたことが法に触れたからなのである。始皇帝の暴君ぶりを表すエピソードとして語られるが、真実はまた違った見方ができる。

なお、近代の中国においては、１９６０年代に始まる文化大革命時、毛沢東《もうたくとう》は「批林批孔《ひりんひこう》」運動において、焚書坑儒を正当化する漢詩を詠じたことがある。

儒教は時代によって隆盛や迫害を乗り越えながら、中国の人たちの中に脈々と息づいているのである。

焚書坑儒の結末

■禁書例により焼き払われた書物である書経

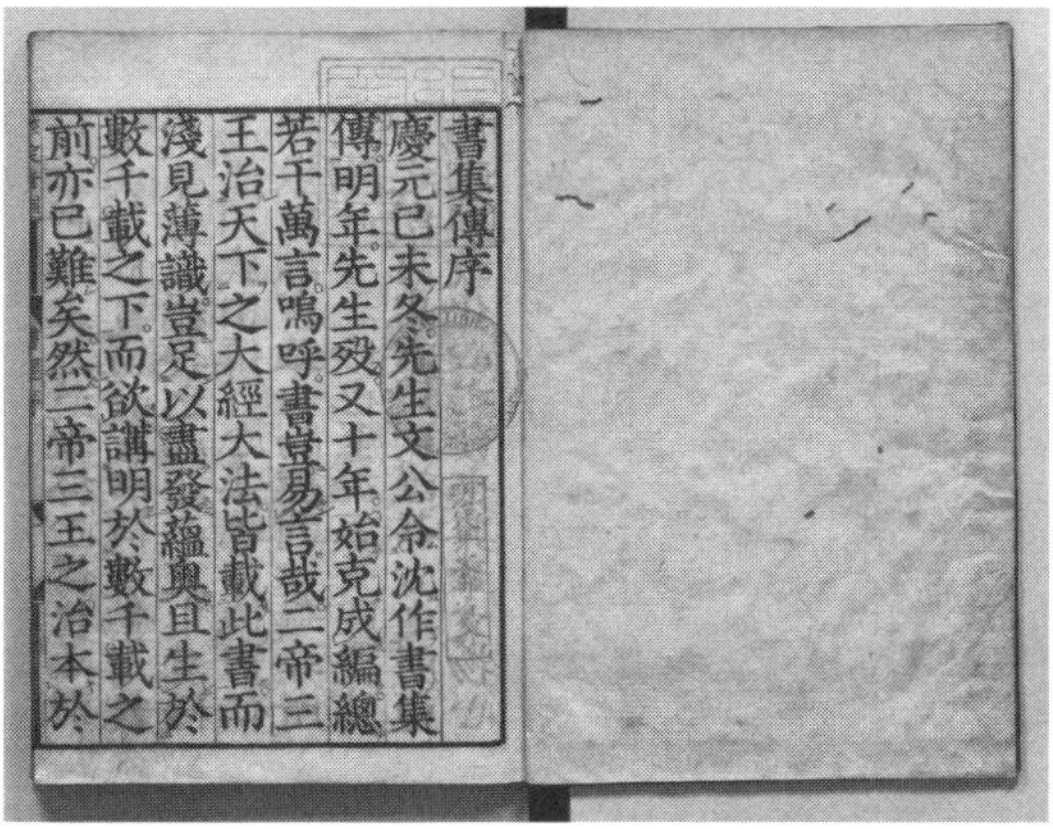
書集傳序
慶元己未冬先生文公令沈作書集
傳明年先生歿又十年始克成編總
若干萬言嗚呼書豈易言哉二帝三
王治天下之大經大法皆載此書而
淺見薄識豈足以盡發蘊奥且生於
數千載之下而欲講明於數千載之
前亦已難矣然二帝三王之治本於

書経は中国の歴史書で、伝説上の聖人から周王朝の時代に至るまでの政治上の心構えや訓戒などが記載されている。

李斯（りし）

秦の宰相で、焚書令の提案者。法家の思想に基づいており、始皇帝からの信頼も厚かった。後に権力争いに敗れ、趙高に処刑された。

■その後の儒教

戦国～漢初期	秦の政策により勢力を削がれる
前漢～後漢	次第に勢力を伸ばし、官学とされる
隋～唐代	官吏登用試験の科挙に、儒学の経典が課せられる
現代	新文化運動により弾圧されるも、21世紀になり再評価される

始皇帝の逝去

・国内で不吉な事が起きた
・始皇帝は5回目の巡行中に病に倒れ、亡くなった
・始皇帝の死は、しばらくの間秘密にされた

前年から相次いだ不吉な予兆

前211年、秦の国内では始皇帝の死に関する不吉な事件が相次いでいた。

まず、火星が、東方の心宿《しんしゅく》、今の蠍座の位置に留まった。赤く輝く火星は、災害や兵乱を招く星と考えられていた。また、蠍座の心臓にあたる一等星アンタレスは、中国では青龍の心臓にあたる不吉な星とされていた。この二つの星が近づいたのである。

次に、隕石が東郡の地方に落ち、その石に「始皇帝死して地分かる」という不吉な文言が刻まれていた。「地分かる」とは、隕石が衝突して大地が裂けることにかけ、領土が分割するという意味合いだろう。

秦帝国の崩壊を願う民衆の意思ともとれるが、始皇帝は御史を派遣して犯人を探させた。しかし、結局見つからなかったため、付近の住民を皆殺しにして、隕石も焼き溶かしたという。

そして、都に向かっていた一人の使者の元に、第2回巡行の際、江水《こうすい》に沈めた玉璧《ぎょくへき》を持った人物が現れ、「今年祖龍《そりゅう》死す」と告げたのだ。祖龍とは始皇帝のことを表している。始皇帝が占いに頼ると、「游《ゆう》と徙《し》を行えば吉」と出た。游とは巡行のこと、徙は移民のことである。そこで、自身は5回目の巡行に出発し、国内では3万戸の住民を北方に移住させた。

巡行中、始皇帝は海神と戦う夢を見た。同行していた博士によると、大魚が現れたら、近くに水神がいる兆候であるとのことであった。始皇帝はその道具として弩を持たせ、海沿いの之罘に行かせたところ、大魚を射殺することができたという。

巡行の途中で逝去した始皇帝

■始皇帝終焉の地

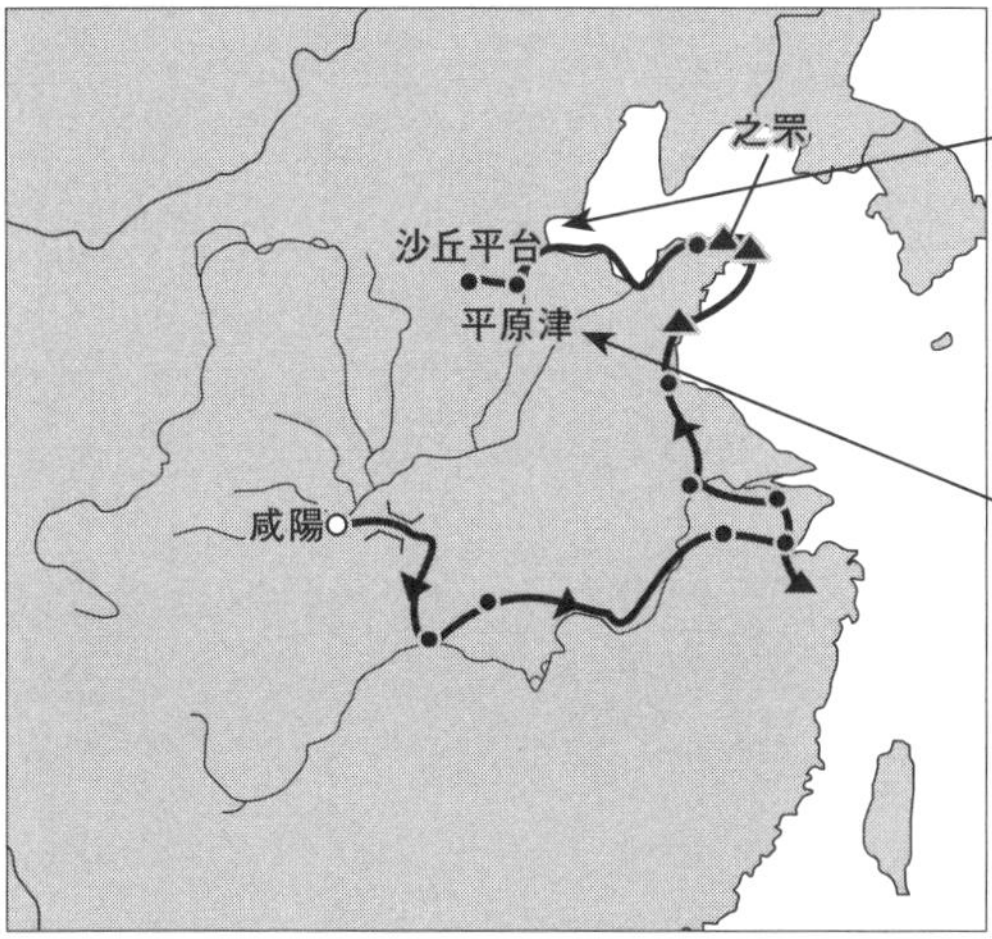

沙丘平台

ここで死去。現在の河北《かほく》省《しょう》邢台《けいだい》市《し》広宗県《こうそうけん》。

平原津

巡行の途中、始皇帝はここで発病した。

始皇帝の最後の巡行。途中の琅邪台では、徐福と再会し、之罘では海神の夢により、大魚を仕留めることができた。しかし、平原津で発病し、沙丘平台で亡くなった。

■現在の沙丘平台

現在の沙丘平台は、河北省広宗県大平台にあり、小さな史跡が残されている。今の村人たちも、史跡についてはよく知っている。

写真提供：鶴間和幸

始皇帝が埋葬された驪山陵（始皇帝陵）

始皇帝は咸陽の東側に作られた驪山陵に埋葬された。その際、後宮で子がなかった者など、多くの人を殉葬させた。

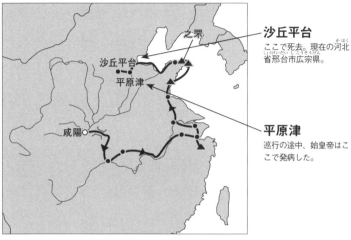

家臣にも隠された死と驪山陵への埋葬

始皇帝が病に倒れたのは平原津でのことだった。病名は伝えられていないが、だんだんと症状は悪化し、遺言を残すまでになった。そして、平原津から沙丘平台に移動したところで、始皇帝は50年の生涯を終えたのである。

しかし、李斯らはこの死が天下騒乱の引き金になることを恐れ、世の中に隠したまま咸陽《かんよう》へと向かった。その死を知るのは、胡亥、李斯、趙高《ちょうこう》ら数名だけで、遺体は皇帝が巡行の際に乗っていた轀輬車《おんりょうしゃ》に入れ運ばれた。

まだ生きているかのように装うため、食事の上げ下げも普段どおりに行い、上奏文《じょうそうぶん》も決裁していた。途中、遺体の腐臭が漂い始めると、大量の魚を積んだ車が伴走し、その臭いをまぎらわせた。

この咸陽に戻る際に、始皇帝は自ら整備した直道を初めて通った。自らの権威を示すような建造物であったが、生きて通ることは叶わなかったのである。

始皇帝の死から2ヵ月後、咸陽に戻った胡亥は即位し、始皇帝の遺体は驪山陵に葬られた。驪山陵は、始皇帝が秦王に即位したときから造営が始まったもので、皇帝となった後は、労働力として70万人余りの刑人を送り込んでいた。その規模も大きく、3層もの地下水脈を掘り下げ、地下水が浸透しないように銅で塞いで部屋が作られ、そこに宮中の器物が満たされているという。

陵墓自体は現在も発掘されていないが、黄土を固めて、ピラミッドのような四角錐の頂上を平らにしたような墳丘が残っている。現在は、山頂に向かう階段も設置されており、頂上には展望台もある。

そして、驪山陵とともに皇帝を守る意味合いで作られたと見られているのが兵馬俑である。兵馬俑は１９７４年に発見され、世界遺産にもなっている。驪山陵からは１．５ｋｍの場所にあり、８０００体以上の兵士などの像が埋葬さている。いずれも始皇帝の死の意味の大きさを現代に伝えているのだ。

始皇帝陵と兵馬俑

■始皇帝陵からはさまざまなものが出土している

始皇帝陵の近くで発掘された銅馬車。始皇帝が巡行する際に使われた馬車の２分の１サイズと言われている。発見時は破損していた。

Photo by ©Tomo.Yun(http://www.yunphoto.net)

同馬車の近くで発見された、銅製の四角い壺。始皇帝が巡行する時に使った水筒と見られている。

■兵馬俑と、俑と呼ばれる兵士の人形

始皇帝陵とは違い、兵馬俑の存在は長く歴史には残されていなかった。1974年に、井戸を掘ろうとしていた住民によって発見されると、大きな話題となった。元々は兵士の顔も顔料で彩色が施されていたという。

始皇帝の遺詔《いしょう》

・始皇帝は、扶蘇を後継にするという遺詔を残した。
・趙高らの策略により、末子の胡亥を太子にするとの偽詔が作られた。

諸説ある跡継ぎ指名に関する偽詔の経緯

始皇帝は死の間際、かつて北方へと左遷した長子の扶蘇に宛て「咸陽に戻って葬儀を主宰せよ」との遺詔を作成し、趙高に託した。これが立太子《りったいし》の文書となるはずだった。

ここで動いたのは趙高と李斯、そして始皇帝の末子であった胡亥の3人だった。彼らは始皇帝の遺詔を破棄すると、新たに2つの偽詔《ぎしょ》を作成した。一つは胡亥を太子に立てるというもの、もう一つは扶蘇と、ともに匈奴対応にあたっていた蒙恬《もうてん》に死を賜るというものだった。

偽詔を見た扶蘇は、その時すでに始皇帝が亡くなっていることを知らず、かつて父を諫めた不孝を理由に剣を賜ると、素直に自害した。一方その詔に疑問を持った蒙恬は陽周《ようしゅう》の地に監禁された。

『史記』ではこのように伝えられている始皇帝の遺詔と後継者問題だが、近年発見された『趙正書《ちょうせいしょ》』には、この内容を覆すような記述がある。それによれば、巡行中に重篤となった始皇帝は、周囲の者に後継者について議論させた。丞相の李斯《りし》と馮去疾《ふうきょしつ》は、遠路の巡行の中で臣下たちに詔を下すと、大臣たちの陰謀を引き起こしてしまうと恐れ、胡亥を内々に後継者として選ぶよう提案した。それを、始皇帝自身が裁可し、後に胡亥が即位したというものだ。

どちらが真実であったのか、それを知ることは難しい。しかし、『史記』が、扶蘇を推す蒙恬らの一族、『趙正書』が、胡亥を推す李斯と趙高の立場で書かれていると考えれば、その違いも納得できる。

偽造された遺詔

■始皇帝の子どもたち

始皇帝

胡亥 ………… 扶蘇

末子　男女合わせて20数人の子供がいたとされる　長兄

趙高（ちょうこう）

胡亥の教育係を務めていた宦官。胡亥が二世皇帝に即位すると、後見人として実権を握った。

李斯（りし）

趙高とともに、偽の遺詔作成に関わったとされる。後に、趙高の陰謀によって処刑された。

■趙高らによる遺詔の偽造

生前始皇帝から渡された遺詔を破棄

偽詔は2つあり、胡亥を太子に立てるものと、扶蘇と蒙恬を死罪にするもの

・新たに記された偽詔に璽印を押した

・扶蘇は自害、蒙恬は陽周に監禁

第5章
始皇帝没後の世界

イラスト：劉邦（菊地鹿人）

イラスト：項羽（藤川純一）

秦の統治崩壊と農民の蜂起

・即位した二世皇帝・胡亥《こがい》は趙高《ちょうこう》の意のままになっていた
・陳勝《ちんしょう》・呉広《ごこう》の乱が発生、全国に広がっていった

即位した二世皇帝・胡亥と陰で動く趙高

前２０９年、胡亥は即位し、二世皇帝となった。胡亥は自分の兄弟を含む皇族や重臣、皇帝即位に疑問を持った者などを粛清した。

胡亥の教育係を務めていた趙高は、即位した胡亥が年少であることもあって、実権を握っていた。そして、ともに謀略を実行した李斯《りし》を、捏造した容疑を着せ処刑したのである。もはや秦帝国は趙高の意のままになっていた。

胡亥は、始皇帝時代の政策を引き継ぎ、始皇帝陵や阿房宮《あぼうきゅう》、万里の長城などの大規模建築を推進し、匈奴《きょうど》の侵攻に備えて徴兵も行なった。これらの陰には常に趙高がいたのである。

厳しい政策を続けることで、国民の心は離反していった。しかし、そのような声は全て趙高によってもみ消され、胡亥の元に届くことはなかった。

農民たちが蜂起した陳勝・呉広の乱

二世皇帝・胡亥が即位した頃、すでに各地では反乱の機運が高まっていた。前２０９年７月、秦国の北東、現在の北京に近い漁陽《ぎょよう》へ国境の守りに駆り出された９００人の農民が、淮水《わいすい》の北の平原地帯にある大沢郷《だいたくきょう》に集められた。陳勝と呉広はそれを束ね、引率する役割を担っていた。

陳勝も呉広も貧民の出身であったが、策略を巡らすなどして、人心は掌握していたようだ。

漁陽へ向け出発しようとしていた一行だったが、

崩れ始める皇帝の支配体制

■二世胡亥の状況

趙高の策略により悪い情報はすべて遮断された

兄弟を含む皇族や重臣・皇帝即位には疑問を有する者を粛清

大規模工事の推進 大規模な徴兵

人心の離反を招く

秦の統治崩壊と農民の蜂起

■陳勝・呉広の乱の発生場所

咸陽／大沢郷

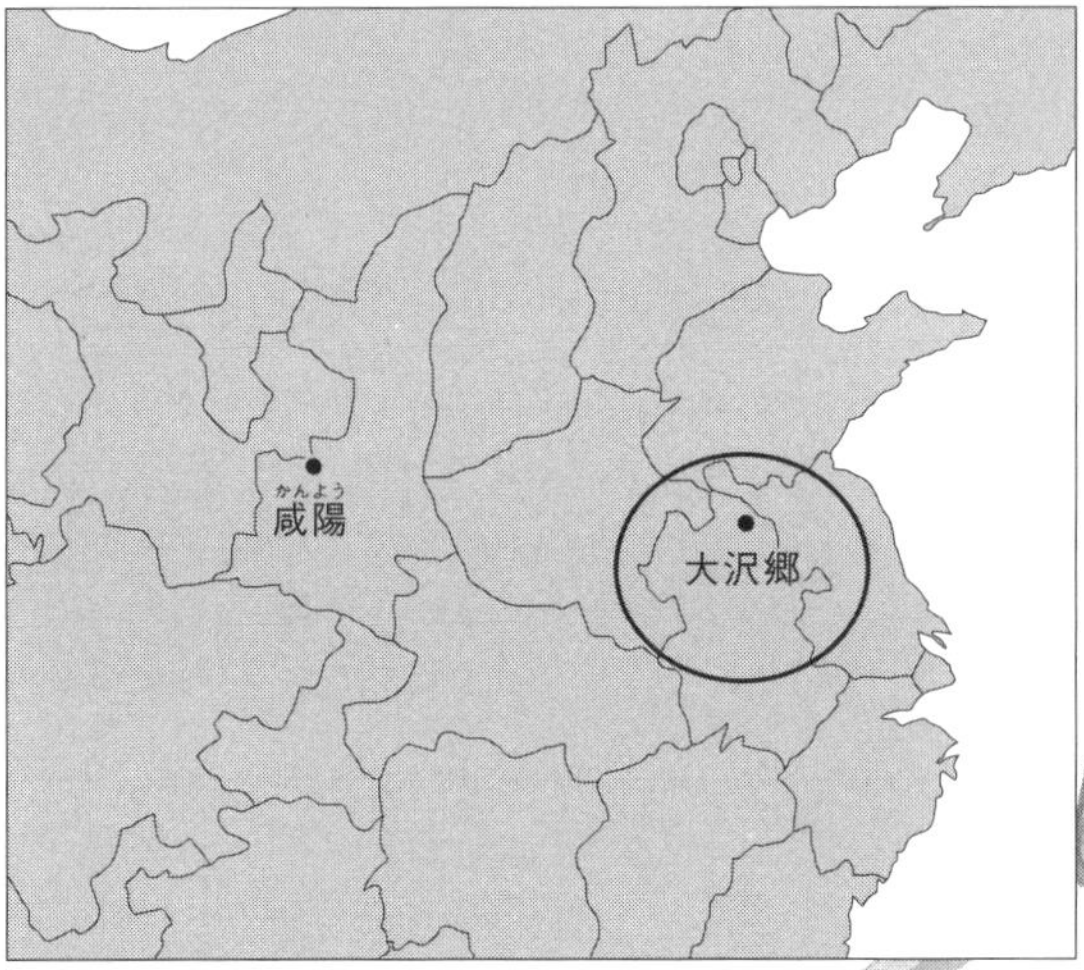

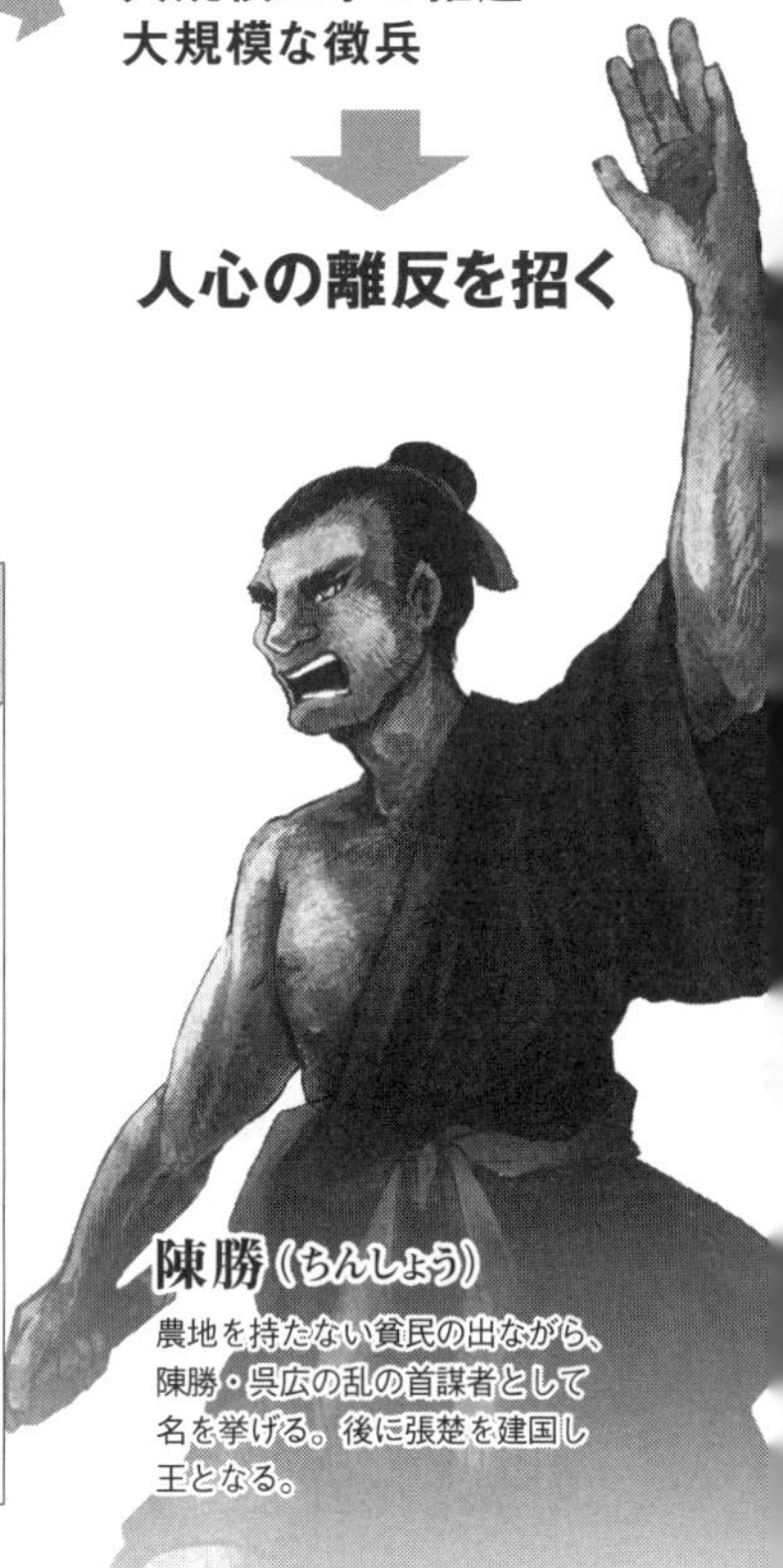

陳勝（ちんしょう）
農地を持たない貧民の出ながら、陳勝・呉広の乱の首謀者として名を挙げる。後に張楚を建国し王となる。

覚えておきたい世界史

「馬鹿」の語源は胡亥？

ある日趙高は宮中に鹿を連れていき、胡亥に「珍しい馬が手に入った」と話した。胡亥は「これは鹿ではないのか？」と尋ねたが、趙高を恐れている家臣は「馬」と答え、彼を恐れぬものは「鹿」と答えた。これは、趙高が敵と味方を判別するために行ったとされており、鹿と答えた者を全て殺したという。この故事が「馬鹿」の語源になっているという説がある。

大雨によって、進む道が水没し、期日までに目的地にたどり着くことが不可能になってしまう。

法に厳しい秦の国では、いかなる理由があろうとも期日までに到着できなければ斬首刑となる。

このまま遅れて向かっても死、ここで逃げ出しても死、陳勝と呉広は、同じ死であれば反乱を起こし、戦うべきだと判断した。

まず、引率の将尉ふたりが酒に酔ったところで、呉広が前面に歩み寄り、「俺は逃げる」と繰り返す。将尉は激怒し、呉広を鞭打ちにした。いつの間にか兵卒たちも集まってきて、将尉への反感を募らせていく。将尉の剣が抜け落ちたところで、呉広はそれを拾い上げ斬り殺す。もうひとりの将尉を陳勝が斬り殺し、乱は始まった。

この時、陳勝は兵に向かって「王侯将相《おうこうしょうしょう》、いずくんぞ種《しゅ》あらんや」と演説した。これは、王、諸侯、将軍、丞相の地位も、生まれによってではなく、力で奪い取ることができるという決意を表したもので、農民たちを勇気づけた。

陳勝たちの戦いが蜂起のきっかけに

この後、民衆の支持を集めるために、陳勝は、始皇帝の長子である「扶蘇《ふそ》」の名を名乗り、呉広は、旧楚の英雄である「項燕《こうえん》」を名乗った。そして、陳勝は将軍となり、呉広は都尉《とい》（郡の武官）となった。

彼らはまず大沢郷を占領、それから諸県を攻略していった。陳《ちん》に入る頃には車が６００~７００乗、騎兵１０００あまり、歩兵は数万人にまでふくれあがっていた。陳勝は、楚の国の復興を宣言して王となり、陳王と称した。各地の民衆たちもそれに呼応するように蜂起したが、陳勝は、王位についてわずか６ヵ月で殺害されてしまった。

覚えておきたい故事成語

陳勝呉広

陳勝・呉広の乱から生まれたのが「陳勝呉広」という言葉だ。陳勝と呉広が最初に秦に背いて兵を挙げたことから、物事のさきがけをする人や、まっさきに事を行なう人を指す言葉である。

拡大する農民の反乱

■農民反乱の起きた背景

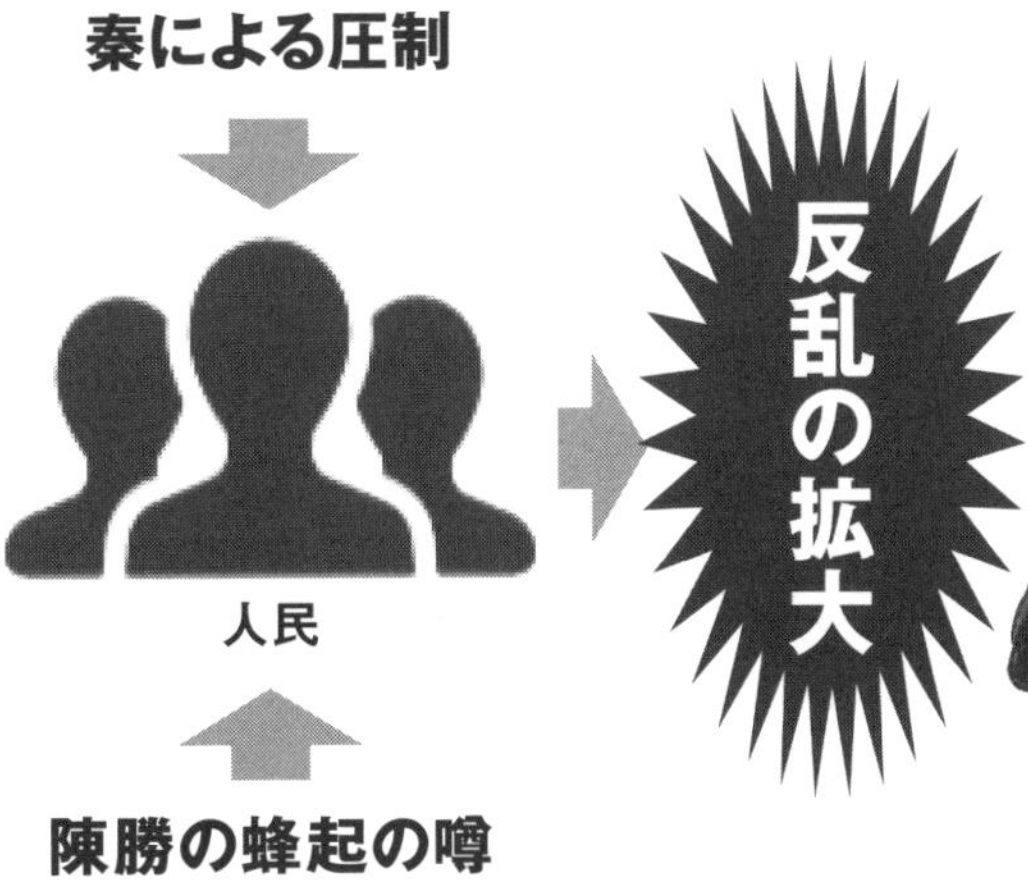

呉広（ごこう）

陳勝と同じく貧民の出身。部下からの信望も厚かったと言われる。反乱を起こした後は、陳勝とともに張楚を興し、仮王として諸将を管理した。最後は、部下の田臧によって殺された。

■その後の陳勝と呉広

陳勝

- 楚の国の復興を宣言して王となり、陳王と称する
- 秦の章邯《しょうかん》の軍に敗れる
- 自分の御者である荘賈《そうか》に殺される（この間わずか6カ月）

呉広

- 楚の仮王（代理の王）となり、諸将を監督する
- 三川郡《さんせんぐん》の滎陽《けいよう》を囲んだが、落城させるには至らず
- 配下にあった将軍・田臧《でんぞう》に殺され、その首は陳勝に献じられる

反秦連合の台頭

・秦に対する反乱の中で、劉邦《りゅうほう》と項羽《こうう》が台頭する
・劉邦は東方の農民の出身、項羽は楚の将軍の家に生まれた

劉邦の経歴と周辺の人々

秦に対する反乱が広がる中、頭角を現していったのが劉邦と項羽である。

劉邦は東方の農民出身。若い頃は家業を厭い、酒色を好む生活を送っていた。縁あって、沛《はい》の泗水《しすい》という街で亭長《ていちょう》という警察署長のような役職に就いていたが、任務に忠実な役人ではなかったようだ。その頃、始皇帝を見て「男子たるもの、あのようになりたいものだ」と語ったと伝えられている。

ある日、劉邦は労役人夫を驪山《りざん》まで送り届ける任務を任される。しかし、その道中に人夫たちが続々と逃亡してしまう。やけになった劉邦は酒を飲み、人夫たちを全て釈放してしまった。厳罰主義の秦では極刑は免れないと判断し、逃亡するのである。

ちょうどその頃、陳勝と呉公の反乱が起き、反秦の機運が高まっていった。かつて劉邦とともに沛の役人をしていた蕭何《しょうか》と曹参《そうしん》が、人気のある劉邦をリーダーに推薦し、これを受けて沛県《けんれい》の県令となった。その後、劉邦は、漢王になるまで、沛公《はいこう》と呼ばれた。

県令となった劉邦は、秦への反乱を示す赤い旗を掲げ、兵を挙げた。この時、集団に加わったのは、蕭何や曹参といった下級官吏以外にも、さまざまな職種の人がいた。樊噲《はんかい》は、食肉用の犬を売る仕事をしていたし、周勃《しゅうぼつ》は蚕の敷物を織る仕事をしていた。

これらの軍団で周辺の地域を攻め、少しずつ勢力を拡大していく。その過程で、後の名参謀・張良《ちょうりょう》とも出会うこととなる。全ては、親分肌で人を惹きつける魅力のある劉邦の力によるものだろう。

劉邦という人物

■劉邦の家系

- 劉太公《りゅうたいこう》
  - 劉邦
  - 劉喜《りゅうき》 次兄
  - 劉伯《りゅうはく》 長兄

劉邦（りゅうほう）

沛の農民出身で、亭長となったことから、役人などに推され反秦の戦いに身を投じる。漢王となった後は、項羽との激しい戦いの末、漢帝国を興し、初代の皇帝となる。

■劉邦の生涯

沛の豊邑《ほうゆう》の中陽里《ちゅうようり》に生まれる

若い頃は、酒色を好んだ任侠生活を送る

蕭何、曹参らの働きにより沛令となる

上将軍項羽と鴻門《こうもん》で出会う

どちらが先に咸陽《かんよう》を開城させられるかを項羽と競い、勝利する

西方の巴蜀《はしょく》・漢中《かんちゅう》で漢王となる

東進し、項羽を討ち、前漢を興し、初代皇帝となる

蕭何（しょうか）

沛県の役人として働いていた時に劉邦と会い、彼の躍進を常に支え続けた。主に内政を取り仕切り、人気実力とも劉邦を凌いでいたという見方もある。

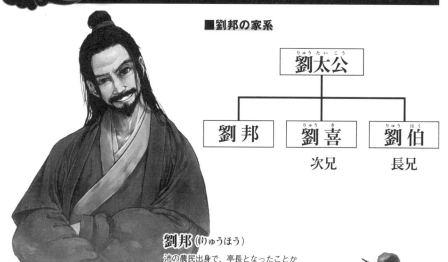

項羽の経歴と反秦の動き

項羽は劉邦とは違い、楚の将軍の家系に生まれた。祖父の項燕《こうえん》は、最後まで秦と戦い続けた将軍として名高い。項羽自身は、幼くして両親を亡くしているため、叔父である項梁《こうりょう》に育てられた。

我の強い性格と、８尺（約１８０ｃｍ）を超える体格で、近所の若者からは恐れられていた。また、学びごとに関しては飽きやすい性格で、「文字は姓名が書ければ十分。剣術のように一人を相手にするより、万人を相手にするものを学びたい」と話したという。

そんな項羽もまた若き日に始皇帝の巡行に遭遇している。その時項羽は、「彼に取って代わるべきなり」と話し、一緒にいた項梁が慌てて彼の口を塞いだという。

始皇帝のようになりたいと言った劉邦と、自分の力で権力を奪い取りたいと言う項羽。ふたりのその後の人生を考えると、実に対象的な言葉であったと言えよう。

前２０９年に陳勝・呉広の乱が起き、各地に反秦の火の手が上がると、項羽も叔父の項梁に従って挙兵、８千もの兵を集めて西に向かって進撃を始める。この時、項梁の配下には陳嬰《ちんえい》、英布《えいふ》、蒲将軍《ほしょうぐん》、范増《はんぞう》などが加わっていた。戦略会議の席で范増は、「秦が六国を滅ぼした時。楚は秦に対して最も罪がなかったのに非道なことをされ、人々は強い憎しみを抱き、懐王を憐れんでいる。楚王の子孫を王に立てるべき」と説き、項梁はそれを受け入れた。

その後、項梁の軍にわずかな軍勢を率いて合流する者たちがいた。それこそが、後に天下を分けたライバルとなる劉邦であった。これにより、項梁率いる軍は秦に反旗を翻した者たちが集う反秦連合となった。

進軍の途中、主将であった項梁が戦死するという苦難もあったが、連合の動きは目覚ましいものだった。その中心にあったのが、項羽率いる楚軍だったのである。

項羽のあゆみ

■項羽の家系

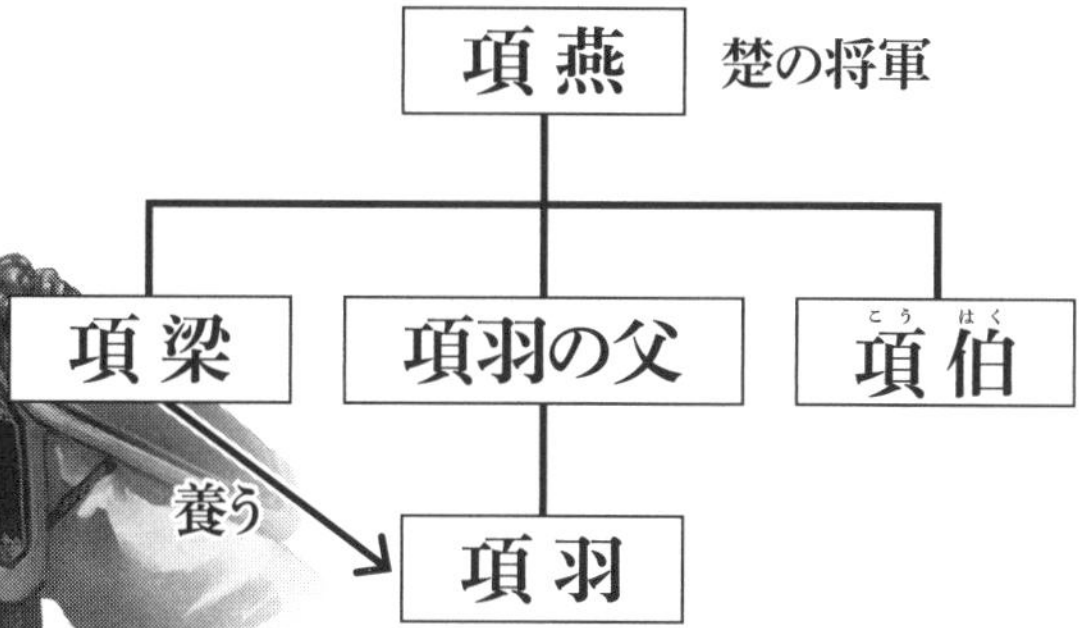
項燕
楚の将軍
項梁
項羽の父
項伯《こうはく》
養う
項羽

項羽（こうう）

楚の将軍家に生まれた武将。劉邦とともに反秦連合の中心人物となり、秦滅亡後、18国体制を作り、自ら西楚覇王を名乗る。楚漢戦争で劉邦軍に破れ、楚国も崩壊。項羽は失意の中自害する。

■項羽の生涯

- 楚の将軍の家に生まれる
- おじであった項梁に育てられる
- 項梁が兵を挙げた時に副将となり、参謀の范増らと共に反秦勢力に加わる
- 咸陽開城で、劉邦に先を越される
- 劉邦の処刑を決意するも、謝罪されて許す。（鴻門《こうもん》の会）
- 秦王・子嬰《しえい》を処刑。阿房宮を焼き払う
- 漢軍に敗北し自害

范増（はんぞう）

項家に仕えた参謀。項羽のおじ、項梁が招集した反秦郡の戦略会議の時には、70歳だった。楚漢戦争時も項羽に意見できる貴重な存在であった。

咸《かん》陽《よう》の陥落と秦の滅亡

・二世皇帝・胡亥が殺され、甥の子嬰《しえい》が秦王となる
・劉邦と項羽が咸陽を陥落させ、15年に渡る秦帝国は滅亡する

趙高の策略と咸陽の陥落

反秦連合との戦いで、秦が劣勢に立たされる中、秦の宮廷内部でも状況が動いていた。前208年に李斯《りし》が処刑されると、実権を握ったのは、丞相になった趙高だった。

趙高は、現在置かれている難局を乗り切るには、皇帝の首をすげ替えることが得策だと考え、1000人あまりの兵を率いて、二世皇帝に死を迫った。それを受け、二世皇帝は自殺した。

この時趙高は、自分が皇帝になることも考えてたようだ。しかし、その権力を恐れる人は大勢いても、皇帝になることを認める人は誰もいなかった。趙高はやむなく、二世皇帝の甥にあたる子嬰を即位させた。この時は、すでに天下を統一した皇帝との実質がないため、あくまでも秦王としての即位であった。

趙高は、皇帝を倒したという実績をもって、咸陽に進行中であった劉邦に密使を送り、「ふたりで関中の王になろう」と持ちかけるも、劉邦はこれを拒否し、進軍を続けた。危険を感じた子嬰は、趙高を殺し、劉邦軍に降伏した。

ともに関中攻略を狙っていた劉邦と項羽であったが、実は、かつて滅びた楚王の孫である懐王から、「先に関中に入ったものを、その土地の王にする」との命を受けていたのだ。

項羽は40万の大軍を率いて秦軍とぶつかり、殺戮と強奪を繰り返した。一方の劉邦は、10万という兵力ながら、無駄な戦いを避け、項羽より先に関中に入ったのだった。

二世皇帝の死と咸陽の陥落

■秦国内の動き（望《ぼう》夷《い》宮《きゅう》の変）

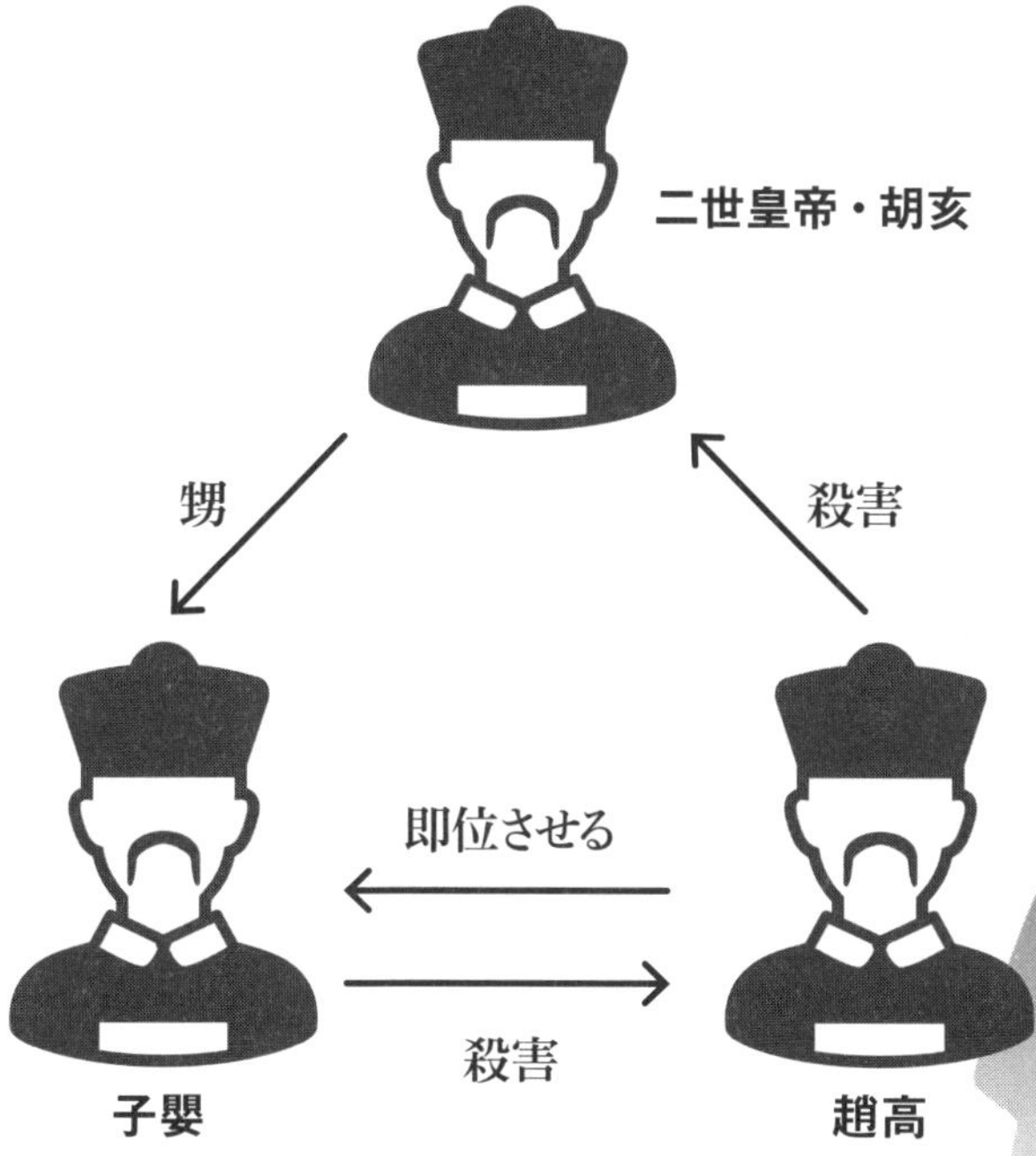

趙高（ちょうこう）

始皇帝の末子、胡亥の教育係を務めていた。始皇帝の死後、自身の息のかかった胡亥を皇帝に即位させると、傀儡《かいらい》政権《せいけん》を確立。敵対する勢力を次々と死に追いやった。

■咸陽の陥落

懐王（楚の王）は「先に関中（咸陽を中心とした一帯）に入った者をその地の王とする」とした

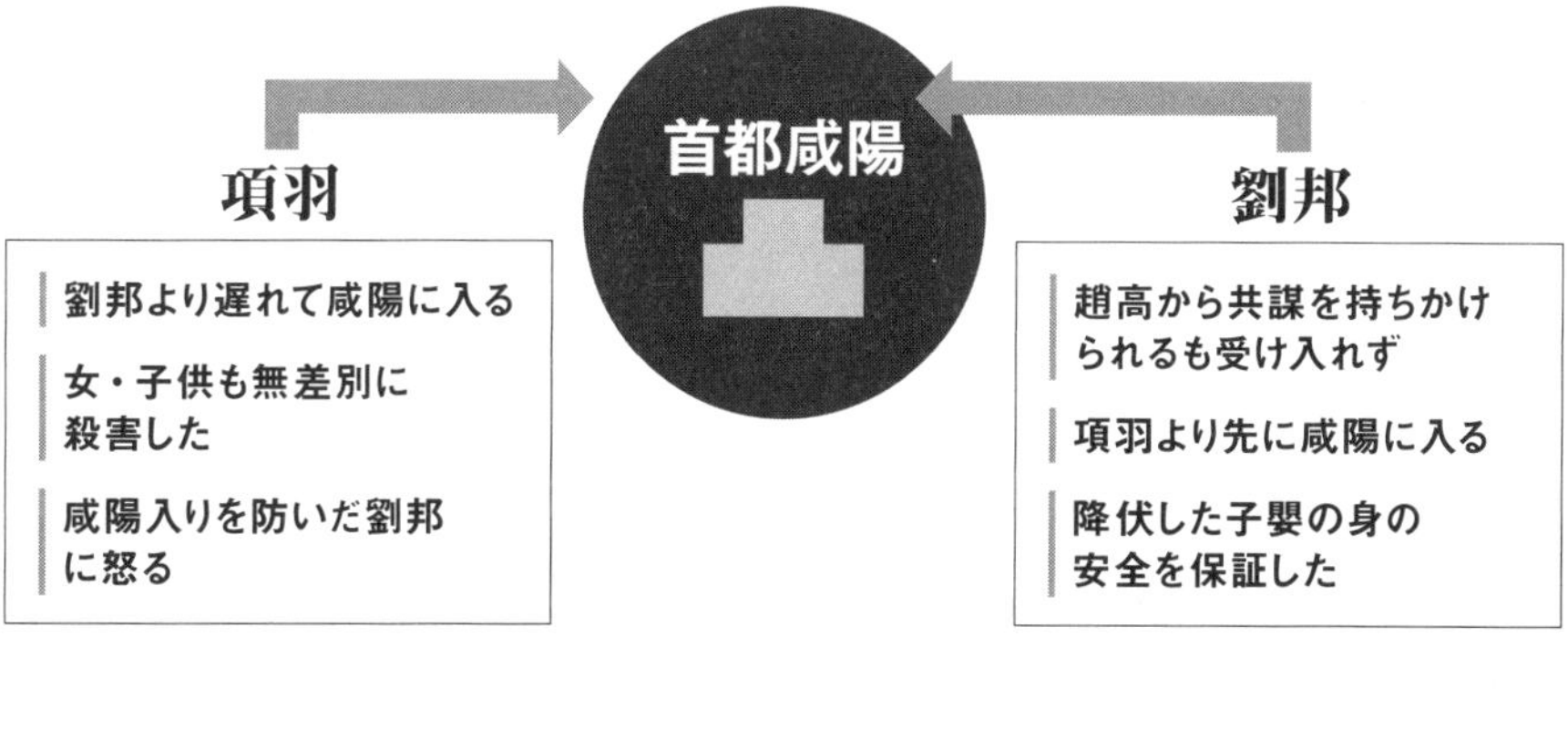

わずか15年だった秦帝国統治の終わり

子嬰は、即位後わずか3ヵ月で劉邦に降伏した。その時子嬰は、白い馬、白い馬車、白装束という、葬式における死人の装束を身に着け、さらに首には縄を巻き、皇帝の用いる印章である玉璽《ぎょくじ》を持って現れたと言われている。まさに、全てを覚悟した上での降伏であったことが伝わってくる。

咸陽に入った劉邦は、部下たちに、人殺しや盗みを禁じた。自身も、命乞いをしてくる子嬰に対し、身の安全を保証するのだった。

劉邦の方針はシンプルだった。これまでの秦の時代は、法律が厳しかったことを聞くと、「人を殺せば死刑」「人を傷つければ処罰」「物を盗めば処罰」の3つの規則、「法三章《ほうさんしょう》」を宣言した。そのことにより、民衆からの支持も強くなっていったのである。

遅れて関中《かんちゅう》へとやってきた項羽は、劉邦との会合の場を持つ。これが鴻門《こうもん》の会である。会合の途中、范増らの策略により、劉邦を刺そうとする動きもあったが、部下の機転により、劉邦は無事に脱出することができた。

項羽は数日後、咸陽に入った。そこで次々と民家を襲い、王宮から子嬰を引きずり出し一族もろとも殺害した。そして宮殿を焼き払い、その火は3ヵ月間消えることがなかったと言われている。また、始皇帝の墓をあばき、財宝を全て盗み出した。その量は、30万人が30日かかっても運びきれないほどであったという。

項羽に対し、関中に都をおいて覇者になるべきと説いた者もいたが、項羽は自分の故郷である東方へと帰り、彭城《ほうじょう》に都をおき、新たな国家体制を構築することになる。

覚えておきたい故事成語

忠言は耳に逆らえども行いに利あり

劉邦が関中の宮殿に入った時、その美しさに心奪われ留まろうとしたのを、部下の張良《ちょうりょう》がこの言葉を用いて諫めたと言われている。劉邦はこの言葉を聞き入れ、外へと引き上げたという。

わずか15年の治世

■子嬰が劉邦に降伏した時の姿

玉璽を持つ

白装束

首に縄

白い馬

白い馬車

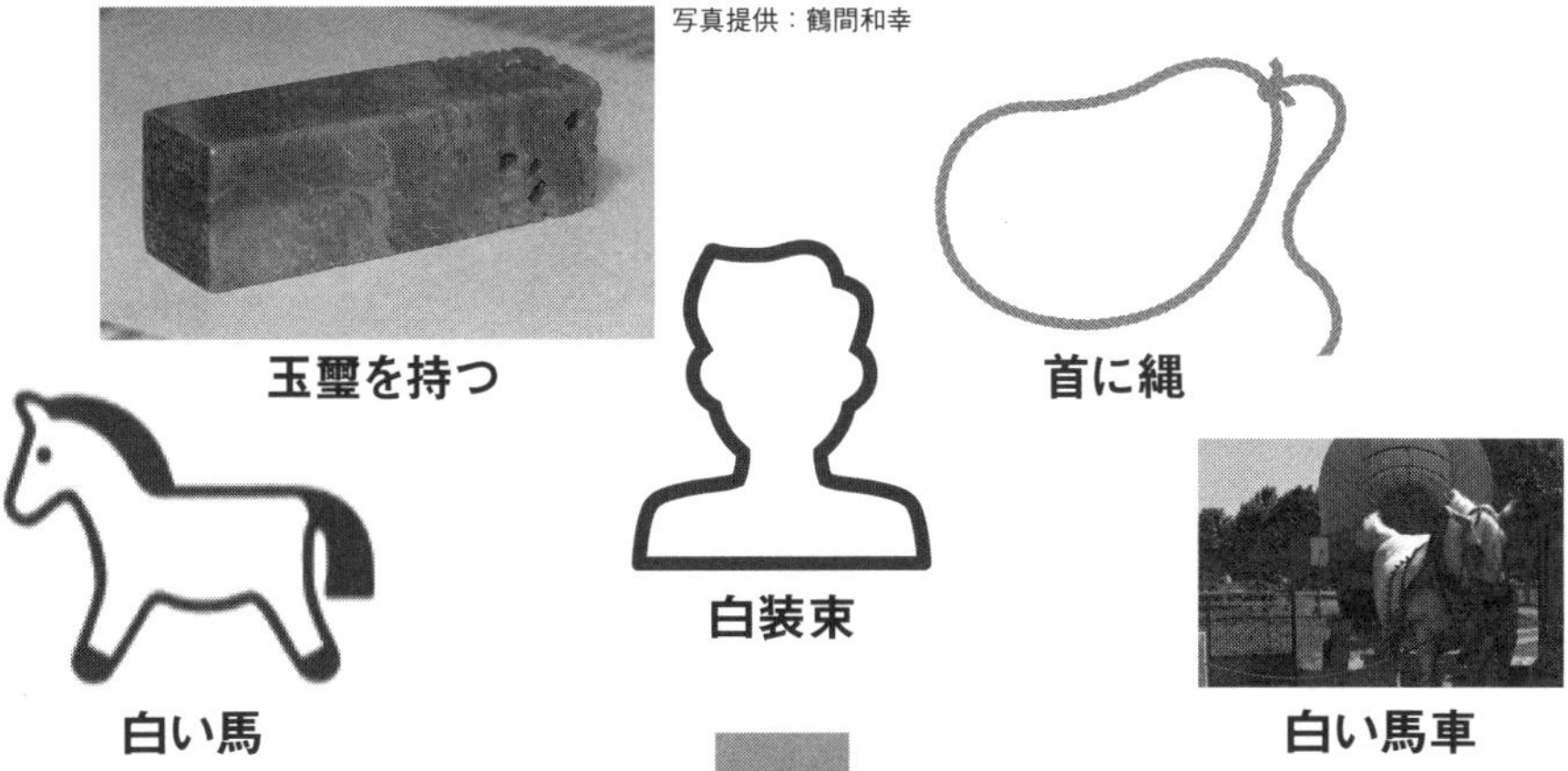

全てを覚悟した上で降伏した

■統一後の秦の歩み

紀元前221年
統一王朝の誕生

紀元前210年
始皇帝死去 胡亥即位

紀元前207年
子嬰即位

紀元前206年
秦朝滅びる

この間、わずか15年

■首都咸陽の最期

- 劉邦の後に項羽が咸陽に入り、子嬰を殺害する
- 宮殿を焼き払う。その火は3カ月消えなかった
- 項羽は始皇帝陵を盗掘する
- 30万人が30日かけても運搬できなかったと言われる
- 項羽は宝物と婦女を略奪して、東方の地に戻る

咸陽の陥落と秦の滅亡

楚漢戦争の始まり

・西楚《せいそ》の覇王《はおう》項羽と漢王劉邦の間で内戦が起きる
・一進一退の戦闘の末劉邦が勝利する。項羽は追い込まれ、自害した

項羽は国家の体制を整えていく

前２０５年、項羽が主導して新しい国家体制が始まった。項羽自身は皇帝とはならず、西楚の地を領地として、西楚覇王を名乗った。この時設置されたのは全部で18王国。いずれもこれまでの戦いで功績のあった者を王侯とし、劉邦に与えられたのが西方の漢であった。

漢の王都・南鄭《なんてい》は、かつての都・咸陽《かんよう》から約２００キロメートルの場所。直線距離では近く感じるが、そこには３７６７メートルの太白山《たいはくさん》などの連峰が立ちはだかっていた。劉邦はその山を通り抜けるためにかけてあった桟道を焼き払い、項羽に対し東へ向かう意思がないことを示した。

一方、項羽は楚の懐王を義帝に格上げしたものの、実権は持たせず、郴県という僻地に追放したあげく殺害した。

そのことを知った劉邦は、戦の口実ができたとばかりに兵を挙げ、まず関中を制圧した。この時、劉邦に東への進軍を強く勧めたのが、かつて項羽に仕えていた韓信だった。劉邦の軍は、その後、魏、河南、韓、殷と次々に攻略していき、いよいよ項羽のいる西楚の都・彭城へと迫っていった。本格的な楚漢戦争の始まりである。

この戦争は、かつて秦という敵に対し、ともに戦ったふたりによるものである。そのため、韓信を始めとして、項羽軍から劉邦軍へと移った武将も多くいた。彼らは、項羽の性格や楚の事情をよく知っていたため、戦いにおいて重要な役割を果たした。

項羽が西楚覇王を名乗る

■項羽が率いた18王国体制

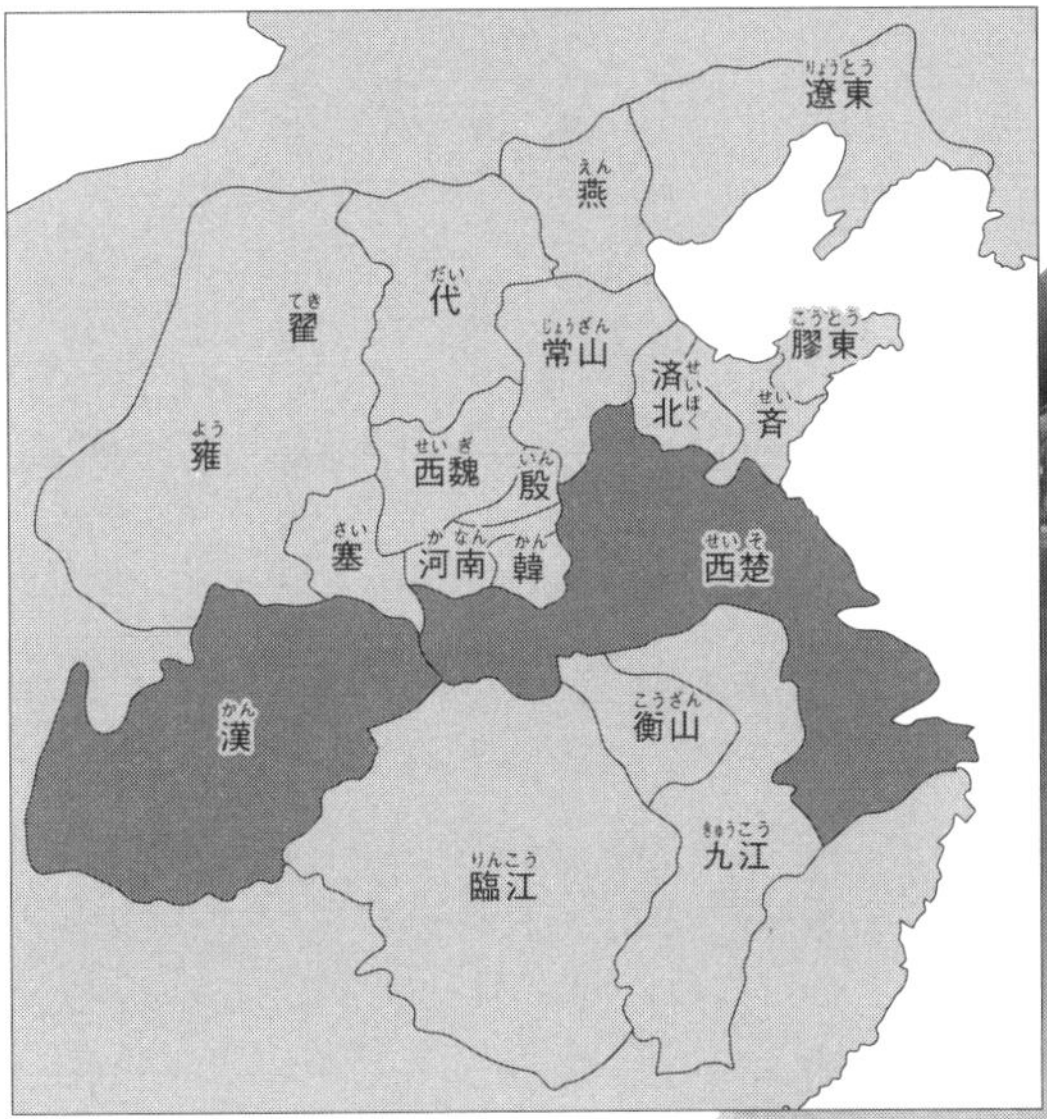

項羽が18の王に据えた基準として、功績だけではなく、自身との関係が良好であるかどうかも重視した。そのため不満を抱く諸侯もいた。

項羽（こうう）

楚漢戦争の楚側の王。常勝将軍と呼ばれるほど強く、当初は戦いを有利に進めるが、有能な諸侯が離脱していくなどして追い詰められ、最後は敗北し自害する。

韓信（かんしん）

劉邦軍の将軍で、国士無双とまで称えられた。当初は項羽に仕えたが、待遇が悪く劉邦軍へと移った。彼の説得によって、劉邦は項羽との戦いを決意したと言われる。

■項羽軍から劉邦軍に移った武将

韓信

項羽側での待遇が悪く、侍従官として劉邦に仕える

英布《えいふ》

項羽の副将であったが、後に劉邦の配下となる

陳平《ちんぺい》

項羽の怒りを買い、劉邦の参謀となる

三年に渡って続いた戦いの結末

最初に有利に攻めたのは劉邦であった。連合軍56万人を率いて、項羽の本拠地・彭城を陥落させる。しかし、この勝利に油断した劉邦軍は、連日宴会を開き、略奪を繰り返すという乱れが生じ、攻め入ってきた項羽軍3万人に破れてしまう。劉邦自身はなんとか逃げ出して、関中に戻り、蕭何《しょうか》の助けを受けて体制を立て直した。

この頃、劉邦軍で躍進していたのが韓信である。韓信は、北部地域を攻め、西魏、代、復活していた趙《ちょう》などを次々と降伏させていった。これらの功績により、韓信はひとつの独立勢力ともいえるほど存在感を持つこととなった。

体制を整え、関中を出た劉邦は、彭越らに命じて項羽の後方を攻めさせた。項羽が彭越に軍を向けている隙を見て、彼らの食料を奪ったのである。双方苦しい戦いが続く中で、休戦協定を結ぶこととなる。滎陽《けいよう》を堺に天下を二分し、西を漢、東を楚とすることで合意し、両軍がそれぞれ引き上げた。その時、劉邦軍の張良と陳平が、引き上げていく楚軍を襲うべきだと進言する。劉邦はそれを受け入れ、項羽軍を襲った。そこに韓信や彭越の軍も合流し、項羽は垓下《がいか》に追い詰められる。そこで彼は、四面を取り囲んだ漢軍が歌う楚歌を聞いたのである。これは、漢軍が項羽を欺くためだったという説や、漢軍に降った楚人が歌ったとする説など解釈がわかれている。

項羽は800人の兵を連れ、南下した。その体制は、淮水《わいすい》を渡る頃には100人あまり、東城《とうじょう》に至る頃には28騎にまで減っていた。烏江《うこう》という長江の渡し場で漢軍に挑み、ついに力尽きて自害した。こうして楚漢戦争は、漢軍の勝利で幕を閉じた。

覚えておきたい故事成語

四面楚歌《しめんそか》

項羽が漢軍に追い詰められた時、四方から楚歌が聞こえてきたことが「四面楚歌」の由来である。現在では、周囲に敵や反対者ばかりで味方がいない様子を表す言葉となっている。

楚漢戦争の結末

■楚漢戦争の英雄

張良

劉邦軍で多くの作戦を立案した
名軍師

灌嬰《かんえい》

劉邦の命を受けて、
逃走する項羽を追い詰めた

彭越《ほうえつ》

劉邦軍の将軍となり、項羽を
後方撹乱などで攻め落とした

張良（ちょうりょう）

劉邦の人柄に惹かれ、仕えた漢軍の軍師。項羽軍を背後から襲うようにと劉邦に進言した。韓信、蕭何と共に「漢の三傑」と称される。

彭越（ほうえつ）

元は漁師で、盗賊などにも手を染めていたという。劉邦軍に加わってからは、項羽の背後を撹乱するなどして、楚との戦いで活躍した。

■楚漢戦争の経緯

前206年
秦滅亡。項羽が西楚覇王を名乗る

前205年
劉邦が漢中を発つ

前203年
楚漢の休戦が約束される

前202年
垓下の戦いの後、項羽が死去。 漢軍が勝利し、戦争が終結

漢王朝成立とその後

・劉邦が皇帝に即位し漢王朝がスタートする。その後、漢は４００年あまり続いた
・始皇帝の影響は現代も残っている

劉邦は皇帝となり後に高祖《こうそ》と呼ばれる

楚漢戦争に勝利した劉邦は、前２０２年に皇帝となった。

皇帝となった劉邦が手を付けたのは、項羽討伐に貢献した者たちに封地を与えることだった。特に功績の大きかった韓信は楚王《そおう》、彭越は梁王《りょうおう》になるなど、諸将７名が王となった。

その一方で、漢帝国を支える官僚には、実力者が多く採用された。右丞相には、沛県《はいけん》の豪傑、王陵《おうりょう》が就き、戦中・戦後とも功績の大きかった蕭何は、臣下としては最高職の相国《しょうこく》になった。

劉邦がまず都をおいたのは、雒陽《らくよう》だった。しかし、手狭な雒陽では、四方を攻められた時に守りきれないのではないかとの意見があり、長安《ちょうあん》（現在の西安《せいあん》市）に遷都、城を造営した。

劉邦が皇帝になった後も、安泰というわけではなかった。国内では、諸侯王の反乱があり、対外的には北方の匈奴との戦いに敗れ、不本意な外交を続けることになる。

前１９５年、62歳で劉邦は亡くなる。２代目の皇帝に即位したのは、息子の劉盈《りゅうえい》であった。彼はまだ17歳だったこともあり、実権を握ったのは母である呂后《りょこう》だった。呂后は、劉邦の側室やその子どもたちを次々と殺害するなどの残忍な性格であったと伝えられている。

呂后の死後まもなく、クーデターが起こり、呂氏一族も皆殺しにされてしまう。漢はこの後、武帝《ぶてい》による隆盛の時代を迎えるのである。

立ち上がった漢王朝

■劉邦皇帝時期の郡国

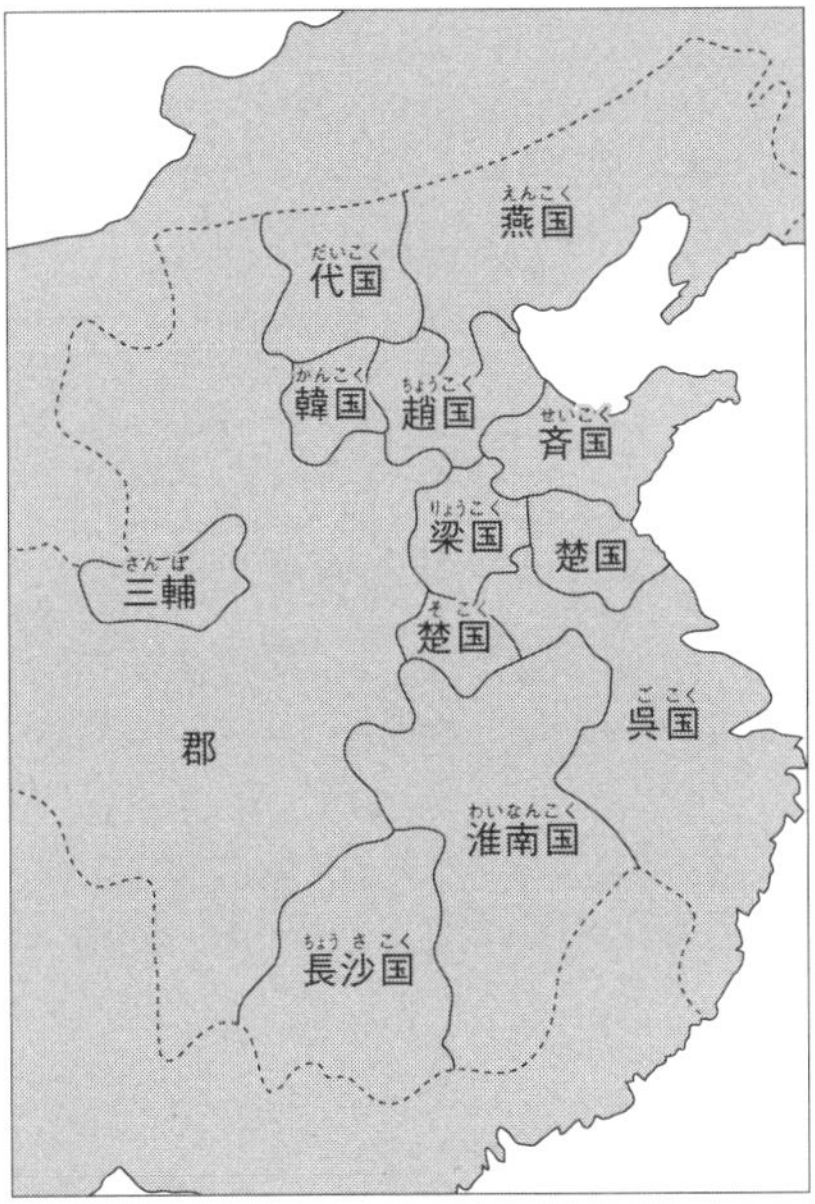

皇帝即位後、劉邦は、戦いで功績のあった者を各地の王に配置していった。また、首都周辺の一帯には直轄地の郡を設置した。

呂后（りょこう）

高祖となった劉邦の正室で、二代皇帝劉盈の母。戦乱時代の劉邦を支えた良妻賢母であったが、劉盈が即位すると政務を代行し、大きな権力を持つ女帝へとなっていった。

■その後の漢王朝

前195年
劉邦が逝去

前180年～前141年
文景の治と呼ばれる政策を実行

前141年
武帝が即位。漢王朝の最盛期を迎える

後8年
前漢の滅亡

■現在の西安（長安）

西安市は、西周、漢、隋、唐などいくつもの王朝の都として二千数百年の歴史を重ねている。

『史記』とその後の影響

現在、始皇帝についての歴史を知る時、最も大きな記録となっているのが、『史記』である。史記は、前漢の武帝に仕えた歴史家、司馬遷《しばせん》によって書かれたものだ。完成したのは、前90年頃と見られている。つまり、始皇帝が亡くなって、１００年以上が経ってから作られたことになる。

司馬遷は、20歳の頃、父であり、漢王朝の官職に就いていた司馬談《しばたん》の勧めで、中国各地をまわる旅に出る。ここで彼は、多くの歴史的な地域を訪れ、見聞を広めた。この経験が後の史記作成に大きな影響を与えたことは間違いないだろう。

その後、司馬遷は武帝に仕え、その巡遊に何度も同行した。そして、紀元前１０４年、史記の編纂に着手する。執筆の途中、李陵《りりょう》の禍に巻き込まれて、投獄・処罰されるという辛苦もありながら、およそ15年の時間をかけて、この歴史書を完成させる。

ここで忘れてならないのは、司馬遷は、武帝の家臣として史記をまとめたということだ。つまり、その最終的な目的は、武帝とその時代を描き出すことだった。司馬遷の目には、武帝と始皇帝が重なって見えていたのかもしれない。

事実、武帝が始皇帝の影響を受けていたのではないかと思われる事柄は多い。北の匈奴や南の南越との戦い、万里の長城の建築、全国の巡行、そして泰《たい》山《ざん》での封禅《ほうぜん》。先の時代の覇者を否定するところから入る主君は多いが、武帝に関して言えば、始皇帝を強く意識していたことは間違いないだろう。

このように、たった15年の治世でありながら、その後２０００年以上に渡り中国、そして世界の人たちに驚くほど大きな影響を与えた。始皇帝の時代を描いた映画や漫画作品は、今なお多くの人たちの心を揺さぶり、その先進性は驚きをもって受け止められる。始皇帝の生きた時代、それを振り返ることは、今を生きる私たちに人間の力の偉大さと、その儚さを同時に教えてくれると言えるのかもしれない。

始皇帝の残したもの

■始皇帝の記録を記した『史記』

前漢、武帝の時代に歴史家・司馬遷
によって書かれた。

紀元前90年頃に成立。
始皇帝の死後100年あまりが経って
いる。

始皇帝については、秦始皇本紀
としてまとめられた。

現存するのは1196年のものが最古
とされる

司馬遷（しばせん）

司馬遷の先祖は、代々歴史や
天文を司る一族であったとい
う。その家系において、父・
司馬談からの遺言もあり、歴
史書の編纂を手掛けることに
なった。

漢王朝成立とその後

■現代に残る始皇帝の足跡

大規模建築物

・万里の長城

・兵馬俑

・直道　など

専制君主による統一

漢、隋、唐などの王朝にその考えは引き
継がれ、清の時代まで約2000年続いた

文字や単位の統一

現在使われている漢字は、始皇帝の時代
に整備されたもの

多くの史書や言い伝え

始皇帝を批判的に描いたものや英雄視し
たものなど、多くの作品が作られた

始皇帝（しこうてい）

現代において、始皇帝は暴君だったと
も、有能な君主だったとも伝えられてい
る。始皇帝は、その存在の大きさゆえに、
様々な視点から多くの見方をされている。

鶴間和幸氏 スペシャルインタビュー

最新の始皇帝研究

大きく変わりつつある始皇帝像。本書の監修である鶴間和幸先生に最新の始皇帝研究の状況と、そこから見えてきた彼の実像を語ってもらった。

出土史料から『史記』とは異なる事実が明らかに

——『人間・始皇帝』の出版以降、始皇帝に関してどのような新発見がありましたか?

やはり地下から出た出土史料ですね。『人間・始皇帝』に文献目録を付けていますけど、その中にまだ全部の内容が分かっていないものがいくつかあるんです。たとえば『里耶秦簡《りやしんかん》』、『嶽麓秦簡《がくろくしんかん》』、『北京大学所蔵漢簡』、それと『北京大学所蔵秦簡』ですね。新しいものが刊行されるたびに大学院生たちと読んでいます。とくに『嶽麓秦簡』の4冊目と5冊目は秦の時代の律令、法について書いてあって面白いですね。

『趙正書《ちょうせいしょ》』も漢代に書かれたものですが、かなり重要な書物です。これも前の本を書いたときは一部の内容しか分かっていなかったのですが、現在は全文が公開されています。兵馬俑博物館に新しく展示された「百戯俑《ひゃくぎよう》」も興味深いですね。古代のサーカスの俑なんですが、その中に大変面白いものがありました。そうした新しい発見はたくさんあります。

——従来の説と大きく異なるような新たな事実、興味深い発見などはありましたか?

始皇28年（前２１９年）の2回目の巡行のとき、始皇帝が湘《しょう》山《ざん》の樹木を丸ごと抜いてしまったという故事が『史記』にあるんですね。湘山には湘君という舜の夫人を祀った祠があるんですけど、大風が吹いてそこに行くことができなかったと。それで始皇帝が怒って禿山《はげやま》にしたという話なんですが、まったく違うことが書かれたものが出てきたんです。

実は、秦が天下を統一した始皇26年（前２２１年）の4月に始皇帝は湘山を訪れていて、そのときに周辺を国有地にして木々を保護しなさい、という命令を出しているんです。引き抜くなんてとんでもない、と。このように司馬遷の書いていることがだんだん揺らいできたんですね。

——どうして自然保護から禿山にしたという話になってしまったのでしょうか。

秦は各国を征服したわけですから、当然征服された側は秦への反発があります。秦の出した命令に服するとは限らないわけですね。それで始皇帝が湘山に来たとき、怒って木を抜いちゃったという話を現地の人が伝えていったと。そういう話はたくさんあります。

——『趙正書』も全文公開されたとのことでしたが、どのようなことが新たに分かったのでしょうか。

2世皇帝（胡亥）がやったことですね。2世皇帝は始皇帝の政治をいったんリセットしたというんです。始皇帝の時代に下された律令を全部破棄して新たな法律を出したとか、始皇帝に従っていた家臣たちを切り捨てたとか。それはあり得たのかなと思いますが、気になったのは社稷《しゃしょく》のことです。2世皇帝が始皇帝の社稷を壊したというんです。社稷は国家の象徴で、皇帝や王はこれを守っていくのが常識だと考えていただけに、この部分は本当にそう読むのか、ちょっと悩んでいるところです。

子嬰がすごく賢い人として書かれているのも面白いです。それは『史記』で描かれている以上で、彼は非常に冷静に2世皇帝のことを批判していますね。

——本当にいろいろなことが分かるようになったんですね。

我々は司馬遷の秦始皇本紀や列伝などから始皇帝についてイメージしてきたんですけど、兵馬俑も含めたいろんな考古資料や今言ったような出土史料の中から『史記』とは食い違うものが出てきた。もちろん『史記』と重なる部分もあるんですけど、まったく違うような内容のものが出てくると、どうしても同時代のほうを我々は優先しますよね。ただ、同時代といっても秦の立場で書かれたものですから、そこは注意が必要です。じゃあ秦に征服された側の史料はないのかというと、これがなかなか出てこないんですよね。

実は李斯が焚書令で一番の対象としたのが6国の歴史書なんです。李斯は焚書令で他国の歴史を抹殺しようとしたんですね。現在私たちはそれを見ることができなくなっているわけですから、かなり徹底して焼かれたんでしょう。ですから司馬遷も6国の歴史は秦の歴史をもとにして書いています。

ただ最近、楚の墓から楚簡などが出てきています。行政文書ではなくて書籍のたぐいなんですけど、たとえば『老子』でいうと我々は漢代までのものしか読んでいなかったわけです。それが今は戦国時代までさかのぼれるわけで、これはすごく面白いですね。

——漢代以降のものとどこが違っていたりするのでしょうか。

『老子』の中に「小国寡民《しょうこくかみん》」という有名な言葉があるんですが、「国」という字が楚簡では「邦」なんです。「邦」は劉邦の「邦」ですから漢代の人が「国」に書き換えたんですね。「無為自然」の「無」という字も「亡」を使っています。あと僕が面白いと思ったのは「江海《こうかい》」の「海」の字ですね。これが楚簡だと「さんずいに〝母〟」と書かれているんです。『老子』には「天下の母」という言葉が出てくるんですけど、やっぱり海は〝母〟なんですね。そうした元の文字が分かるのが面白いです。

始皇帝はさまざまな思想を柔軟に取り入れていた

——近年の始皇帝のイメージでもっとも大きく変わったところはどこでしょうか。

始皇帝が法治主義だけではなく、いろいろな思想を受け入れていたところですね。李斯が焚書を行ったのは匈奴、百越と戦争を始めるにあたって一時的に思想統制をする必要があったからなんですね。民間では詩経と書経を用いて、昔の思想を理想化して今の政治を批判していると。それを抑えようとして、そのときに歴史書も弾圧の対象としたわけです。でも、それは統一してから6年後の話で、じゃあそれまではどうだったかというと、始皇帝は全国を巡行して各地に刻石を立てていますよね。そこには父子の関係とか男女の住み分けを大事にしなさいとか、儒教と同じようなことが書いてあるんです。最近出土した『為《い》吏之道《りのみち》』にも『論語』の文章がそのまま出てくる箇所があります。「君は君たり、臣は臣たり、父は父たり、子は子たり」とか。ですから決して最初から儒家を弾圧しようと思っていたわけではないし、焚書坑儒も儒家だけを対象にしたものではない。あくまで政府を批判する学者たちを一時的に弾圧しようと李斯は考えたんです。

――始皇帝というと法治一辺倒というイメージでした。

始皇帝は思想的にかなり柔軟です。彼は巡行で東方の海に行きますよね。そこで方士たちと出会って不老不死の思想に傾倒していますし、騶衍《すうえん》の五徳終始説の思想も取り入れています。それらは東方の斉の思想で、彼はそれらを受け入れているわけです。始皇帝は老子の思想もしっかり取り入れています。というのも彼のお墓を作るとき、地下に百川の流れを黄河と長江が受けて大海に流れるというカラクリを水銀で作っているんです。これはまさに『老子』の思想ですよね。墓の中に星、太陽、月を描き、自然の川を水銀で流して、その中に人間が生きているんだという。これは老荘思想ですよ。李斯は詩書や百家を禁止しようとしたかもしれないですけど、それまでの秦はそうしたものもちゃんと受け入れていますし、始皇帝自身もいろいろな思想を取り入れていますね。

――不老不死に傾倒したのも始皇帝の柔軟さの表れであると。

それはあると思いますね。今回、秦山島《しんざんとう》という島を見て来たんです。非常に小さい島で引き潮になると道が現れる、ちょっと不思議な島なんですね。ここになぜ僕が関心を持っているかというと、こういう神秘的な島が仙人の住む地と考えられたんじゃないかと思うんです。後世の『水経注《すいけいちゅう》』という書物にも、始皇帝の刻石と思われるものがあったという記述があるんですね。それを見ると潮が満ちると水没して、潮が引くと上部が現れるって書いてあるんです。もちろん現在始皇帝の刻石は残っていないんですけど、そこまで書いてあるなら多分あったんじゃないかなと。始皇帝の刻石は全部で7つとされていますが、私はそれが8つ目の刻石だったんじゃないかと思っています。始皇帝は東方の海の青さに感動して瑯琊台や碣石に離宮を作ったりしていますから、秦山島のようなものも多分見ていたんじゃないでしょうか。

始皇帝は東西の文化の交流を体現した存在？

――始皇帝以外で従来とは異なる部分が見えてきた人物はいますか？

李斯ですね。李斯の墓も見てきたんです。彼は楚が滅ぼした蔡《さい》という国、上蔡《じょうさい》の生まれだと言われていますが、そこにお墓が残されているんです。遺体を故郷に返したという記述はないですし、発掘もされていないんですけどね。

李斯は始皇帝のもとで権力の頂点まで登り詰めて、最後は趙高と対立して処刑されるわけですが、死刑が決まって獄中から出ていくとき、次子に「もう一度故郷に帰りたい、故郷の上蔡の東門でもう一度ウサギ狩りをしたい」と言うんですね。東側の門というのは人々が集まるたまり場なんです。そこに集まってみんなで狩りをするという行事をやっていたんでしょうね。それが蔡という国の文化だったんでしょう。彼はもともと楚の地方役人でしたが、楚という大国ではなくて、蔡という小国の文化を受け入れていた人物だったと。冷静冷酷な厳しい政治家であった李斯も、また人間であったのだなと現地で見て思いましたね。

――李斯というとマキャベリズムの権化というイメージがあるだけに意外な一面ですね。

マキャベリズムというと韓非ですよね。実は焚書の話が最初に出てくるのは『韓非子』なんです。『韓非子』の和氏篇《かしへん》に秦の商鞅が詩書を焼いたと書かれているんです。この話は『史記』にはないですね。『史記』では李斯の焚書令が最初です。ですから本当に焼いたのかは分からないです。ただ、『韓非子』は始皇帝も読んでいて李斯も知っていたと思いますから、焚書も『韓非子』から得た考えだったのかもしれませんね。

――始皇帝の業績でもっと注目されていいと思うものはありますか？

秦は中原から西方の戎《えびす》と言われていた国なんですけど、西からいろんな文化が入ってきています。西方からの文化を最初に受け入れた国で、決して後進国だったわけではないんですね。始皇帝が兵馬俑を作らせたのも西の文化の影響だったのではないかと思います。彫刻で等身大の人間を描くというのは西方の文化ですからね。ギリシャ文化だとはっきり言う人もいます。アレクサンダーの時代に、すでに西北インドまで来ているわけですから。そのあと中国とは繋がってはいないですけど、それは文献がないだけで月氏という民族を介して交易を行っています。

たとえば戦国時代の秦の埋葬品に、陶器で作った菱形の装飾品の型があるんですが、そこにギリシャ神話のディオニュスとアリアドネではないかと思われる人物が描かれているんです。西方ではこのふたりの姿は図案としてよく使われているのですが、戦国時代の秦にもそうしたギリシャ神話を題材にしたものが入ってきていて実際に作られていたんじゃないかなと考えたわけです。ですから始皇帝が第1回目の巡行で西に行ったのは西の文化との関わりも意識していたのではないでしょうか。そうした意味で始皇帝は秦山島や海の世界といった東方の文化と、こうした西の文化の交流を体現した存在だったのかなと思います。

――今後は始皇帝のどのようなところに注目していきたいとお考えですか？

とにかく今は発表された出土史料をどんどん読み込んでいくと。そこにはたくさんの新しい情報がありますから。今言ったような東西の文化の問題も見ていきたいですね。以前本に書いた内容についても、変えていくべきところがどんどん出てくると思います。そうした新しい情報をまた反映させていきたいですね。〔了〕

始皇帝関連年表

年号	西暦	年齢	出来事
昭襄王47	前260	ー	白起が長平にて趙に勝利にする
昭襄王48	前259	1歳	始皇帝趙正、趙の邯鄲にて生まれる 秦が趙の武安君を討ち、邯鄲に迫る
昭襄王50	前257	3歳	白起が自害させられる 秦軍、邯鄲を攻略できず汾城郊外に撤退 始皇帝の父・子楚が邯鄲を脱出して秦に戻る
昭襄王52	前255	5歳	昭襄王、揚摎に西周を滅ぼさせる
昭襄王56	前251	9歳	昭襄王死去
孝文王元	前250	10歳	孝文王が秦王として即位するも3日後に死去、子楚が即位する
荘襄王元	前249	11歳	呂不韋が相国となる 呂不韋、東周を滅ぼし、太原郡を置く 蒙驁が韓を攻め、成皋と滎陽の地を奪う
荘襄王2	前248	12歳	蒙驁が魏の高都と波を攻略。さらに趙の楡次・新城・狼孟を攻める
荘襄王3	前247	13歳	信陵君が5カ国連合軍を率いて秦を攻め、蒙驁率いる秦軍を河外で破る 荘襄王が死去、趙正が秦王となる
始皇元	前246	14歳	晋陽で反乱が起こり、蒙驁がこれを平定 鄭国が秦に入国、鄭国渠の造営が始まる
始皇2	前245	15歳	麃公が巻を攻め、首3万を挙げる 蒙驁が趙を攻め、37城を取る

年号	西暦	年齢	出来事
始皇3	前244	16歳	蒙驁が韓を攻め、13城を取る。王齮が死去
始皇4	前243	17歳	蒙驁が魏の暘と有詭を陥落させる
始皇5	前242	18歳	蒙驁が魏の酸棗、燕、虚、山陽などを平定 衛の濮陽を東郡に組み込む
始皇6	前241	19歳	韓、魏、趙、衛、楚が合従して秦に侵攻、寿陵を奪われる 趙の龐煖が趙・楚・魏・燕の4カ国合従軍を率いて秦の蕞に侵攻
始皇7	前240	20歳	蒙驁が死去 彗星が西方に現れる（ハレー彗星の出現）
始皇8	前239	21歳	王弟の長安君成蟜が謀反 嫪毐が長信侯に封じられる
始皇9	前238	22歳	魏の垣と蒲陽を奪う 嫪毐の乱が起こり、昌平君と昌文君がこれを制圧、嫪毐らを車裂きに処す 母太后が雍に移される 楊端和が魏の衍氏を攻める
始皇10	前237	23歳	呂不韋が相国を罷免される 桓齮が将軍となる 母太后が雍から咸陽に戻される 李斯の進言を容れて逐客令を取り下げる 秦を訪れた尉繚と対面する
始皇11	前236	24歳	王翦、桓騎、楊端和が趙の鄴を攻める
始皇12	前235	25歳	呂不韋が自決する
始皇13	前234	26歳	桓齮が趙の平陽へ侵攻
始皇14	前233	27歳	桓齮が平陽、武城を平定するが李牧に敗れる 韓非が李斯の謀略により雲陽にて死去

年	紀元前	年齢	出来事
始皇15	前232	28歳	趙を攻め、太原郡の狼孟など37城を取る 秦軍が趙の番吾にて李牧に敗北する 秦の人質となっていた太子丹が燕に帰国する
始皇16	前231	29歳	韓より南陽を譲られ、内史騰を仮の郡守として派遣 男子に年齢を申告させる 魏より土地を献じられ、そこに麗邑を置く
始皇17	前230	30歳	内史騰が韓を攻め、韓王安を捕虜とする（韓の滅亡）、韓の地を潁川郡とする 華陽太后が死去
始皇18	前229	31歳	大軍をもって趙に侵攻。王翦が井陘を降し、楊端和が邯鄲を包囲、羌瘣が代を攻める 趙の幽繆王が郭開の讒言により李牧を粛清
始皇19	前228	32歳	王翦、羌瘣が趙を平定。幽繆王を平陽で捕虜とし、燕を攻めるべく中山に駐屯（趙の滅亡） 秦王、邯鄲にて母家と確執のあった者を捕えて穴埋めに処し、太原郡を経て帰国 母太后が死去 趙の公子・嘉が代で王となる
始皇20	前227	33歳	荊軻による秦王暗殺未遂事件が起こる 王翦と辛勝が燕に侵攻、燕・代連合軍を破る
始皇21	前226	34歳	王賁が燕の薊城を落とす 王翦が病老を理由に将軍の職を辞して隠居 魏の旧都・新鄭にて反乱が起こる 昌平君が楚の旧都である郢に移される
始皇22	前225	35歳	王賁が魏に侵攻。魏の大梁を水攻めにして、魏王假を降伏させる（魏の滅亡） 李信と蒙恬が20万で楚を攻めるが、城父にて大敗を喫する
始皇23	前224	36歳	王翦が復帰し、楚に侵攻。楚の項燕を破り、寿春を包囲（楚世家、白起王翦列伝など） （秦始皇本紀では楚王負芻を捕虜にしたあと項燕が昌平君を立てて淮南にて反乱を起こしたとする） 秦王正、郢と陳に赴く
始皇24	前223	37歳	王翦と蒙武が楚王負芻を捕虜にする（楚世家、白起王翦列伝など）（楚の滅亡） （秦始皇本紀ではこの年、王翦らに攻められ昌平君が戦死、項燕が自殺したとする）
始皇25	前222	38歳	王賁を将とする大軍が燕・代に侵攻。燕王喜と代王嘉を捕虜とする（燕の滅亡） 王翦、江南の地を平定、会稽郡を置く 5国を滅ぼしたことを賀し宴会の開催を許可
始皇26	前221	39歳	王賁が斉に侵攻し、斉王建を捕える（斉の滅亡）、秦が天下を統一する 秦王、皇帝を号する。諡の法を廃止し、「始皇帝」とする 李斯の進言を容れ、郡県制を敷く 刀狩りの実施、度量衡・車幅・文字の統一などを行う
始皇27	前220	40歳	隴西、北地を巡遊し、鶏頭山に出て回中を通る（第1回巡行） 咸陽を中心とした馳道を建設する
始皇28	前219	41歳	東方を巡行する（第2回巡行） 徐市に童男童女千を与え、海上に僊人（仙人）を求めさせる 長江の湘山祠で大風により船が転覆しかける。治水工事のため湘山を立入禁止にする
始皇29	前218	42歳	再び東方の地を巡行（第3回巡行）

年	西暦	年齢	出来事
始皇31	前216	44歳	臘（祭の名）を嘉平と改め、黔首に里ごとに米6石と羊2匹を賜う
			武士4人と咸陽周辺をお忍びで歩き、蘭池で盗賊に遭う
始皇32	前215	45歳	碣石山に赴き、燕人盧生に仙人の羨門高を探させ、碣石門に文字を刻む（第4回巡行）
			盧生が戻り、「秦を滅ぼさん者は胡なり」という録図書（予言書のこと）を奉ずる
			蒙恬が兵30万を率いて北方の胡を撃ち、河南の地を取る
始皇33	前214	46歳	陸梁を占領し、桂林・象・南海の3郡を置く
			西北の匈奴を駆逐し、楡中から陰山までの地に33県（44県とも）を置く
			蒙恬が黄河北部の地を占領。戎人を逐って流罪人を移し、県とする
			長城と南越の砦を築く
始皇34	前213	47歳	淳于越が献策した子弟・功臣の封建を李斯が否定し、焚書令を提言する（焚書）
始皇35	前212	48歳	囚人70万人を驪山陵と阿房宮造営に動員
			盧生、侯生が始皇帝を批判して逃亡。始皇帝、諸生（学者）460余人を咸陽で穴埋めにする（坑儒）
			坑儒を批判した長子扶蘇を蒙恬のもとに送る
始皇36	前211	49歳	落下した隕石にある者が「始皇帝が死んで土地分かれる」と刻む。この刻石の近隣に住む者を皆殺しにし、その石を焼いて溶かす
			華陰の平舒道で璧を持った男が「明年、祖龍（始皇帝のこと）が死ぬだろう」と予言する
始皇37	前210	50歳	李斯や末子の胡亥らと巡行に出る、馮去疾が留守を守る（第5回巡行）
			平原津で病となったため長子扶蘇への遺詔を作る（胡亥を後継としたとも伝わる）
			7月丙寅の日、沙丘の平台にて始皇帝崩御（実際は8月丙寅（21日）とみられる）
			趙高、李斯と謀って末子胡亥を太子とする
			扶蘇と蒙恬、始皇帝の名で死を賜る
			始皇帝の遺体が咸陽に到着。始皇帝の死が発表され胡亥が2世皇帝となる
			始皇帝、驪山に葬られる
2世元	前209	―	陳勝呉広の乱が起きる
			項羽、劉邦がそれぞれ反秦の兵を起こす
2世2	前208	―	陳勝呉広の乱が鎮圧される
			李斯が趙高の讒言により刑死
2世3	前207	―	趙高が2世皇帝を弑逆し、子嬰を擁立するが、子嬰によって暗殺される
漢元	前206	―	子嬰が劉邦に降伏する（秦帝国滅亡）
			項羽と劉邦が鴻門にて会見
			項羽が西楚の覇王を称する
			劉邦が韓信を将軍として漢中を脱出、三秦を平定する（楚漢戦争始まる）
漢4	前203	―	劉邦と項羽が広武で対峙。天下を2分することを約して和睦する
漢5	前202	―	劉邦が盟約を破って垓下にて楚軍を囲み項羽は自決、劉邦が皇帝となる

始皇帝を取り巻く人物たち

最後に始皇帝の誕生～前漢成立の時代に活躍した、始皇帝以外の主要な人物たちを紹介しておく。

尉繚（うつりょう）　魏→秦

生没年不詳。魏・大梁の出身。兵法書『尉繚子』の編纂者とも言われるが、別人もしくは血縁者によるものなど諸説あり真偽は不明。前237年に秦を訪問。秦王・趙正に謁見し、諸国の合従を切り崩す策を進言したことから彼の信頼を得て尉（軍事長官）に登用された。始皇帝の容貌や人となりを語った「鼻が高く、目が細長く、鷲のように胸が突き出ていて、山犬のようなしわがれ声で、情の少ない虎狼のような心の持ち主である」という言葉は有名で、後世の彼のイメージを決定づけることとなった。

英布（えいふ）　楚→漢

（?～前196年）秦末～前漢初期の武将。罪を犯して、黥（げい）という顔に入れ墨を入れる刑を受けていたため鯨布（げいふ）とも呼ばれる。陳勝呉広の乱に乗じて挙兵。項梁の軍に属し、彼の死後は項羽に仕えた。項羽のもとで数々の軍功を上げ、秦帝国滅亡後に九江王に封じられるが、楚漢戦争が始まると項羽のもとを離れて劉邦に加勢。項羽討滅後、活躍を認められ淮南王となった。しかし、高祖となった劉邦の誅殺を恐れて謀反。劉邦軍を相手に善戦するが敗死した。

燕王喜（えんおうき）　燕

生没年不詳。燕国の最後の王で前254年～222年在位。秦との争いは避けたいと考えており、息子の太子丹を人質として差し出すが、帰国した丹が秦王・趙正の暗殺を計画。刺客として荊軻を送り込むが失敗したため正の怒りを買うこととなった。王翦、王賁らが率いる進軍に首都の薊を落とされると遼東に逃亡。その際、丹の首を送って秦王・趙正に謝罪したという。しかし、正の許しを得ることはできず、前222年に王賁率いる秦軍に攻められ捕虜となった。

王齮（おうき）　秦

（?～前244年）秦国の将軍。始皇帝が秦王として即位した年に蒙驁、麃公らとともに将軍に任ぜられるが、その2年後に死去した。どのような軍功があったのかまったく不明で、始皇帝が即位する以前の秦の歴史を記した秦本紀にもその名が見られないため、昭襄王の時代に活躍した王齕と同一人物とする説がある。

王齕（おうこつ）　秦

生没年不詳。昭襄王、孝文王、荘襄王に仕えた秦の武将。長平の戦いに白起の副将として参加。その後、白起に代わって趙攻略の主将となり、趙の武安君を討った。邯鄲の攻略には失敗するが、続く魏との戦いでは大勝。前248年に韓の上党を攻めて初めて太原郡を置くなど数々の軍功を上げた。その後は不明で秦始皇本紀では一切触れられていないため王齮と同一人物とも言われる。

王翦（おうせん）　秦

生没年不詳。名将として名高い秦の武将。前236年に秦が趙の鄴を攻めた戦いで主将を任され、前228年に趙をことごとく平定。前227年に辛勝と燕を攻め、易水の西で燕と代の連合軍を破った。このとき息子の王賁に燕都の攻略を任せている。燕との戦いのあと老病を理由に引退するが、楚侵攻の主将となった李信が大敗を喫したため秦王・趙正に乞われて復帰。敗北した李信に代わって主将となり楚を攻め滅ぼした。その後、さらに兵を進めて東越の王を降し、その地に会稽郡を置いた。

王賁（おうほん）　秦

生没年不詳。王翦の息子。歴史に登場するのは父・王翦が主将を務めた前227年の燕侵攻からで、この戦いで燕都の薊を攻略し、その名を挙げた。前225年の魏侵攻では黄河から水を引き、魏都の大梁を水攻めにして攻略。続いて遼東に逃亡していた燕王喜を捕虜とした。さらに李信、蒙恬とともに斉を攻め、斉都の臨淄を包囲。斉王建を降伏させるなど父に劣らぬ活躍を見せた。秦帝国成立後、通武侯となり前219年の始皇帝の東方巡行に同行。息子の王離とともに琅邪台の刻石にその名を残した。

王離（おうり）　秦

生没年不詳。王賁の息子、王翦は祖父で3代にわたって秦に仕えた。前219年の始皇帝の東方巡行に父の王賁と同行。武城侯となり、琅邪台の刻石に父ともどもその名を刻まれた。始皇帝の死後に起きた反秦勢力との戦いでは章邯とともに将として活躍。趙王歇と張耳がこもる鉅鹿城を攻め、陥落寸前まで追いつめるが、救援に駆けつけた項羽率いる楚軍に敗れた。

王綰（おうわん） 秦

生没年不詳。丞相として始皇帝を支えた政治家で、度量衡の標準器に記された権量銘や琅邪台にその名が見られる。秦が中華統一を果たした際、秦王・趙正より王に代わる名号の制定を命じられ、馮劫や李斯らとともに「泰皇」の号を提案した。また、遠方の地である燕、斉、楚を安定させるため、諸公子を各地の王に立てることを願い出るが、李斯の反対により退けられた。

嘉（か） 趙→代

生没年不詳。悼襄王の長子。次の趙王となるはずだったが、悼襄王が寵愛する后の生んだ遷を後継としたため廃嫡となった。前228年に趙が秦によって平定された際、代に逃亡。代王を名乗り、燕と連合して秦への抵抗を続けた。しかし、燕と代の連合軍は王翦らの率いる秦軍に敗北。このとき遼東に逃れた燕王喜に秦王暗殺を目論んだ燕の公子丹を殺して秦に和を乞うよう提案したと言われる。しかし、前222年に燕を滅ぼした王賁に攻められ敗北。秦の捕虜となり代は滅びた。

郭開（かくかい） 趙

生没年不詳。趙滅亡の原因となった奸臣。廉頗と折り合いが悪く、悼襄王が魏の客将となっていた廉頗を呼び戻そうとした際、魏への使者を買収。廉頗は老いて使い物にならないと王に報告させたため、彼の帰参は取り止めとなった。さらに前229年、趙に攻め入った秦軍を李牧が食い止めていたが、秦に買収され李牧が離反しようとしていると讒言。これを信じた幽繆王によって李牧が処刑されたため趙は滅びた。

華陽太后（かようたいこう） 楚→秦

（?～前230年）楚の公女で始皇帝の祖父である安国君（のちの孝文王）の夫人。安国君の寵愛を受けるが子供に恵まれなかったため呂不韋の提案を受け入れ、彼の推す子楚（のちの荘襄王）を養子とした。

韓王安（かんおうあん） 韓

（?～前226年）韓の最後の君主で前238年～230年在位。韓への攻勢を強める秦を翻意させるため公子の韓非を使者として派遣するが、李斯の策略により韓非が獄中で自殺。それでも南陽の地を献上して、どうにか秦をなだめようとしたが、前230年に南陽の太守となった秦の内史騰に捕えられ韓は滅びた。その後、韓の旧都の新鄭で反乱が起きたため別の地に移され、その地で死去した。

桓齮（かんき） 秦

生没年不詳。秦の武将で秦王・趙正が親政を開始した前237年に将軍に任ぜられた。前236年の趙侵攻で王翦の副将を務め、趙の都市・鄴の攻略に貢献。前234年には主将として趙の平陽を攻め、敵将の扈輒を討った。その年の10月、再び趙に攻め入り平陽と武城を平定。さらに宜安を攻めたが趙の将軍・李牧に敗れた。その後の消息は不明で、秦から燕に亡命した樊於期と同一人物とする説も存在する。

韓信（かんしん） 楚→漢

（?～前196年）劉邦に仕えた稀代の名将。若いとき町中で自分を侮辱した相手の股をくぐったという逸話は有名。始皇帝の死後に起きた騒乱では項羽に仕えるが、重用されなかったため劉邦軍に所属。蕭何の推薦で大将となった。楚との戦いでは別動隊を率いて趙、燕、斉を平定。劉邦より斉王に封じられ、楚漢と並び立つ勢力を持つにいたるが、独立しようとはしなかった。漢帝国成立後、楚王に封じられるが、謀反の疑いを受け淮陰侯に降格。その後、漢に背こうとしたため捕えられ刑死した。

韓非（かんぴ） 韓

（?～前233年）戦国時代の思想家。韓の公子で李斯とともに荀子に学んだといわれる。秦の圧迫を受ける韓の現状を憂え、韓王を書面で諫めようとしたが用いられず、やむなく自身の考えを『孤憤』『五蠹』『内外儲』『説林』などの書にまとめた。これらの書は法家思想を体系化したもので、秦王・趙正も多大な影響を受けたという。その後、韓王安の命で秦への使者役を務めるが、同門の李斯の奸計にあい投獄。秦王・趙正への弁明を求めるが許されず、李斯から送られた毒を飲んで自殺した。

羌瘣（きょうかい） 秦

生没年不詳。秦の武将で王翦、楊端和らと趙に攻め入り代を討伐。王翦とともに趙をことごとく平定し、平陽で幽繆王を捕虜とした。さらに燕を攻めるべく中山に駐屯するが、その後は特筆する活躍がなかったのか、以降の羌瘣に関する記述はない。

荊軻（けいか） 衛→燕

（?～前227年）衛出身の遊説家と言われる。秦の勢力伸長を恐れる太子丹の依頼を受け、秦から逃亡してきた樊於期将軍の首と燕の督亢の地図を手土産に秦王・趙正に謁見。地図に隠していた匕首を突きつけて脅し、秦は侵略を止めると約束させようとしたが、正に逃げられ計画は失敗に終わった。

慶舎（けいしゃ）　趙

生没年未詳。孝成王、悼襄王に仕えた趙の武将。前256年に楽乗と秦の武将・信梁の軍勢を攻め、これを破ったという。前240年には将軍として東陽に陣を敷き、黄河の橋梁の守備にあたった。

劇辛（げきしん）　趙→燕

（?～前242年）趙出身の武将。燕の昭王が斉に対抗するための人材を集めていたとき趙より燕に入った。趙の将軍となった龐煖とかつて親しくしており、彼について燕王喜に聞かれた際、組みしやすい人物であると答えたことから趙侵攻の将を任されることとなった。しかし、燕軍を迎え撃った龐煖に大敗を喫し、戦死した。

項羽（こうう）　楚

（前232年～202年）楚の将軍項燕の孫。項羽の呼び名で知られるが、羽は字（あざな）で名は籍である。陳勝呉広の乱に乗じて、叔父の項梁とともに挙兵。叔父の死後、楚軍の主力となり章邯の率いる秦軍を破った。関中では降伏した子嬰を殺害。咸陽を焼き払って祖国の恨みを晴らしたという。秦滅亡後、西楚の覇王を号するが劉邦が反旗。以降、彼と天下を争い、たびたび窮地に追いやった。しかし、やがて劉邦が優勢となり、ついに垓下で敗北。最後まで勇戦するも自ら首をはねて力尽きた。

項燕（こうえん）　楚

（?～前224年）楚の将軍で項羽の祖父。蘄水にて王翦率いる秦軍を迎え撃つが、楚軍の油断を誘う王翦の策にかかり敗死した。楚王負芻が捕虜となったあと昌平君を楚王に擁立して、ともに秦に抵抗したとも言われている。

高漸離（こうぜんり）　燕

生没年不詳。荊軻の親友で筑という楽器の名手。荊軻との関係を知られ、目を潰されるが、始皇帝が彼の筑の腕を惜しんだため命は取られなかった。それでも荊軻の遺志を継ごうと鉛を隠し入れた筑で始皇帝を襲撃するが失敗し、ついに誅殺された。

孝文王（こうぶんおう）　秦

（前303年～251年）始皇帝の祖父で即位前の称号は安国君。20人以上もの子があったが、呂不韋の意を受けた華陽夫人の要望を聞き入れ子楚を次期太子とした。53歳にしてようやく王となるが即位後わずか3日で死去。遺体は寿陵に埋葬された。

項梁（こうりょう）　楚

（?～前208年）楚の将軍項燕の子で項羽の叔父。殺人を犯したため、項羽を連れて江南に逃れていたが、陳勝呉広の乱が起きた際、これに呼応して会稽郡の太守を殺害。項羽とともに打倒秦の兵を挙げた。やがて楚軍の盟主的存在となり、軍師となった范増の言に従って楚の懐王の孫を楚王として擁立。自身は武信号を名乗り、東阿での戦いで秦軍に大勝をおさめるが、定陶にて章邯の軍に襲われ戦死した。

胡亥（こがい）　秦

（?～前207年）秦の第2代皇帝で前209年～207年在位。始皇帝の末子で宦官の趙高と丞相の李斯の策謀によって遺詔が改竄されたため即位したとされるが、胡亥を継承者とするのは始皇帝の遺志だったとも言われる。即位後は趙高の傀儡となり各郡県に過剰な負担を強いたため人心が離反。陳勝呉広の乱が起きるが、それでも国政を省みず、最後は趙高によって自殺を強いられた。

呉広（ごこう）　楚

（?～前208年）始皇帝の死後に起きた反乱の指導者。前209年、辺境防備のため秦に徴発され、仲間とともに漁陽という地に向かうが途中大雨にあい、期日までに到着できなくなった。間に合わなければ処刑されるため、ついに仲間の陳勝らとともに挙兵。各地を転戦して兵を糾合し、数万の勢力を誇るにいたった。だが、仮王となった呉広は滎陽に侵攻するが攻めあぐね、配下の田臧らの反感を買ってしまう。やがて反乱軍の旗色が悪くなると田臧らの裏切りによって殺害された。

扈輒（こちょう）　趙

（?～前234年）趙の武将。前234年、趙の平陽に侵攻してきた桓齮率いる秦軍と戦うが敗死した。この戦いで桓齮は10万の首級を上げたという。

蔡沢（さいたく）　燕→秦

生没年不詳。燕出身の政治家。諸国を流浪したのち秦を訪問。自分が有能であるという噂をばらまいて宰相の范雎の気を引き、彼と対面する機会を作った。そして范雎に出処進退を説き、引退するのが得策と進言。これを受け入れた范雎の推薦で昭襄王に用いられた。王の信頼を得て、やがて宰相となるが、周囲のねたみを察して辞任。綱成君と号したが、以降も秦にとどまり続けた。その後、秦王・趙正より燕への使者役を任され故郷の燕を訪問。燕の太子丹を人質として秦に差し出させた。

子嬰（しえい） 秦

（?～前206年）二世皇帝胡亥の兄の子。李斯列伝では始皇帝の弟とされているが間違いと思われる。蒙恬と蒙毅の兄弟を誅殺しようとする胡亥を諫めたが、受け入れられなかった。胡亥が自殺させられたあと趙高によって秦王に擁立されるが、身の危険を感じて趙高とその一族を殺害。咸陽に迫った劉邦に降伏するが、その後関中入りした項羽によって一族もろとも処刑された。

子楚（荘襄王）（しそ） 秦

（前281年～247年）始皇帝の父で謚号は荘襄王。前250年～247年在位。昭襄王の太子・安国君の数ある子のひとりにすぎず、趙の都の邯鄲で人質になっていた。だが、そこで商人だった呂不韋の目に止まり、彼の働きかけで安国君の後継となり、邯鄲から帰国したのち秦王として即位。呂不韋を丞相とするが、在位わずか3年で死去した。35歳であった。

司馬尚（しばしょう） 趙

生没年不詳。趙の武将。始皇帝死去後に各地で秦への反乱が起きたとき、武臣らと蜂起した司馬卬は息子である。前229年に王翦、楊端和、羌瘣らが率いる秦軍が趙に攻め入った際、李牧とともにこれを迎撃。秦軍の進攻をよく抑えていたが、秦に買収された郭開の讒言により李牧は処刑され、自身も将軍の任を解かれた。

淳于越（じゅんうえつ） 斉→秦

生没年不詳。斉出身の学者。前213年に咸陽宮で開かれた酒宴において、殷や周にならって子弟や功臣を封建し、帝室を守らせるべきと奏上した。しかし、李斯が学者たちは今を師とせず、古に学んで当代のことをそしり、黔首（民衆）を惑わしていると反論。始皇帝に今をそしる書物を焼くことを提案し、これが焚書の引き金となった。

春申君（しゅんしんくん） 楚

（?～前238年）楚の政治家で名は黄歇（こうけつ）。戦国四君のひとりだが、彼のみ王族ではない。頃襄王のとき使者として秦におもむき、昭襄王を説得して楚侵攻を思い止まらせた逸話は有名。頃襄王の死後、考烈王の宰相に就任。食客3千人を抱えるなど、その勢力は楚王をもしのいだという。前241年に5ヵ国合従軍を率いて秦に侵攻するが、函谷関を破れず敗退。これにより考烈王の信頼を失い、最後は義兄の李園によって殺害された。

蕭何（しょうか） 漢

（?～前193年）張良、韓信と並ぶ劉邦の功臣のひとり。沛の下級官吏だったが、反秦の兵を挙げた同郷の劉邦に協力。以降、劉邦軍の内務を取り仕切った。咸陽に入った際には他の諸将が金銀に目がくらむなか、ただちに秦の記録文書を確保したという逸話は有名。また無名だった韓信の能力を見抜き、将軍として劉邦に推薦した。楚漢戦争では関中にあって兵站面で劉邦を後方から支援。前漢成立後も高祖となった劉邦に尽くし、最高位である相国まで進んだ。

章邯（しょうかん） 秦

（前325年～205年）秦の将軍。陳勝が派遣した反秦の軍が咸陽に迫った際、驪山陵の囚人を率いて撃破。司馬欣、董翳とともに陳勝を敗走させ、定陶にて楚の項梁を破った。さらに趙の張耳を攻めるが項羽の前に完敗し、ついに降伏した。なお、『趙正書』には章邯が趙高を殺害したと伝わっている。秦滅亡後は精細を欠き、かつての秦の領土である雍王に封じられるが韓信の指揮する劉邦軍に敗れた。

昭襄王（しょうじょうおう） 秦

（?～前251年）始皇帝の曽祖父で昭王ともいう。前307年～251年在位。人質として燕にいたが、異母兄の武王に子がいなかったため帰国して秦王となった。当初は母の宣太后とその一族が政治を取り仕切っていたが、やがて実権を握り、范雎、白起、司馬錯などの人材を登用。外征による拡大政策を推し進め、秦の版図を東に広げ、始皇帝が中華を統一する基盤を作った。

昌文君（しょうぶんくん） 楚→秦

（?～前224年）楚人で同郷の昌平君とともに秦王・趙正を補佐。嫪毐が謀反を起こした際には秦王の命を受け、昌平君とこれを鎮圧した。編年記によると、王翦と蒙武が率いる秦軍が楚を攻撃していた前224年に死去したという。

昌平君（しょうへいくん） 楚→秦

（?～前224年）楚の公子で名前は不明。秦の丞相となり、前238年に起きた嫪毐の乱では秦王の命を受け、昌文君とともに咸陽にて嫪毐の軍を破った。この戦いで秦王の軍勢は首数百を上げたという。前226年に楚の旧都である郢に移されたというが理由は不明。秦始皇本紀によると、楚王負芻が秦の捕虜となったあと、項燕によって楚王に擁立され、秦に背いたが敗死したという。

徐市（徐福）（じょふつ） 斉→秦

生没年不詳。斉出身の方士で『史記』の淮南衡山列伝では徐福とされている。前219年に始皇帝が第2回巡行を行った際、彼に謁見して海中の三神山に住まうという仙人の話を伝えた。始皇帝の命を受け、仙人を探すべく未婚の男女数千人を連れて海に出て王になったと伝えられる一方、見つけられず前210年に琅邪にて始皇帝に謁見したときには、蓬莱で神薬を得られるが大鮫がいて近づけないと偽ったという。

信陵君（しんりょうくん） 魏

（?～前243年）魏の昭王の子で名は魏無忌。戦国四君のひとりとして知られる。平原君の依頼により、秦軍に囲まれた邯鄲に向かおうとするが、兄の安釐王が秦を恐れて起とうとしなかったため独断で出兵して邯鄲を救出。前247年にも5カ国連合軍を率いて秦を破るが、兄王に疎んじられ失意のまま死去した。

斉王建（せいおうけん） 斉

生没年不詳。田斉最後の王で前265年～前221年在位。秦と和を結んでいたが、5国が滅びると連絡を絶って西の防備を強化。秦王・趙正の怒りを買い、前221年に王賁らが率いる秦軍に斉都の臨淄を囲まれると戦わず降伏した。

成蟜（せいきょう） 秦

（?～前239年）始皇帝の弟。長安君に封じられ、前239年に軍を率いて趙を攻めるが、趙の屯留の民を率いて謀反。しかし、すぐに鎮圧され自身も殺害された。

楚王負芻（そおうふすう） 楚

生没年不詳。楚の最後の王で先王である哀王の庶兄。前228年～223年在位。幽王の死後、哀王が後継として立つが、即位2カ月後に負芻を支持する一派が哀王を殺害。負芻が楚王に擁立されるが前223年に秦軍に捕えられ、楚は滅びた。

太子丹（たいしたん） 燕

（?～前226年）燕王喜の太子。秦王・趙正とは幼い頃、ともに邯鄲で人質として過ごした。正が秦王として即位した際、秦の人質となったが、冷遇されたため正を恨んで帰国。同時に秦の勢いに脅威を覚え、秦王・趙正の侵略を阻止するべく荊軻を刺客として秦に送り込むが失敗に終わった。その後、秦に攻められ逃亡。秦に許しを乞うため、燕王喜によって斬られ、その首は秦に差し出されたという。

趙姫（母太后）（ちょうき） 趙→秦

（?～228年）始皇帝の母。名は分かっておらず、趙の出身のため趙姫と呼ばれる。元は呂不韋の愛人だったというが、彼が後見する子楚に望まれ、前259年にのちの始皇帝こと趙正を生んだ。正が秦王として即位したあと嫪毐を寵愛するようになるが、嫪毐は謀反の罪で誅され、自身も雍城に幽閉となる。しかし、母を城外に置くのは不孝であるとして咸陽に戻され、前228年に没した。

趙高（ちょうごう） 秦

（?～前207年）趙の姓を持つことから秦が滅ぼした趙国の縁戚と思われる。始皇帝に能力を買われ側近となるが、始皇帝の死後に李斯と謀って胡亥を二世皇帝に擁立。さらに李斯を排除し、胡亥も自殺させるなど権力をほしいままにするが、後継に立てようとした子嬰によって一族もろとも誅滅された。

張唐（ちょうとう） 秦

生没年不詳。昭襄王のもとで活躍した秦の武将。前258年に魏を攻めた際、敵の守将が城を守ろうとしなかったというので捕虜として連れ帰り、斬り殺したという。前257年に鄭の国都を攻略。また、王齕とともに寧新中を攻め落とした。

張良（ちょうりょう） 韓→漢

（?～前189）劉邦を補佐した鬼謀の軍師として知られる功臣。代々韓の宰相を務めた家の出で、秦に滅ぼされた母国の仇を討つべく博浪沙で始皇帝を襲撃するが失敗に終わった。その後、陳勝呉広の乱に呼応して挙兵。韓の再興に奔走する一方、劉邦と出会い彼に協力するようになった。韓の臣であるため当初は客将扱いだったが、劉邦が漢中で決起してからは正式に彼に仕え参謀として活躍。楚漢戦争において劉邦を勝利に導き、統一後は留侯に封ぜられた。

陳勝（ちんしょう） 楚

（?～前208年）反秦の火ぶたを切った反乱者として名高い。北辺の守備兵士として徴発されるが、期間内に目的地である漁陽に到達できないことが判明。期間内に着かない場合は斬首となるため、仲間の呉広らと反乱を起こした。これに呼応して各地で反秦の兵が上がり、陳勝の軍は巨大化。自ら王を名乗り、攻略した陳を張楚国とした。しかし、咸陽に向かった軍勢が章邯を将とする秦軍に大敗。これを機に反乱軍内部で内紛が頻発するようになり、最後は御者の荘賈によって殺害されたという。

陳平（ちんぺい） 楚→漢

（?～前178年）陽武戸牖郷の出身。高身長かつ容姿端麗だが、家は非常に貧しく、若い時は兄・陳伯の下で勉学に励んだ。成人後、陳平は地元の有力者・張氏の孫娘を娶り、陳勝・呉広の乱を契機に主君に仕えるようになる。魏王・魏咎、項羽と仕え、最終的には漢の劉邦の下で都尉という役職に就き、参謀として多くの戦いを勝利に導いた。滎陽の戦いでは、「項羽の重臣たちが王を裏切ろうとしている」という流言や、敵の油断の隙を突いて脱出する「金蝉脱殻の計」を駆使して漢の窮地を救った。

鄭国（ていこく） 秦

生没年不詳。水利技術者で、秦の勢力拡大を危惧した韓が送り込んだ間諜（スパイ）。韓・鄭国の役目は、秦に大規模な水利事業を行わせ、軍事力を削ぐというものだった。韓の狙いどおり、秦は鄭国を軸にした水利事業を開始するが、その作業の最中、彼がスパイであることが秦側にバレてしまい、処刑されることに。鄭国は自身の正体を明かしたうえで「灌漑水路が完成すれば秦は豊かになる」と秦を説得し、処刑を免れる。完成した灌漑水路は鄭国の言うとおり、土壌が豊かになり、秦から不作が消えた。その功績を称え、水路は「鄭国渠」と呼ばれるようになる。

田光（でんこう） 燕

（?～前227年）燕の知識人で、周囲からは田光先生と呼ばれていた。燕太子丹から勢いを増す秦への対応策を相談された際、荊軻を紹介。そして、田光は、荊軻に燕太子丹の依頼を伝えた後、自らの命を絶った。燕太子丹の秦への対応策というのは、後に荊軻を刺客とした秦王趙正暗殺未遂事件のことである。

悼襄王（とうじょうおう） 趙

（前245年～前236年）孝成王の子で趙の第9代君主。長平の戦いの大敗を契機とした弱体化に歯止めをかけ、再び趙を強国へと押し上げるために孝成王の代から活躍していた李牧を将軍に登用。さらに武霊王の代から兵家として高名な学士・龐煖も将軍に登用した。前236年、王翦ら秦軍の攻撃を受け、悼襄王は趙の領地を大きく失う。同年、悼襄王は崩御し、幽繆王が即位するが、その代で趙は滅亡してしまう。

頭曼単于（とうまんぜんう） 匈奴

（?～前209年）冒頓単于の父で匈奴の単于（君主のこと）。秦の蒙恬によってオルドスを失うが、秦末期の混乱に乗じて再び南下し、オルドスを取り戻す。

内史騰（ないしとう） 秦

生没年不詳。韓の将軍だったが、後に秦に降った。史料の情報が少なく、姓氏などは不明。前230年、10万の兵を率いて韓へ侵攻し、韓王安を捕虜とした。これによって韓は滅亡。秦王・趙正の中華統一に大きく貢献した。また前221年には各郡に法に関する文書を発布し、法を行き渡らせたと伝えられている。

白起（はくき） 秦

（?～前257年）秦国出身の将軍。昭襄王に仕え、前278年には楚の首都・郢を陥落させ、その功績によって武安君に封ぜられる。韓・魏・趙の将軍の生け捕りや韓への侵攻で5万の首級を挙げる、太行山の要地遮断による韓の国土分断など、多くの戦いでその才能を遺憾なく発揮した。前260年に発生した長平の戦いでは、范雎の流言に合わせて王齕から軍を引き継ぎ、篭城策を捨てた趙括と対峙。全軍による突撃を敢行する趙括に対して、白起はわざと秦軍に退却を指示。調子付く趙軍の背後を昭襄王率いる別働隊に強襲させ、趙軍を瓦解させた。一部の兵と趙括らは長平城へと逃げるが、兵糧攻めによって投降に追い込み、白起率いる秦軍は勝利を収める。この時、白起は約40万もの捕虜を生き埋めにしたと言われている。

樊於期（はんおき） 秦→燕

（?～前227年）秦の将軍だったが、秦王に対して罪を犯して逃亡。燕に亡命し、燕太子丹に匿われる。秦王・趙正への復讐を果たすために、自らの首を荊軻に差し出し、秦王暗殺に加担するが、暗殺は未遂に終わる。なお、前233年の趙との戦いで李牧に討たれた桓齮と同一人物という説もあるが、真偽は不明。

范増（はんぞう） 楚

（前278年～前204年）楚漢戦争時に項羽を支えた参謀。項羽から亜父（父に次ぐ人物）と敬愛されていた。前206年、劉邦が咸陽への進軍の手柄を項羽に譲ったのを見た范増は、劉邦を危険視し、抹殺するべきだと項羽に進言するが、鴻門の会での暗殺は失敗に終わる。楚漢戦争の激化後も項羽に仕えるが、劉邦の参謀・陳平による離間策がきっかけとなり、項羽の下を離れた。そして、故郷への帰路の途中で病死した。

麃公（ひょうこう） 秦

生没年不詳。秦王・趙正の即位と同時期に将軍に登用された人物。前244年には韓を攻めて、3万の首級を挙げ、秦の領土拡大に貢献した。

馮去疾（ふうきょしつ）　秦

（?〜前208年）始皇帝が5回目の巡行に出て、都を空けた際、右丞相として咸陽の留守を守った人物。二世皇帝の代でも右丞相として活躍し、左丞相の李斯とともに二世皇帝を支えた。始皇七刻石への追記や、度量衡の基準となる権量銘にも丞相として馮去疾の名が刻まれている。陳勝・呉広の乱が契機となり、秦の地で反乱が続発した際には、李斯らとともに「軍役や労役、税の負担が重いことが反乱の原因」と二世皇帝に上奏するが、皇帝はこれを聞き入れず馮去疾、李斯、馮劫は投獄されてしまう。

馮劫（ふうきょう）　秦

（?〜前208年）秦王・趙正の代で副丞相となった人物。秦王に代わる新たな称号として、李斯らとともに「泰皇」を提案し、その命を「制」、令を「詔」、天子の自称を「朕」とするように上奏。泰皇以外の案が採用され、秦王は始皇帝を名乗った。

扶蘇（ふそ）　秦

（?〜前210年）始皇帝の長子。始皇帝が孔子を学ぶ学者たちを穴埋めにしたことを諫言したことで怒りをかい、北方の国境警備の監督を命じられる。始皇帝の死後、胡亥や趙高によって偽造された詔を信じ、不孝と不忠を問われて死罪を受ける。蒙恬から「あれは偽詔である」と進言されるが、扶蘇は自殺の道を選んだ。

龐煖（ほうけん）　趙

生没年不詳。魏へ出奔した廉頗に代わって趙の将となった。縦横家という策士でもあり、縦横家および兵家としての著作を執筆している文武の才に優れた人物でもある。友人の劇辛が燕に逃れ、敵対することとなるが、龐煖は躊躇うことなく、劇辛を死へと追いやった。その後、趙、楚、魏、韓による秦への攻撃時には大将として連合軍を率いた。秦への攻撃は失敗に終わったものの、その直後に斉の領地を奪い功績を上げた。

蒙毅（もうき）　秦

（?〜前210年）秦の大臣。父は蒙武、兄は蒙恬。趙高に死罪を下すが、始皇帝がそれを覆し、それ以降、趙高に恨まれるようになる。前210年、趙高に誅殺される。

蒙驁（もうごう）　秦

（?〜前240年）昭襄王の代から秦王趙正の代まで秦に仕えた将軍。前249年に韓へ侵攻し、成皋と滎陽をとった。翌年には、趙を攻めて37城を得るという功績を挙げた。魏の信陵君が率いる5ヵ国連合軍との戦いでは、王齕とともにこれを迎え撃つが敗北。その後は韓や魏攻めで多くの城を陥落させ、最後まで秦のために戦った。

蒙恬（もうてん）　秦

（?〜前210年）蒙武の子で秦の将軍。王賁や李信とともに斉を滅ぼして天下統一を成し遂げた。前215年には、オルドス地方で30万の兵を率いて匈奴を討伐。辺境の地に残り、匈奴など北方の異民族対策として万里の長城を建設した。この功績により、弟の蒙毅とともに始皇帝に重用され、秦の繁栄に大きく貢献した。しかし、始皇帝の死後、趙高の謀略によって自殺に追い込まれてしまう。

蒙武（もうぶ）　秦

生没年不詳。蒙驁の子で、蒙恬と蒙毅の父。前224年、王翦の副将として秦に侵攻してきた楚の項燕を打ち破る。勢いそのままに王翦・蒙武の軍は、楚に侵攻。楚王・負芻を捕らえて楚を滅亡へと追い込む。項燕が楚出身の昌平君を王に立てるが、その翌年に再び王翦の副将として蒙武が楚へ侵攻し、楚を滅ぼした。

幽繆王遷（ゆうぼくおう）　趙

生没年不詳。悼襄王の子で、趙の第10代君主。前234年には平陽と武城を奪われ、武遂では10万の兵を失った。翌年、幽繆王は李牧を大将軍に任命し、秦への反撃を開始。桓齮を討ち取るなど、幽繆王は秦への抵抗を見せた。しかし、後に秦の流言を信じた幽繆王は李牧を誅殺。前228年、王翦率いる秦軍によって邯鄲が占領され、幽繆王は逃亡を図るが、すぐに捕らえられる。

揚摎（ようきゅう）　秦

生没年不詳。前256年、秦の将軍として韓を攻め、陽城・負黍を奪取し、4万の兵の首を討ち取った。趙への侵攻では、20もの領土を奪ったとされている。西周の文公が率いる連合軍が秦を攻撃した際、揚摎が西周を攻撃して文公を降伏へと追い込んだ。前254年には、魏へと侵攻。呉城を奪い取り、秦の勢力を拡大させた。

楊端和（ようたんわ）　秦

生没年不詳。秦の将軍として秦王・趙正に仕えた人物。前238年に魏への侵攻を行い、その2年後の前236年に王翦らとともに趙の鄴（前239年に魏が趙に譲渡）を攻めた。前229年には、王翦とともに趙の首都・邯鄲を囲んだ。この翌年に王翦と羌瘣が趙の邯鄲を陥落させて、趙を滅亡させた。

李斯（りし） 秦

（?～前207年）もともと楚の地方官吏。儒家の荀子の下で帝王の術を学んだ後、秦の昭襄王に期待して秦に入り、呂不韋の食客に。やがて秦王・趙正に客卿として優遇される。逐客令が発せられた際は、諫逐客書を上呈し、秦王・趙正を説得した。天下統一後、丞相となり焚書坑儒を提議。始皇帝の5回目の巡行では左丞相として同行した。始皇帝の死後、趙高に加担して胡亥を後継にしようと動く。胡亥が二世皇帝に即位後、趙高によって謀反の罪で極刑となる。

李信（りしん） 秦

生没年不詳。燕太子丹が秦の勢力拡大を阻止するために荊軻に秦王・趙正の暗殺を依頼。暗殺は失敗に終わり、これに怒った秦王・趙正は、王翦に燕討伐を命令。王翦は燕の首都・薊を陥落させるが、暗殺を指示した燕太子丹は逃亡を図る。李信は1000というわずかな兵を従え、燕太子丹の捕縛に成功した。秦王・趙正の信頼を得た李信は、後の楚討伐の軍を任されるが、楚の項羽に大敗を喫し、秦王の怒りをかってしまう。楚討伐の軍は王翦が引継ぎ、楚王・負芻の捕縛に成功。その後、李信は斉の討伐軍に参加し、秦の天下統一に貢献したとされている。

李牧（りぼく） 趙

（?～前228年）戦国末期の趙の名将。北方の異民族である匈奴の数十万という兵を策略によって全滅させた後、前243年には燕を討ち、趙の領土を広げた。また天下統一を進める秦を前235年の宜安、前231年の番吾で撃退した。最期は、秦が流した噂を信じた趙王に立て付いたことで反逆罪に問われて処刑される。

劉邦（りゅうほう） 漢

（前247年～前195年）沛県で無頼漢として名を馳せていた侠客で、漢王から皇帝となった人物。陳勝・呉広の乱に呼応して兵を挙げ、張良らを加えつつ進軍し、項梁の楚軍に合流。項羽軍と競う形で咸陽へと進軍し、秦を滅亡へと追い込んだ。その後、楚漢戦争が勃発し、劉邦が漢王として項羽と対立する。前202年、垓下の戦いで項羽を下して同年、漢王・劉邦が皇帝に即位し、漢王朝が成立した。

呂公（りょこう） 漢

（?～前203年）魏または汝南新蔡出身。劉邦をもてなした際、彼の人相を気にいった呂公は、自身の娘・呂雉（後の呂后）を劉邦に娶らせた。

呂不韋（りょふい） 趙→秦

（?～前235年）韓、衛、趙を拠点に活動し、財を成した大商人。趙の質子だった子楚を見て、彼を王位に就けて地位を得ようと画策する。呂不韋の工作によって子楚は華陽夫人の養子となり、32歳で秦王に即位。呂不韋は相邦の役職を得る。趙正が秦王に即位すると仲父の称号を得て、若き秦王に代わって秦の政治を担当した。

藺相如（りんしょうじょ） 趙→秦

生没年不詳。元々は趙の宦官・繆賢の食客。秦の昭襄王が15城と引き換えに趙の宝物である「和氏の璧」を求めてきた際、藺相如が使節として派遣された。昭襄王が約束を違えようとしたため、藺相如は昭襄王を叱責して和氏の璧を趙へと持ち帰った。昭襄王を叱責した藺相如の姿は、後に「怒髪天を衝く」の語源として伝わることに。

前279年には、秦と趙の友好を祝うという目的で澠池の会が催されたが、この会では秦が趙を見下す言動が相次いだ。その都度、藺相如は機転を利かせて趙と恵文王の面子を守った。後に藺相如が上卿になり廉頗との関係に亀裂が入るが、「ふたりが争うことで他国に付け入る隙を与える」という藺相如の 言葉を聞いた廉頗は彼に謝罪。互いのために首が刎ねられても悔いはないとする誓い「刎頸の交わり」を結んだ。

廉頗（れんぱ） 趙→魏

生没年不詳。藺相如とともに趙の国を支えた将軍。前260年に勃発した戦国最大の合戦、長平の戦いでは趙軍を指揮。勢いのあった秦を抑えるために廉頗は、長平城で篭城策をとった。この策によって秦軍は疲弊していくが、范雎の策略によって軍の指揮権が若くて経験のない趙括に移ってしまい、長平の戦いで大敗を喫する。

嫪毐（ろうあい） 秦

（?～前238年）呂不韋の食客だったが、馬車の車輪を男性器で支え、かつ回せるほどの堅牢な巨根を持っていたため、呂不韋が趙太后（趙正の母）の愛人として宛がった。ニセ宦官として男子禁制の後宮に潜り込んだ嫪毐は趙太后と密通し、ふたりの子をもうける。秦王・趙正の親政を恐れて反乱を起こすが、昌平君と昌文君によって鎮圧され、車裂きの刑に処された。

盧生（ろせい） 秦

生没年不詳。始皇帝に不老不死の薬の話をした燕国の人物。侯生とともに始皇帝の性格を非難した後、「秦を滅ぼす者は胡なり」という予言書を始皇帝に献上した。

【参考文献】

●人間・始皇帝（鶴間和幸著/岩波書店）
●中国の歴史03 ファーストエンペラーの遺産 秦漢帝国（鶴間和幸著/講談社）
●始皇帝の地下帝国（鶴間和幸著/講談社）
●秦始皇帝　伝説と真実のはざま（鶴間和幸著/吉川弘文館）
●春秋戦国時代　合戦読本（鶴間和幸監修/宝島社）
●図解 秦の始皇帝 最強研究（「歴史の真相」研究会著/宝島社）
●あらすじとイラストでわかる秦の始皇帝（平勢隆郎監修/宝島社）
●秦の始皇帝と中国古代史（宝島社）
●学習漫画 世界の歴史 3 ブッダと秦の始皇帝 古代アジアと漢帝国（平勢隆郎監修、波多野忠夫シナリオ、野澤真美漫画/集英社）
●始皇帝　中華統一の思想（渡邉義浩/集英社新書）
●別冊歴史REAL春秋戦国500年の興亡（渡邉義浩監修/洋泉社）
●史記（司馬遷著、小竹文夫・小竹武夫訳/ちくま学芸文庫）
●史記の事典（青木五郎、中村嘉弘編著/大修館書店）
●知識ゼロからの史記入門（渡辺精一監修、横山光輝画/幻冬舎）
●中国の思想I 韓非子（西野広祥、市川宏訳/徳間書店）
●史実で読み解く「キングダム」の英雄たち（古代中国歴史研究会著/三栄書房）
●歴史群像シリーズ44【秦始皇帝】"中国"を創始した絶対者（学研）
●歴史群像シリーズ78【争覇春秋戦国】五覇七雄、興亡の五百年（学研）

※このほかにも多くのサイトや文献を参考にしております

【監修】

鶴間和幸（つるま かずゆき）
1950年生まれ。東京大学大学院人文科学研究科博士課程単位取得。博士（文学）。茨城大学教養部助教授としてつとめ、1985年よりおよそ1年間、中国社会科学院歴史研究所外国人研究員として中国にて研究・調査。1996年より学習院大学文学部史学科で教授をつとめる。専門は中国古代史。『劇場版キングダム』では中国史監修をつとめる。著書は「人間・始皇帝」（岩波新書）、「ファーストエンペラーの遺産　泰漢帝国」（講談社）など多数。

【STAFF】

企画・構成・編集 ─────── 株式会社ライブ（竹之内大輔／畠山欣文）

ライティング ───────── 仁志 睦／市塚正人／村田一成

イラスト ─────────── 諏訪原寛幸（始皇帝）
　　　　　　　　　　　　　 桑乃あやせ（桓齮、蔡沢、成蟜、蒙驁、聶政、李信）
　　　　　　　　　　　　　 aohato（王翦、陳勝、呉広、子楚、荘襄王、孟嘗君）
　　　　　　　　　　　　　 so-da（春申君、荊軻、文侯、蒙恬、徐福、范増）
　　　　　　　　　　　　　 せいあ（趙太后）／とよ（張良、司馬遷、荘子、荀子）
　　　　　　　　　　　　　 もか（趙高、彭越）／菊地鹿人（劉邦）／池田正輝（昭襄王、項燕）
　　　　　　　　　　　　　 中山けーしょー（武霊王、燕の昭王、蕭何、張儀）
　　　　　　　　　　　　　 長内佑介（田単、嫪毐）／藤川純人（桓公、穆公、項羽、孔子、老子）
　　　　　　　　　　　　　 武彦（楽毅、李斯、楚の荘王、韓信）
　　　　　　　　　　　　　 野垣スズメ（信陵君、李牧、平原君、韓非）
　　　　　　　　　　　　　 腑貌篤史（呂不韋、藺相如、孫臏、呂后、商鞅、趙括、廉頗、白起、范雎）

デザイン ───────────── 寒水久美子

レイアウト・図版作成 ─── 寒水久美子／内田睦美

始皇帝全史

発行日　2019年12月9日　初版

監　　修　　鶴間 和幸
発　行　人　　坪井 義哉
発　行　所　　株式会社カンゼン
　　　　　　　〒101-0021
　　　　　　　東京都千代田区外神田2-7-1 開花ビル
　　　　　　　TEL 03（5295）7723
　　　　　　　FAX 03（5295）7725
　　　　　　　http://www.kanzen.jp/
　　　　　　　郵便振替　00150-7-130339
印刷・製本　　株式会社シナノ

万一、落丁、乱丁などがありましたら、お取り替え致します。
本書の写真、記事、データの無断転載、複写、放映は、著作権の侵害となり、禁じております。

©Live 2019
ISBN 978-4-86255-537-3

Printed in Japan
定価はカバーに表示してあります。